Didier Deschamps

La victoire et rien d'autre

Du même auteur

La Dernière Vie de Serge Gainsbourg, Le Cherche-Midi éditeur, 2021.
Les Héritiers, Éditions Anne Carrière, 2019.
La Dernière Vie de Romy Schneider, Éditions du Rocher, 2018.
Les Politiques aussi ont une mère, avec Olivier Biscaye, Albin Michel, 2017.
Football, la mauvaise passe, First Document, 2016.
Sempé, le rêve dessiné, À dos d'âne, 2014.
La Face cachée de Didier Deschamps, First Document, 2013.
Morts étranges 2, L'Archipel, 2012.
Annie Girardot, une vie dérangée, Flammarion, 2011 ; Archipoche, 2012.
Morts étranges, L'Archipel, 2010 ; Archipoche, 2011.
Dalida, une vie brûlée, L'Archipel, 2007 ; Archipoche, 2013.
Coluche, toujours vivant, Payot, 2006 ; Archipoche, 2015.
Ces maladies créées par l'homme, avec Dominique Belpomme, Albin Michel, 2004.
La Double Mort de Romy, Albin Michel, 2002 ; Pocket, 2010.
Mouna Ayoub, l'autre vérité, Presses du Châtelet, 2001.
Je dis tout – Les secrets de l'OM sous Tapie, avec Jean-Pierre Bernès, Albin Michel, 1995.
J'irai plaider sur vos tombes, entretiens avec Gilbert Collard, Michel Lafon, 1993.
McEnroe, champion rebelle, Calmann-Lévy, 1981.
Borg, Connors, Vilas, les Cannibales, avec Francis Haedens, Calmann-Lévy, 1978.

LIVRES ILLUSTRÉS

Demain est à nous, Gründ, 2019
Johnny, photographies de Daniel Angeli, Gründ, 2017.
Inventaire amoureux de l'Euro, avec Eugène Saccomano, Gründ, 2016.
Vies privées : Daniel Angeli, 40 ans de photographies, Gründ, 2015.
Coluche, le livre du souvenir, Sand, 1993.
Montand, le livre du souvenir, Sand, 1992 ; J'ai lu, 2011.
Gainsbourg, le livre du souvenir, Sand, 1991.

Bernard Pascuito

Didier Deschamps
La victoire et rien d'autre

éditions du
ROCHER

Une partie de ce texte a été publiée sous le titre :
La Face cachée de Didier Deschamps, chez First Document, en 2013.

Éditions du Rocher
28, rue Comte Félix Gastaldi – BP 521 – 98015 Monaco

www.editionsdurocher.fr

ISBN : 978-2-268-10362-4
EAN Epub : 9782268104003

À la mémoire d'Eugène Saccomano

Vous reprenez les vies, vous les refaites, vous les arrangez.
– Je me contente de les réécrire. Sur le fond, je ne change rien. Une vie est une vie.

Fabrice HUMBERT
Biographie d'un inconnu

Tout livre, même s'il est écrit avec une honnêteté totale, peut toujours être tenu, d'un certain point de vue, comme sans valeur aucune. Et ce, parce qu'en réalité nul n'a besoin d'écrire un livre, étant donné qu'il y a bien d'autres choses à faire dans le monde.

Ludwig WITTGENSTEIN

Chapitre 1

Juillet 2018

Un goût d'infini. De temps arrêté. Une joie sans fin. C'était sans doute cela qui l'emportait : l'idée que ce bonheur fou ne durerait pas toujours. Loin de la douceur d'un été débutant, l'après-midi était bouillonnante, grondante, couverte d'éclairs et de tonnerre. Drôle d'ambiance pour commencer une fête et une célébration.

Peu importait le décor. Rien n'était normal, après tout, dans ce stade moscovite. Ni la finale détonante qui venait de se jouer entre deux nations que personne n'attendait là. Ni ce moment final qui sacrait d'abord l'inattendu…

Le couronnement d'une équipe qui s'était laissé emporter par ses rêves. Le décor était idéal pour incarner la furie du jour et la fureur des dieux dont on ne savait pas trop s'ils écumaient en crachant leur colère ou s'ils pleuraient abondamment d'une joie remplie d'ivresse. Le ciel de Moscou était noir et la pluie balayait tout. Une image d'apocalypse, de panneaux renversés, de costumes trempés, de crânes dégoulinants.

Et de la joie partout dans le camp des vainqueurs. Pendant un mois, ils s'étaient comportés comme des hommes, maintenant ils s'ébrouaient comme des enfants. C'est à celui qui ferait la blague la plus balourde, la glissade la moins esthétique. Ils avaient perdu la tête et ne cherchaient pas à la retrouver.

Curieusement, Didier Deschamps, le coach, n'échappait pas à cette belle hystérie. Il était, cette fois, loin de son personnage habituel, contenu, jamais résolu à se laisser aller. On pensait que toute joie, chez lui, avait ses limites. Faux. Il était devenu comme les autres, il avait disjoncté de la plus heureuse des manières. Il se livrait comme eux à ces expressions de joie enfantine qui sont la marque des premiers émois. La différence, c'est que la plupart des gamins qui l'entouraient n'avaient pas gagné grand-chose jusque-là. Et même rien pour certains.

Alors, gagner une Coupe du monde de football à moins de 20 ans comme M'Bappé, ou à 30 ans, comme Lloris[1], le gardien de tous les miracles, c'était la réalisation d'un rêve qu'ils n'avaient même pas esquissé. Tandis que lui…

Lui, il l'avait déjà gagnée cette Coupe du monde, vingt ans avant. En matière d'extase, on aurait pu croire qu'il n'y avait rien à lui apprendre. Il venait de renouer avec son destin enchanté d'une façon inouïe, vingt ans plus tard, surmontant les mêmes crispations, doutes et crevasses jonchant le chemin vers tout là-haut, plus haut que les nuages et près des étoiles.

Rien n'avait été facile avant, rien ne devait être aisé au moment de l'achèvement. Car l'adversaire qu'il fallait sacrifier avait tout le profil d'une bête blessée par trop de combats usants, à bout de forces, d'énergie, mais pas de

1. Jusque-là, le gardien de l'équipe de France depuis 2009 n'avait remporté qu'une Coupe de la Ligue avec Lyon.

courage. À force de s'être vue mourir cent fois, cette équipe de Croatie agonisante se retrouvait tout étonnée en finale et soudain requinquée.

Rien ne nous aide tant à vivre que les morts auxquelles nous avons échappé.

D'abord deux matchs remportés aux tirs au but pour terrasser le Danemark (1-1, après prolongation) et la Russie (2-2, après prolongation), en huitièmes et en quarts de finale, la Croatie avait encore bataillé pendant 120 minutes en demi-finale pour parvenir à renverser l'Angleterre (2-1).

Et puis la finale. Rien à voir avec France-Brésil de 1998, rien à voir avec quoi que ce soit de logique, construit et abouti. Une folie furieuse, avec le sentiment crispant que, sur le terrain, on joue à qui perd gagne. Les Français ne sont pas bien, N'Golo Kanté, le petit génie de son équipe depuis le début, celui qui surpasse partenaires et adversaires, est à côté de ses chaussures. Méconnaissable. Et il le restera jusqu'au bout. Autour de lui, ça n'est pas glorieux. Tous ont l'air emprunté, semblent glacés par l'enjeu, ramollis par l'instant fatidique. Pour une fois, ils sont les favoris et ça leur va mal. Très mal. Bien sûr, il y a Lloris, toujours plus invincible. Il multiplie les parades décisives. Après l'Australie, l'Argentine, l'Uruguay, la Belgique, il est encore en train de changer la couleur d'un match et son destin.

D'ailleurs, dès la dix-huitième minute, un coup franc de Griezmann était détourné dans le but du gardien croate par son partenaire, Perisić. 1-0. Contre le cours du jeu, c'était le moins que l'on pouvait en dire. Les Français continuaient de bafouiller leur football et de trembler de toutes leurs jambes. On s'était déjà mis à penser qu'en cas de victoire finale, ce serait une belle revanche sur tous ces matchs que nous aurions dû gagner cent fois et qui s'étaient transformés en défaites cruelles. On n'en était pas là. Le même Perisić égalisait parce que Lloris ne pouvait pas tout arrêter, tout le temps. Le commencement de la fin ? Les Croates continuaient de dominer mais Perisić, encore lui, toujours lui, concédait sur une main très peu coupable un penalty qui n'avait rien d'évident. Si l'arbitre s'y mettait ! Et la VAR ! Deuxième but pour Griezmann, et la sensation que rien ne pouvait empêcher cette équipe de gagner. Même s'il restait une mi-temps, même si la qualité n'était toujours pas au rendez-vous. Mais l'après-midi était ainsi faite : plus les Croates semblaient dominer, plus le match leur échappait. Un troisième but de Pogba puis un éclair de M'Bappé portaient le score à des hauteurs indécentes (4-1).

La fin de match s'annonçait morne, vidée de tout suspense. Presque triste, après tous ces moments palpitants. Les Croates baissaient la tête, déjà. Il n'est jamais trop tôt pour désespérer, disait Cioran. Impeccable, Deschamps avait effectué les changements idéaux aux moments clé, donné les consignes qu'il fallait, lancé les mots justes, comme toujours. Il avait gardé aussi assez de sang-froid pour en communiquer à ses joueurs. Dominée, parfois ballottée, l'équipe de France semblait portée comme lui par le sentiment presque surnaturel que rien ne pouvait lui arriver. Quelques minutes encore à jouer et voilà que Lloris, le héros, l'homme des sauvetages insensés, ratait un crochet face à Mandzukić. À quelques mètres de son but, c'est l'horreur. C'est aussi la hantise des meilleurs gardiens, qui prennent des risques à la relance plutôt que de taper très fort vers les tribunes. Ils portent sans cesse le jeu vers l'avant et leurs entraîneurs leur en sont reconnaissants. Parfois, il y a un couac. En finale de Coupe du monde, c'est douloureux.

Avec deux buts d'avance à une poignée de minutes de la fin, les Bleus semblaient tout à coup en perdition. On repensait à un France-Allemagne de 1982 à Séville[2] et à d'autres cauchemars plus proches ou plus lointains. La morne fin s'était transformée en suspense asphyxiant. Le bonheur qui s'ensuivait n'en était que plus éclatant.

2. L'équipe de France de Michel Platini menait 3-1 à dix-sept minutes de la fin de la prolongation, en demi-finale de la Coupe du monde. Elle devait s'incliner aux tirs aux buts après que les Allemands étaient revenus à 3-3.

Chapitre 2

L'enfance d'un chef

On est de son enfance comme on est d'un pays.
Antoine DE SAINT-EXUPÉRY

Ce jour-là, son père était parti à la chasse. Pas par désintérêt, au contraire. Pour la venue de Didier comme pour celle de Philippe, trois ans plus tôt, Pierre Deschamps, Basque habituellement solide et dur au mal, n'a pas eu le cran d'affronter les affres de l'accouchement. Pas même dans la version soft, avec positionnement dans un couloir ou dans la salle d'attente, relativement loin de l'action.

Quand il a rejoint la petite clinique de Bayonne en fin d'après-midi, à la fois fier, tremblant d'appréhension et un petit peu honteux de sa défection, Ginette, son épouse, lui avait donné un deuxième fils.

Le Pays basque envahit tout. Les paysages et le cœur des hommes. Il est ombrageux, taiseux, bourru et pudique comme celles et ceux qui vivent dans cette province qui se veut pays. Le Pays basque est humble et d'un orgueil incommensurable, il peut être d'un calme plat et d'une violence meurtrière. Partout, dans ses arbres et ses prés, ses bois et ses forêts, il arbore le vert de l'espérance, mais le désespoir n'est jamais loin. Cette région n'est pas en demi-teinte : son soleil vous cloue sur place, ses pluies sont torrentielles, son air est rugueux, comme l'accent des Basques de tout âge. Ici, il n'y a pas de fossé de générations. On est basque avant d'être jeune ou vieux. La vie est rude mais attachante. On peut aller vivre ailleurs parfois, par nécessité, on ne quitte jamais vraiment le Pays basque et, de toute façon, on y revient toujours.

Anglet, à égale distance de Bayonne et de Biarritz, est une ville sportive et rude. La mer, les rouleaux, le surf, les terrains de golf qui pullulent, une quarantaine d'hôtels et des maisons d'hôtes à tous les coins de rue pour accueillir les estivants à la belle saison. Anglet est une belle image du Pays basque et Didier Deschamps lui ressemble par bien des côtés. Question de sang. Pas seulement parce qu'il est né à quelques kilomètres de là, en 1968.

Il est basque jusqu'au bout de ses silences et de ses entêtements, de son orgueil et de son humilité. De sa susceptibilité aussi. Et de sa mélancolie qui lui colle au cœur comme une habitude.

Essayer de le comprendre, c'est déchiffrer d'abord la terre où il n'a pas fait que grandir. Il y a été pétri, façonné, pour en devenir comme un symbole.

« Il existe plusieurs vies. La première, c'est l'enfance. Heureuse ou malheureuse, on ne s'en remet pas. C'est le point d'eau, on y revient toujours[1] », écrivait Pascal Jardin.

1. *La Guerre à neuf ans*, Grasset, 1972.

Il pensait à lui-même, pas à Didier Deschamps, auquel cette phrase va pourtant si bien.

Au sommet d'une jolie route de campagne, son père a construit de ses propres mains la maison familiale que les parents de Didier ont habitée jusqu'à ces dernières années. Peintre en bâtiment, Pierre Deschamps n'a jamais été riche mais il est fier d'avoir donné cette maison aux siens. À tous les siens. Les deux garçons y ont grandi, entourés de leurs parents et aussi de leurs grands-parents maternels, qui y ont été accueillis assez tôt. Au Pays basque, la solidarité familiale n'est pas un devoir, c'est un art de vivre.

Si les Deschamps ont continué d'habiter très longtemps la modeste maison d'Anglet, s'ils n'ont pas souhaité s'installer dans une propriété à tous points de vue plus spacieuse et autrement confortable, ce n'est pas que leur fils ne le leur ait pas proposé. Ce n'est pas non plus qu'ils aient reculé devant l'idée de se frotter à une sorte de luxe auquel pouvait leur donner accès l'extraordinaire réussite de Didier.

Simplement, cette maison recelait trop de souvenirs charmants ou désenchantés pour qu'ils songent à la quitter. Cette maison, c'était l'histoire de leur vie, avec des cris de joie, la complainte du bonheur mais aussi la plus profonde des douleurs, et, au bout, la souffrance qui ne s'en ira jamais.

Ici, le malheur ne se fait pas remarquer. On le tait. Il existe quand même et n'en fait pas moins mal.

S'inclinant devant l'âge, les années qui passent et fatiguent les corps les plus résistants, Pierre et Ginette Deschamps ont quitté leur maison pour prendre un appartement dans le centre d'Anglet.

« La maison, c'était trop de travail à entretenir », avoue Ginette avec un petit rire.

Quand je l'ai appelée pour la première fois, elle m'a dit tout de suite qu'elle ne donnait plus d'interview. Elle l'a dit avec gentillesse, beaucoup de clarté dans la voix et un certain respect pour son interlocuteur, qui, d'ailleurs, n'avait commis aucune infraction. À vrai dire, j'avais plus envie de rencontrer les parents de Didier Deschamps, les écouter parler de leur vie, de ce qu'ils sont, que de les interroger sur leur fils.

J'ai fait remarquer à Ginette Deschamps qu'elle avait par le passé déjà communiqué avec des journalistes et raconté entre les uns et les autres, l'essentiel de ce que fut l'enfance de son fils.

« Oui, c'est vrai, je l'ai fait. Pas beaucoup, pas souvent, mais je l'ai fait. Et ça a déclenché des jalousies incroyables. Alors, bon, j'ai décidé de ne plus parler, pour ne pas relancer les jaloux… »

De son enfance, Didier Deschamps a conservé le goût de la nature, de l'effort physique et il a appris à se taire, rien qu'en regardant son père. C'est sans doute pour cela qu'aujourd'hui encore, lorsqu'il a décidé de ne pas répondre à une question, il parle, mais ne dit rien.

Il grandit avec cette forme d'entêtement qui anime toute âme basque. Comme son père ou son frère, il peut être qualifié de *capbourrut* (« têtu » en basque) – dans son genre il est même un champion. Pierre Deschamps apprend aussi à ses fils le respect des autres, la droiture, la dureté au mal. Il ne leur donne pas de cours du soir et ne fait pas de grands discours. La plupart du temps, un regard suffit. Ou un mot, dans les moments d'épanchement. Ou encore une attitude, comme exemple.

Ce que Didier apprend tout seul et très vite – et pour cause, il l'a en lui depuis sa naissance –, c'est la rage de gagner qui va bien au-delà de la rage de vivre. Parce qu'il n'y a pas de vie possible sans la victoire. Et c'est pour cela qu'au-delà de la rage de gagner il y a la haine de la défaite. Une haine viscérale. Il le montre déjà dans ses premiers jeux d'enfants avec ses cousins et son frère. Ils organisent souvent des parties de foot qui se terminent mal si Didier ne se retrouve pas dans le camp des vainqueurs. Quand il perd, il entre dans une rage folle. Va jusqu'à injurier tout son petit monde. C'est d'autant plus étonnant que le jeune garçon est par ailleurs d'une grande gentillesse. Il est pondéré, sérieux, attentif aux autres. En fait, il est inconsciemment en attente de grands défis qui vont pouvoir l'aider à canaliser son énergie. Alors, il se contente de défis avec lui-même. Il travaille bien en classe, se fait même remarquer par ses enseignants en mathématiques, ce qui ne l'empêche pas de se jeter sur ses devoirs, à chaque retour de l'école, comme s'il avait un virtuel retard à rattraper.

Il adore accompagner son père et son grand frère, Philippe, son aîné de trois ans, à la chasse à la palombe. Il n'a pas encore l'âge de tenir un fusil mais s'amuse à courir comme un chien fou pour ramasser les oiseaux abattus.

Dès sa dixième année, il s'initie à plusieurs sports. Le rugby, bien sûr, parce que c'est la région et aussi pour faire comme son père, le handball, le saut en longueur, la pelote basque…

Très vite, son cœur bat plus fort pour un sport qui lui convient à la perfection, un sport dans lequel il peut exprimer toute sa volonté et sa hargne, son envie de se dépasser.

Plus qu'un sport, c'est une discipline : la course à pied. D'abord, c'est le cross qui lui permet de gagner plusieurs courses et de rapporter quelques coupes à la maison. Il est même champion d'académie. Bientôt, il se spécialise dans le demi-fond, qui lui permet de continuer à gagner, au niveau départemental puis régional, cette fois. D'abord tenté par le 2 000 mètres, il opte finalement pour le 1 000 mètres. Alors qu'il est minime, il remporte le titre dont il est le plus fier, champion de France scolaire. Il a un peu plus de 11 ans, termine sa classe de 5e et une chose est certaine : le gamin est un gagneur infatigable et féroce. Il incarne à lui tout seul l'expression « courir comme un dératé », ne se lasse jamais de faire des efforts, cherche à reculer ses limites et semble avoir trouvé avec la course à pied la discipline idéale, celle qui lui permet de se dépasser sans cesse. En témoigne la façon dont il a gagné son titre de champion de France scolaire : « Ce jour-là, je suis parti comme un fou. Mon professeur, inquiet, m'a tout de suite demandé de ralentir, mais je ne l'ai pas écouté. J'ai conservé ma cadence et j'ai fini seul, loin devant tout le monde. »

Pierre et Ginette Deschamps n'en reviennent pas ; tant de vitalité, d'énergie et de volonté acérée d'aller au bout de soi-même, c'est quand même très étonnant chez un jeune garçon. Bien sûr, Pierre a été un bon joueur de rugby et le sport fait partie de la vie familiale. Mais à ce point ! Philippe, le frère aîné, est beaucoup plus calme, pondéré et ancré sur le plaisir de l'effort et du jeu. Sa jouissance ne se trouve pas que dans l'effort et le dépassement.

Il est évident que, dès son jeune âge, Didier développe aussi des qualités physiques, d'endurance et de récupération, bien au-dessus de la moyenne. La hargne ne fait pas tout.

Et le football, dans tout ça ? Il en est loin, si l'on ne tient pas compte des parties jouées en famille ou à l'école, ou avec les copains. De là à dire que c'est devenu une attraction… Jouer au ballon, tout le monde le fait à partir d'un certain âge. C'est un peu comme marcher ou courir. Une deuxième nature. Sur une plage, sous un préau, dans une cour de récréation, dans la rue, un jardin, voire dans une salle à manger. C'est d'ailleurs ce qui fait l'universalité du football.

Alors, oui, il aime bien taper dans un ballon et se montre très vite doué. Jonglage, frappes brossées, dribbles, amortis… il sait tout faire. Oui, mais comme il est doué pour tout, ça n'attire pas particulièrement l'attention… Même pas la sienne. Quand on lui suggère de l'inscrire dans un club, il refuse.

On ne peut pas dire que le jeu lui plaise plus que ça plus que ça. Ce qu'il veut, c'est de l'organisation, de la discipline, de la volonté et la gagne au bout. Le monstre est déjà formé, même s'il a le visage charmant d'un garçonnet plein de vie.

Ce qu'on lui propose, c'est de gentilles parties de foot, à peine mieux organisées que dans la cour de récréation de son collège. En tout cas, c'est son point de vue et il ne se laissera attendrir que quelques mois plus tard, lorsque son meilleur copain, Manu, lui propose de s'inscrire avec lui dans un club de foot. Ce ne peut être que les Genêts d'Anglet ou l'Aviron bayonnais… La région, au cœur du Pays basque, compte dix fois plus de clubs de rugby que de football.

À son père, qui lui demande lequel il préfère, il répond d'une traite, comme s'il avait longuement mûri sa réflexion – et c'était sans doute le cas – : « Sûrement pas aux Genêts, personne n'est jamais sorti de là ! »

Du haut de ses 12 ans, il vient d'annoncer la couleur : s'il s'inscrit dans un club, ce n'est pas pour prendre l'air et faire de l'exercice. Il faut que ça ait une suite.

Il n'était pas trop convaincu, et voilà que sa vie bascule parce que, prémonition ou pas, il entre dans son monde.

Celui dont il rêvait sans le connaître, sans même pouvoir le décrire.

On peut tout dire de Didier Deschamps, on peut remettre en question parfois ses comportements – et certains témoignages de ce livre ne s'en privent pas –, on peut ne pas le comprendre, souvent, rester médusé devant des absences de simple humanité, ses postures à la fois complexes et lointaines. On peut surtout s'interroger sur ses vrais buts, la finalité de tout cela. De tant d'efforts et de sacrifice. Je ne suis pas convaincu, d'ailleurs, d'avoir toujours trouvé des réponses.

Une chose est sûre, cet homme indiscernable, vaguement rongé par une sorte de spleen démodé, sans être pour autant le dernier des romantiques, cet être somme toute banal, régulièrement traversé par de grandes dépressions qui ne viennent pas toutes des Açores, ce monsieur Tout-le-Monde est un phénomène. Un champion monstrueux. Avec ses jambes. Avec sa tête. De toute son âme qui ne pense qu'à ça : gagner. Même si nous ne comprenons pas tout, il faut le savoir avant de juger Didier Deschamps et son parcours à la fois transcendant et sinueux. Il faut savoir que sa haine de la défaite est si puissante, si vissée en lui qu'il a toujours tout fait, sans états d'âme, pour l'éviter. L'échec est une plaie honteuse qui ne se referme jamais.

Il y en a même qui l'ont vu pleurer – une fois, une seule – un soir de novembre 1993 au Parc des Princes, quand la

Bulgarie de Kostadinov priva la France de Papin et Cantona d'une Coupe du monde aux États-Unis.

Ce soir-là, ses larmes brouillaient nos yeux et coulaient sur d'autres visages que le sien.

Deschamps avait 25 ans. La sono du Parc, qui, un peu plus tôt, jouait à fond la caisse *L'Amérique*, la chanson de Joe Dassin, ne jouait plus rien. On pouvait entendre le silence. Didier Deschamps n'avait jamais pleuré sur un terrain de football. Ça ne lui est plus jamais arrivé après. Mais cette fois... Il avait touché du doigt le fond de l'horreur – la défaite honteuse – et c'était tellement plus cruel parce que le rêve était si beau.

Il y aurait ensuite des nuits de cauchemar à toujours tenter de reconstruire son rêve brisé. Mais il en manquait toujours un morceau.

Près de quatre ans à attendre, à se tortiller dans ses espoirs tandis que l'angoisse, comme une douleur continue, vous vrille le cœur et l'âme. Et si elle revenait... *Elle*, la défaite, comme une insulte. Et si elle revenait...

Le jeune homme en pleurs parce qu'il n'avait pas vu l'Amérique ne s'est jamais vraiment consolé. Champion du monde de football, champion d'Europe, rien n'effacera jamais la souillure. On ne peut pas comprendre Didier Deschamps si l'on ne sait pas ça. Dans ce sens, il n'est pas comme les autres. La revanche n'existe pas. On ne prend pas sa revanche sur la fin du monde. Le malheur qui s'est abattu ce soir de novembre 1993 n'a fait que confirmer ce qu'il ressentait depuis l'enfance : la défaite est une malédiction et une maladie honteuse. On ne s'en remet jamais tout à fait.

Quinze ans après, le joueur de football Didier Deschamps n'était pas si différent du gamin allant s'inscrire dans son premier club de foot pour faire comme son copain. Le même désir – la perfection –, la même peur – la défaite –, qui sont autant de haines, les mêmes obsessions – s'organiser, penser chaque combat, avant et pendant, ne rien laisser au hasard, faire toujours le plus possible au-delà du possible – et n'avoir rien à regretter. Sachant que, bien entendu, la seule manière de ne rien regretter, c'est de gagner.

Comme pour mieux le séduire, le football allait lui permettre d'exprimer tout ce qui bouillait déjà en lui.

Déjà, rien qu'en tapotant la balle dans le jardin familial, il avait acquis une technique et une aisance stupéfiantes pour un gamin de cet âge.

Il avait tout pour s'imposer, d'autant qu'il possédait une particularité qui lui permettait de dominer son petit monde : sa taille impressionnante !

Chapitre 3

Quand j'étais grand

Voici ce monde où chaque tournant de la route est un décor pour dire adieu.

Kléber HAEDENS

À 12 ans, il faisait presque sa taille actuelle… ce qui n'est pas bien grand pour un adulte mais permet de se balader, tel un géant parmi des nains, quand vous êtes un enfant qui joue au foot.

L'Aviron bayonnais, le club dont sont sortis entre autres Christian Sarramagna – l'un des héros des Verts de 1976 – et Félix Lacuesta – qui contribua à l'épopée européenne de Bastia, en 1978 –, accueille en 1980 le jeune Deschamps, accompagné de ses parents. Le directeur sportif s'appelle Jacques Sorin et il va jouer un rôle prépondérant dans le futur de Didier. Parce qu'il sent, tout de suite, que ce gamin n'est pas comme les autres.

Il le soumet à quelques tests et les entraîneurs, déjà épatés par sa taille, le sont plus encore par sa qualité footballistique. Difficile de croire qu'il n'a jamais joué en équipe auparavant. Ils sont surtout stupéfiés par son aisance à se situer sur un terrain, son sens du placement et sa compréhension du jeu.

Sa technique n'est pas exceptionnelle (elle ne le sera jamais), mais son intelligence du football est inouïe. Et innée.

De quoi faire des dégâts sur tous les terrains du Sud-Ouest. Très vite, il s'impose chez les benjamins et la Ligue accepte de le surclasser en minimes. Il joue désormais avec des enfants plus âgés que lui de deux ans, mais comme il approche le mètre soixante-dix, il a l'air d'être leur grand frère !

En plus il est gentil, attentif à tout le monde, aucunement prétentieux. Bref, il ne la ramène pas et sait se faire aimer. Parfois, il déconcerte tout de même ses petits camarades. Ainsi, dans un club où tous, y compris les plus jeunes, continuent à glorifier les exploits de Sarramagna, finaliste malheureux de la Coupe d'Europe des clubs champions avec Saint-Étienne en 1976, et de Lacuesta, finaliste battu avec Bastia lors de la Coupe de l'UEFA en 1978, il surprend le jour où il murmure, comme pour lui, en forme de promesse : « Ça sert à quoi de jouer une finale si on la perd ? Moi, quand j'en jouerai, je les gagnerai. »

Avec l'Aviron bayonnais, il enchaîne les victoires, gagnant aussi l'admiration de ses copains grâce à l'énorme travail qu'il accomplit sur un terrain. Il semble être partout, replaçant les uns, encourageant les autres, jouant de sa taille et de sa puissance. Deschamps avant Deschamps… L'aura est là, qui lui permet d'être le leader naturel de joueurs dont bon nombre ont une technique supérieure à la sienne. Mais personne n'égale son sens tactique. Et quant à la volonté de gagner…

Les seuls moments où il n'est plus sur les mêmes ondes que ses coéquipiers, c'est lorsque surgit la défaite. Pour des gamins de 14 ou 15 ans, la défaite est un épisode malheureux, vite oublié. Pour Didier, c'est une blessure, déjà, un moment douloureux qui semble ne jamais devoir s'effacer.

Il s'enferme alors dans un silence rageur, ne parle plus, semble ne plus voir les autres. Il se recroqueville sur lui-même, rumine la défaite, refait le match dans sa tête, et à force de non-résignation, semble flotter dans un état léthargique, presque dépressif. S'il semble en vouloir aux autres (et c'est plus qu'une apparence), ce n'est pas tant de la défaite que de la légèreté avec laquelle ils l'acceptent. Ce n'est pas la fin du monde ? Justement, si.

À un âge où rien n'est sérieux, et surtout pas les jeux, il prend tout au sérieux : ses études, auxquelles il s'adonne avec tout son cœur, la vie en général et bien sûr le sport. Déjà, il ne croit pas à la chance ou à la malchance. Il est sûr que l'on forge son destin à force de travail et de volonté. C'est tout.

À force de le voir tout organiser sur le terrain et faire appliquer à la lettre, à ses coéquipiers, les différentes mises au point tactiques des entraîneurs, ceux-ci, amusés et médusés par ce gosse qui semble avoir un cerveau différent, décident de le nommer capitaine.

« De toute façon, brassard ou pas, il l'était déjà dans les faits et aux yeux de tout le monde. Et ça a été admis, et même réclamé par ses coéquipiers. »

C'est donc en capitaine valeureux qu'il brandit son premier trophée, la Coupe nationale minimes, avec la Ligue d'Aquitaine. Il joue en numéro 8 ou, de plus en plus souvent, en 9. Comme un vrai avant-centre. Sa taille, toujours.

Et puis sa force de frappe est étonnante et, dans ses trois années bayonnaises, il marquera une moyenne de 70 buts par saison, toutes compétitions confondues. Une mitraillette.

On commence à le connaître dans toute la région et au-delà. Bientôt, il portera le maillot bleu de l'équipe de France pour la première fois. Il est alors en minimes, deuxième année, et le match, contre la Belgique, se termine sur le score de 0 à 0. Le même score sanctionnera sa première sélection dans la grande équipe de France, en 1990, contre la Yougoslavie.

Son destin est en marche : les convocations pour les différentes sélections, départementales, régionales ou nationales, s'accumulent. En deux ans – entre 12 et 14 ans – il marque plus de 200 buts ! Ses entraîneurs l'utilisent toujours comme avant-centre tant son physique lui donne l'avantage sur toutes les défenses.

Il y a pourtant un léger problème – qu'il évoque à demi-mot –, il s'ennuie de plus en plus sur le terrain. Trop facile. Et la facilité, il n'aime pas ça. Son éclosion physique prématurée finit par lui nuire, car on ne peut pas lui faire sauter des catégories indéfiniment. En plus, il se blesse régulièrement – entorses des chevilles –, car ses articulations sont trop frêles pour supporter sa masse physique et les efforts qu'il déploie.

Rien de plus normal, au fond, qu'il ronge son frein. Les choses sont allées tellement vite. Il n'a que 14 ans et, depuis deux ans déjà, de grands clubs français sont venus le repérer : Bordeaux, Nantes, Auxerre, Saint-Étienne… Ils sont une dizaine à envoyer des recruteurs pour tenter une approche des parents de ce jeune garçon désormais considéré comme un phénomène.

Pierre et Ginette Deschamps ont heureusement la tête froide et ne se laissent pas impressionner. Comme Jacques Sorin, son mentor, qui sait tenir à distance les plus empressés.

De toute façon, la loi prévoit qu'il faut avoir 16 ans révolus pour signer un contrat avec un club professionnel. En revanche, il est toujours possible de signer ce que l'on appelle un « contrat de non-sollicitation ». Précisément, les parents du jeune joueur s'engagent à ne pas signer dans le futur avec un autre club que celui avec lequel ils sont désormais liés. Ce contrat étant bien entendu assorti d'une somme d'argent, plus ou moins importante, versée aux représentants du joueur mineur.

En l'occurrence, les propositions sont aussi nombreuses qu'élevées même si ce n'est pas le montant du chèque qui fera la différence. Les Deschamps sont des gens simples qui ne roulent pas sur l'or, mais il n'est pas question qu'ils engagent l'avenir de leur fils sur une promesse de profit financier. S'il peut gagner de l'argent plus tard, et même beaucoup d'argent, ce sera son argent, qu'il ne devra qu'à son travail. Et ce ne sera jamais l'argent de ses parents. C'est une chose très claire dans l'esprit de Pierre et Ginette Deschamps, qui ne reviendront jamais là-dessus.

Saint-Étienne tient le bon bout, notamment parce que son émissaire, Pierre Garonnaire, est à lui seul une référence absolue. On sait partout à quel point les Verts lui doivent une grande part de leur rayonnement depuis plusieurs années. Les meilleurs joueurs du club, c'est lui qui les a dénichés. Il ne se trompe presque jamais et c'est un homme carré, d'une rectitude parfaite.

C'est Garonnaire lui-même qui a demandé à venir superviser le jeune prodige dont on parle. Le jour où il vient le voir jouer, le terrain du village de Lahontan – entre Bayonne et Pau –, où se dispute le match, est noyé par les trombes d'eau. Entre bourbier, gadoue et rafales torrentielles, il n'est pas très simple de seulement jouer au football. Tout le monde semble perdu sur le terrain, sauf Didier, déchaîné. Il ratisse des ballons impossibles, relance, tacle, dribble, passe, le tout comme s'il ne s'était pas aperçu que les éléments étaient quelque peu démontés. « Magnifique! Incroyable! » Garonnaire ne trouve plus ses mots ni les superlatifs qui vont avec.

Aussitôt après le match, il propose à Didier de venir faire un stage d'une semaine à Saint-Étienne pendant les vacances de Pâques. Accompagné de ses parents et de Jacques Sorin, le jeune garçon découvre donc l'enfer de Geoffroy-Guichard, qui, pour lui, ressemble au paradis. Les années lumière du club ne sont pas si loin. Alors, il bousculait l'Europe. C'était l'époque des Rocheteau, Larqué, Curkovic, Revelli, Bathenay, Piazza, qui, en 1982, est encore dans toutes les mémoires. Les nouveaux Verts ne sont pas mal non plus, avec Platini à leur tête, qui s'apprête à partir pour l'Italie.

Cette fois, le petit Deschamps est impressionné. Ça ne lui arrive pas souvent, mais là… Tout l'épate : les installations, la salle des trophées, le cadre et l'encadrement… Ses parents, beaucoup plus attentifs au suivi extra-sportif de l'enfant qu'à la qualité de l'effectif, sont également ravis. Ici tout respire le sérieux, et pas seulement dans la formation footballistique.

« L'an prochain, tu seras avec nous », promet Pierre Garonnaire au moment des au revoir. Il se trompe. Un mois plus tard éclate le scandale de la caisse noire de l'AS Saint-Étienne qui va envoyer le président, Roger Rocher, en prison, dévaster le club, souiller son image, faire fuir les meilleurs joueurs pro. En quelques jours, l'épopée verte a viré au roman noir. Ils ne sont plus une référence mais une honte. Tout cela est bien sûr largement exagéré, mais il n'en reste pas moins qu'un adolescent prometteur n'a rien à faire dans un tel environnement. Didier Deschamps n'ira jamais à Saint-Étienne.

Les chasseurs se remettent en chasse. Et avant tout Bordeaux, le nouveau cador du football français, présidé par l'insupportable Claude Bez, ennemi intime de Roger Rocher dont certains disent qu'il a fini par avoir sa peau. Curieusement, quelques années plus tard, il sombrera lui aussi, à peu près pour les mêmes raisons, et passera par la case « prison », bien enfoncé alors par son ennemi intime du moment, le président marseillais Bernard Tapie. Lequel fera à son tour le désormais incontournable séjour présidentiel en prison, mais ça, c'est une autre histoire.

En 1982, Claude Bez est donc libre, tout-puissant et ne rechigne jamais à aller lui-même faire de la retape pour son club quand il estime que c'est utile. Bordeaux ayant fait plusieurs tentatives infructueuses auprès des parents – même pas de réponse ! –, son président, ragaillardi par l'écroulement de l'ennemi stéphanois qui ne peut plus être un rival, décide de passer à l'opération commando.

Sans y avoir été invité, il se présente donc un jour à Anglet, chez les Deschamps. Il est accompagné de son inséparable directeur sportif, Didier Couécou. C'est un dimanche matin, et il est assez stupéfiant que Claude Bez, dont on connaissait la timidité énorme, en partie due à un bégaiement très gênant, puisse se comporter avec une telle muflerie. Une preuve de plus que le football peut rendre fou.

Pierre Deschamps, ancien troisième ligne aile du Biarritz Olympique, mûri avec les valeurs d'un rugby qui était encore loin de se professionnaliser, n'en croit pas ses yeux quand il voit les deux intrus descendre, gros cigare aux lèvres, d'une limousine longue comme un dimanche sans sport.

À la main, ils tiennent chacun une grosse mallette pleine, selon leurs dires, d'arguments sonnants et trébuchants qui vont inciter les parents à lier très vite le destin de leur fils aux Girondins de Bordeaux.

On nage en plein romantisme ! En tout cas loin des priorités de respect, de morale et d'éducation prônées par le brave Pierre Garonnaire.

Pierre Deschamps, qui, cette fois, n'en croit pas ses oreilles, se montre peu réceptif à ces manifestations de générosité formulées avec tant de délicatesse.

Il les met plus ou moins dehors. Sans grand ménagement. Vexés, les Girondins ? En rien. Plutôt que de rentrer à Bordeaux la queue entre les jambes, ils s'empressent de trouver un hôtel sur place et prolongent leur séjour, bien décidés à obtenir gain de cause.

Plusieurs fois, ils reviennent à la charge. Et n'obtiennent que rebuffade sur rebuffade. À la fin, le grand-père de Didier, qui assiste aux allées et venues depuis plusieurs jours, finit par craquer et s'emporte : « Ces gens sont des maquignons ! » Ce qui n'est pas très aimable pour les maquignons.

Les dirigeants bordelais n'ont pas compris que Pierre et Ginette Deschamps ne sont pas des parents comme beaucoup d'autres. Peu leur importent les gros chèques, les promesses de carrière fulgurante, les grands stades… Ce qui compte, ce sont les études que va poursuivre leur fils, qui doivent l'amener au baccalauréat.

Ensuite, ce qui compte, c'est la volonté de Didier. Ils savent leur fils assez raisonnable, déjà, pour ne pas se lancer dans n'importe quoi, juste pour rêver de gloire. Ils ne se trompent pas : malgré ses 14 ans, Didier ne fantasme pas sa vie. Il sait de plus en plus qu'il a les qualités pour être un jour professionnel, sa part de rêve s'arrête là. Pour le moment. Dans son for intérieur, il l'a décidé : il fera une carrière. Le chemin est long, risqué, et en attendant ce sont ses parents qui mènent la barque.

Après Saint-Étienne et Bordeaux, recalés, les Deschamps entament un tour de France des clubs désireux d'accueillir leur fils. La condition *sine qua non* : que la scolarité y soit assurée avec un maximum de confort.

Ils commencent leur périple par Nantes. Et n'iront pas plus loin. Robert Budzinski, le directeur sportif du FC Nantes, qui les reçoit, est une légende du club. C'est surtout un homme pondéré, d'un grand sérieux, qui leur tient un discours sobre, presque austère. Pour le reste, les installations, la qualité du centre de formation, le sérieux du suivi scolaire, tout semble parfait. Ce que l'on peut espérer d'un grand club comme Nantes. Équilibre et sérénité.

Rassurés, Pierre et Ginette Deschamps s'apprêtent à poursuivre leur tour de France. Paris, Monaco, Auxerre, entre autres, les attendent. Mais ils ont à peine quitté Budzinski que leur fils leur assène : « J'ai pris ma décision, ce sera Nantes. »

Chapitre 4

Au-delà des grilles

Les chagrins sont le sang d'un cœur noble.
William SHAKESPEARE

Il n'a que 14 ans mais raisonne et se comporte comme un homme. Pourquoi a-t-il choisi Nantes ? Parce qu'il y trouvera la certitude d'une bonne scolarité. Mais il ajoute : « J'avais aussi en tête de signer très vite un contrat professionnel. J'avais décidé de faire du football mon métier. »

Les dernières semaines à Anglet sont très humides. Plus que d'habitude. Tout le monde pleure ou ravale ses larmes. La maman, le papa, les grands-parents, le grand frère qui serre les dents. Didier et Philippe s'adorent. Le départ du petit dernier pour le grand inconnu, à 600 kilomètres de là, est un vrai chagrin pour l'aîné. Il a 17 ans et ne cherche pas à cacher que son frère est son meilleur ami.

Ginette Deschamps vit son épreuve avec beaucoup de dignité : elle pleure surtout la nuit, compte les jours qui les séparent des adieux mais, à aucun moment n'a songé à demander un « sursis » à Didier. Ce n'est pas le genre de la maison. Ici, les enfants sont considérés comme des êtres responsables. Surtout quand ils ont la maturité de Didier. Son départ fait mal, mais c'est ce qu'il veut. Et c'est d'autant plus respectable qu'il va engager, à 14 ans, une grande partie de son avenir.

D'ailleurs, quand il trouve sa mère trop triste – son père a bouclé sa peine tout au fond de lui, jusqu'à la rendre invisible –, il lance, joyeux : « Tu sais, je ne vais pas là-bas pour m'amuser ! »

Il ne croit pas si bien dire…

Plus tard, il trouvera toujours l'occasion, au détour d'une conversation, de remercier ses parents d'avoir accepté qu'il prenne en main son destin. Ce dont il leur saura toujours gré, ce n'est pas de la liberté – ça, il l'avait déjà – mais de la latitude qu'ils lui ont laissée. S'il y avait sacrifice, il était librement consenti, ce qui n'est pas évident dans beaucoup de familles. Au-delà de l'intelligence dans l'éducation, il y a c'est certain, chez Pierre et Ginette Deschamps, une absence totale d'égoïsme.

Quand arrive le jour du départ, Pierre et Ginette accompagnent leur fils en voiture jusqu'à Nantes. Le trajet est silencieux, crispant, comme chargé de regrets. Et peut-être même de menaces. Quand l'un ou l'autre parle, c'est surtout pour ne rien dire, car, en fait, il y a trop de choses à dire. Et puis, c'est l'arrivée à la Jonelière, le moment de la séparation.

Comme un symbole, les grilles se referment sur Didier et son enfance comblée. De l'autre côté, sa mère, qui, cette fois, ne retient pas ses larmes. Son père a déjà tourné le dos et s'éloigne à pas lourds. Il n'aurait pas supporté de voir son fils rivé derrière ces grilles.

Le jeune garçon ne montre rien. Surtout ne pas se laisser envahir par la peur de l'inconnu, le chagrin du déracinement. Les années qui viennent ne lui arracheront aucune plainte, jamais.

Jamais en public. Sa famille ne saura que bien plus tard les moments d'abandon, les heures de déprime et les larmes parfois écrasées contre un oreiller à la tombée de la nuit, à l'abri des regards.

Était-ce si dur que cela ? Tous ceux qui se sont retrouvés un jour de leur enfance dans le cadre d'un pensionnat, séparés de leur famille, ont la réponse. La pension a ses côtés positifs et ses inconvénients. Un centre de formation pour jeunes footballeurs a cet avantage énorme sur une pension, c'est que l'on sait pourquoi on y vient, et que les sacrifices consentis peuvent faire rêver à un avenir radieux.

Moins souriant est l'accueil réservé à Didier. Pas de la part de l'encadrement : tout le monde est ravi d'avoir récupéré le petit prodige. Robert Budzinski en tête, il y a la conviction que Nantes a déniché un futur crack. Et c'est justement cela qui dérange les autres stagiaires.

Déjà, le petit nouveau, qui a quatre ans de moins que certains élèves, domine de sa taille la plupart d'entre eux et affiche un physique très costaud pour ses 14 ans. Ça ne plaît pas. Et puis, les compliments réitérés de Budzinski et de sa bande – « C'est vraiment un super, il va devenir un as… » – ont fait naître beaucoup de jalousie. Tout à fait involontairement, bien sûr, mais il est des maladresses dommageables.

Celle-là va gâcher les six premiers mois de Didier à la Jonelière. Il est pris en grippe par les autres, devient un souffre-douleur pour les plus anciens. Comme il est plutôt timide et discret, il ne se rebiffe pas.

Quand un article le présentant comme le futur champion du football français paraît dans un journal pour enfants, c'est presque la curée. Ses persécuteurs le traitent comme s'il était responsable de tout ça.

Évidemment, pas un mot à ses parents ni à son frère, pas une plainte auprès de l'encadrement. Il souffre en silence, pleure souvent au cœur de la nuit et espère que tout cela va bientôt finir.

Cet épisode, somme toute tristement banal, va sans aucun doute aider à façonner un peu plus complètement le futur Didier Deschamps. On comprend mieux sa volonté de ne jamais se mettre en avant, cette forme de pudeur extrême que beaucoup qualifient de « fausse modestie ».

Quand il se met en retrait, amoindrit ses mérites, ce n'est pas une sorte de langue de bois interprétée par tout son corps, c'est la mémoire qui parle. Il sait, parce qu'il n'a rien oublié, que l'on ne gagne rien à se mettre en avant, que des jalousies et des détestations en découlent.

« Un pas devant les masses, jamais deux », recommandait Lénine, qui s'y connaissait en démagogie. Même s'il l'ignorait, Deschamps, joueur puis capitaine, a appliqué la consigne à la lettre tout au long de sa carrière. Ce qu'il ne savait pas, et qu'il n'avait pas découvert dans les livres, la vie le lui a appris. L'injuste punition aura duré six mois. Ce qui est très long dans l'existence d'un gamin de 14 ans. Un soir, ils sont plusieurs joueurs à faire le mur pour aller s'amuser en boîte. Ce n'est pas la première fois, mais ce soir-là, ils proposent à Didier de les accompagner. Une première. Assez fier – d'autant qu'il est nettement le plus jeune –, il accepte et fête cette sortie en buvant de l'alcool. Très vite, assommé, il s'endort sur une banquette, et c'est ce moment qui scelle son admission définitive dans le groupe. Attendris par leur cadet en plein abandon, les autres ne le voient plus en dangereux rival, ils se sentent responsables de lui et tenus de le protéger. Le reste, tout ce qui s'est passé avant, est oublié.

C'est aussi à cette époque que Didier noue une amitié indéfectible avec Marcel Desailly. Ils n'ont pas beaucoup de points communs en apparence, mais ils se sont « trouvés » et ne vont plus jamais vraiment se quitter.

Une épreuve va encore resserrer leurs liens. La mort du demi-frère de Marcel, Seth Adonkor, 23 ans, joueur du Football Club de Nantes. Dans la nuit du 18 novembre 1984, le jeune homme et un de ses coéquipiers sont tués dans un accident de voiture. Un troisième sera blessé et perdu pour le foot.

Ce week-end-là, Didier et Marcel disputent un tournoi avec leur équipe à Monaco. Aucun dirigeant n'a le cran d'annoncer à Marcel Desailly la terrible nouvelle et c'est, presque naturellement, le jeune Didier Deschamps, 16 ans, qui est sollicité. Sans hésiter, en ce dimanche matin de novembre un peu plus froid et brumeux que d'habitude, Didier va trouver son ami pour lui dire la vérité.

« Je n'ai jamais oublié ce que Didier avait fait par amitié ce jour-là, raconte Marcel. À quel point ça avait dû être dur. Depuis, il représente tout pour moi. »

Cadet, junior, Deschamps impressionne partenaires et dirigeants. De plus en plus. Comme dans son Sud-Ouest, il prend l'habitude d'être le capitaine des équipes dans lesquelles il joue. Dans la vie, c'est pareil, un chef né, un leader incontesté. Sur le terrain, la question ne se pose pas et elle ne se pose pas en dehors. Que survienne un problème extra-sportif dans la petite communauté et les dirigeants s'adressent à Didier pour le régler. Ce qui est fait en quelques minutes.

Ses dirigeants ont confiance en lui, ses coéquipiers aussi, il n'y a que ses adversaires qui ne le sentent pas trop… Il faut dire qu'il leur en fait voir de toutes les couleurs sur le terrain. Une teigne, une machine infernale, un bouledogue… Chacun cherche ses mots pour le définir. En tout cas, il est de la race des seigneurs, des combattants infatigables, et lorsque Robert Budzinski reçoit ses parents, une fois par mois, pour faire le point, il répète les mêmes mots, pétri d'admiration : « Sauf accident physique, il sera professionnel et jouera en équipe de France. »

Ça, dans un coin de sa tête, Didier le sait déjà. Ne pas le dire, ce n'est pas ne pas y croire. Sa modestie, c'est avant tout son absence de « grande gueule ». Il n'annonce pas ce qu'il va devenir, mais il le projette, travaille et fait les sacrifices pour y arriver. À partir de là, comme il dirait, on ne voit pourquoi il n'y arriverait pas.

Les compliments, même ceux de Budzinski, lui importent peu. Devenu capitaine de l'équipe de France cadets, il ne prend pas le temps de se réjouir. Il regarde plus loin, les juniors bientôt, les espoirs ensuite et, déjà projetée, la grande équipe de France.

Tout cela ne fait pas partie de ses songeries mais d'un programme qui doit l'emmener tout en haut de son sport. Il n'y a pas de part de rêve là-dedans. Ni chimère ou illusion. Rien qu'un plan parfait.

Au-delà des grilles de la Jonelière, il peut déjà entrevoir son destin.

Chapitre 5

La première fois
(1985-1987)

On se brise ou on se bronze.
Michel DÉON

Deux ans et demi, c'est sans doute beaucoup à son échelle, mais ce n'est pas grand-chose quand il s'agit de passer d'un monde à l'autre.

En septembre 1985, il n'a pas 17 ans lorsque Jean-Claude Suaudeau, l'entraîneur mythique du FC Nantes, le fait entrer en jeu à la place du grand Halilhodžić, blessé. Quelques semaines plus tard il remplace Loïc Amisse, autre gloire du club, au cours d'un match de Coupe d'Europe. Ça y est, il touche du doigt ce haut niveau qui occupe toutes ses pensées. Il retourne volontiers jouer avec les juniors ou en division 3 mais attend, il est vrai, avec de plus en plus d'impatience, qu'on le rappelle en équipe première.

Tout est allé vite, très vite… Pas assez vite pour lui. Il veut jouer, se défoncer sur un terrain, donner à chaque match tout ce qu'il a dans le ventre. Faire banquette, même chez les pros, ça l'intéresse moins. Or, c'est ce qui se passe. Un chemin obligé pour les jeunes qui arrivent, cantonnés – quand ils sont retenus dans le groupe – à dépanner en fin de match, quand l'un des titulaires tire la langue. Tant qu'à faire, Didier Deschamps préfère jouer de vrais matchs de quatre-vingt-dix minutes avec l'équipe de D3. Et quand on lui explique qu'il doit être préservé, en fonction de son jeune âge et de sa valeur, il rétorque, presque méchant : « Je m'en fous, moi, de ma valeur ! Tout ce que je veux, c'est aller au charbon ! »

Comme pour se prouver, et prouver à tout le monde, que son seul but, désormais, est d'être un professionnel, il décide d'arrêter ses études. Depuis plusieurs mois, il avait fait des efforts démesurés pour organiser son emploi du temps et jongler avec les horaires. Entre les entraînements, les déplacements, les heures consacrées à l'étude, il n'y avait plus beaucoup de place pour la récupération. Ayant choisi de préparer un bac B par correspondance, il tiendra jusqu'à la fin de la première, se présentant à l'épreuve de français. Après, il renonce, il n'ira pas plus loin… Ce qui n'est pas dans ses habitudes. Cette fois, il a compris qu'il lui fallait choisir et il découvre que choisir, c'est renoncer.

Pour ne pas rester à plein temps dans l'ambiance du centre de formation, il décide de partager un studio en ville avec un copain. Une petite fenêtre d'indépendance qui fait du bien.

L'année 1985, c'est vraiment l'année des premières fois. Il tombe amoureux et, comme il n'a vraiment pas de temps à perdre (il doit être aussi un peu aidé par la chance), il tombe amoureux de la femme de sa vie, celle qui restera la seule et l'unique.

Il a 17 ans, elle en a 19. Claude est étudiante en orthophonie, native de Concarneau, en Bretagne. Elle va devenir son rocher, son amour, son amie, sa conseillère, sa partenaire et bien d'autres choses encore qu'ils sont seuls à savoir.

Cet amour tombe bien. Le jeune footballeur trop tôt séparé de son milieu familial a besoin de repères que ne peuvent lui offrir les copains et les virées nocturnes épisodiques. Ce dont il a besoin, c'est d'un foyer, d'un équilibre rempli de douceur, de sagesse et de quiétude.

On est parfois sérieux, quand on a 17 ans, Rimbaud dût-il en être troublé. C'est de cela qu'a besoin Didier dans la fraîcheur de son âge : du sérieux dans l'amour, et de la continuité. Avec Claude, il a tout obtenu d'un seul coup, comme un miraculeux paquet-cadeau offert par la vie.

La saison 1985-1986 s'achève par une défaite en finale de la Coupe Gambardella avec les juniors nantais, une déception, mais aussi une énorme satisfaction : depuis un match où il est entré en jeu au bout d'un quart d'heure pour remplacer un blessé, et a impressionné dans tous les domaines, il est devenu un titulaire indispensable. Encore un problème de réglé.

Après quelques mois, il a décidé de s'installer en couple avec Claude. Il y a peu, il gagnait encore 2 800 francs par mois (environ 400 euros), ce qui n'est pas terrible, même vingt-cinq ans en arrière. Très vite, son salaire va s'améliorer et c'est tant mieux, car Claude a choisi d'arrêter ses études d'orthophonie. La décision n'a pas été facile à prendre mais elle veut pouvoir se consacrer entièrement à Didier dans les années qui viennent. Être une maîtresse de maison attentive et attentionnée, s'occuper des enfants lorsqu'ils en auront, gérer l'emploi du temps de Didier, veiller sur sa nourriture et sa récupération… Tout doit être programmé dans la vie d'un footballeur professionnel au plus haut niveau. Et c'est justement ce que Didier veut être. Ce qu'il va être.

Dans cet esprit, Claude ne conçoit pas de ne pas être une compagne à plein temps. Se partager entre son métier et Didier, ce serait forcément insatisfaisant, car elle ne pourrait pas lui apporter tout ce dont il a besoin. Son choix n'entraîne donc aucune frustration. Ils sont déjà un couple et c'est ensemble, lui sur le terrain, elle dans les coulisses, qu'ils se lancent dans l'aventure.

C'est peu de dire que les premiers temps de leur vie en commun seront durs. Ou plutôt, serrés. Il n'y a rien de dur à vivre avec celui que l'on aime, mais il faut compter les sous jour après jour, faire attention à tout, tirer la corde par les deux bouts pour arriver à boucler les fins de mois.

L'épreuve n'est pas insupportable mais elle soude définitivement Claude et Didier. Celui-ci n'oubliera jamais, quand viendront les heures de gloire et de l'argent qui coule à flots, à quel point sa femme était tout près de lui dans les moments moins enchantés. « Je sais ce que je lui dois, c'est-à-dire tout », se contente-t-il de commenter dans ses rares moments d'épanchement. C'est une évidence que, sans Claude, Didier n'aurait pas réussi la même carrière, et il est le premier à le savoir.

À 19 ans il signe son premier contrat professionnel. Son entraîneur, Coco Suaudeau, qui est son premier supporter, le positionne en libéro, ce qui n'est pas pour lui déplaire tant il aime jouer face au jeu. Ses complices de la défense sont Marcel Desailly et Antoine Kombouaré, et Didier prend de plus en plus d'influence sur le jeu nantais. Il ne se contente pas de courir et de tacler, il parle, dirige le jeu et la stratégie, conseille…

Comme une vieille habitude, il a noué autour de son bras le brassard de capitaine. Son destin est en marche. Didier Deschamps ne court pas après un rêve, il poursuit un but.

L'échafaudage a été construit année après année. Cinq ans de travail, de sacrifices et d'espérance pour mettre en place la belle histoire.

Rien ne pourrait enrayer cette marche joyeuse. Sauf l'impensable qui va la métamorphoser en marche funèbre. Quand la mort vient tracer son sillon sur une route enchantée.

Chapitre 6

Le facteur sonne toujours deux fois

Il n'y a pas d'homme intact.
Pete Dexter

L'année 1987 qui s'achève est un tournant. Didier a eu 19 ans au mois d'octobre, et tous ses objectifs sont atteints. Bien installé dans son club, dans sa vie, grâce à Claude, il sourit au quotidien et remercie sa chance.

Ce sont des moments inaltérables, quand la joie est partout et que l'espérance se trouve au bout de tous les efforts. La fraîcheur de la jeunesse vient accroître ce sentiment que rien de mauvais ne peut vous atteindre et que de tels instants, il y en a encore des milliers qui vous attendent. L'innocence est belle quand elle est remplie de promesses.

Même le vilain mois de décembre, avec ses frimas, son verglas et sa lumière chancelante noyée dans le noir du ciel, reste chaleureux. Noël se profile et annonce le retour des membres de la famille éloignés le reste de l'année. Noël, c'est quand même ce que l'on a trouvé de mieux en matière de regroupement familial. Pour les Deschamps, le point d'ancrage c'est bien sûr Anglet, la maison de Pierre et Ginette. Pendant la trêve, Didier va y « rentrer », accompagné de Claude, qui ne le quitte plus. Comme chaque année, il y passera le réveillon du 31 décembre avant de rejoindre Nantes pour préparer la reprise du championnat. D'abord, il se repose à Concarneau, chez les parents de Claude, où il doit fêter Noël.

Philippe, le frère aîné, qui vit et travaille en Belgique, se prépare, lui, à rallier directement Anglet. Noël est dans tous les cœurs déjà, et la joie que promet la chaleur des retrouvailles. Pierre et Ginette n'ont plus tellement d'occasions de réunir leurs deux fils sous leur toit.

Quelques jours avant Noël, Philippe quitte Bruxelles pour rejoindre la France. Le 21 décembre, l'avion décolle en début d'après-midi et doit atterrir deux heures plus tard à Bordeaux. Le temps est mauvais et se pose la question à plusieurs reprises d'envoyer les trois navigants et leurs treize passagers atterrir à Toulouse, voire à Biarritz, où les conditions météorologiques sont à peine meilleures. C'est finalement en tentant de se poser à Bordeaux-Mérignac que le petit avion s'écrase. Il n'y a aucun survivant.

Noël ne sera plus jamais Noël chez les Deschamps. Comme pour quinze autres familles, la vie n'aura plus la même saveur. La mort est passée par là, laissant des cœurs fracassés.

Pour Didier, recroquevillé sur son chagrin de fils, désormais unique, les fêtes de fin d'année qui arrivent bientôt marquent désormais, et pour toujours, la fin de l'innocence.

Comment se remet-on d'un tel ravage ? On ne s'en remet pas, on ne cherche surtout pas à oublier. Parce que oublier, ce serait nier ce qui a été, l'insouciance, l'amour, la fraternité, les liens magiques des uns et des autres. Tout cela n'a pas pu disparaître dans un accident d'avion. Alors, on continue, c'est tout.

Désormais, pour beaucoup de choses, l'avenir se conjugue au passé. Aux plus belles promesses ont succédé des souvenirs inoubliables. De grandes joies viendront peut-être, qui sait... Elles n'auront jamais le parfum du bonheur. Ce qui restera à jamais, ce sont les chagrins.

« J'avais 19 ans, j'étais déjà mûr. » Ces quelques mots seront le seul commentaire public de Didier Deschamps lorsque sera évoquée, en de rarissimes occasions, la disparition de son frère. La perte d'un frère ne se résume pas à cette réflexion laconique, bien sûr. Mais qu'aurait-il pu avoir envie de dire d'autre sans choquer sa propre pudeur ? Que peut-on dire d'une plaie qui reste béante vingt-cinq ans après ? Deschamps n'a jamais aimé raconter ce qui lui passe par la tête, pas plus qu'il n'a jamais aimé se raconter. Alors, ça...

« La vie continue, bien sûr, mais ça reste là », disait-il, montrant son cœur, il y a quelques années sur une chaîne sportive[1]. Le regard fixe, dans lequel scintillaient des souvenirs venus de la petite enfance, ne cillait pas. L'allusion à son frère disparu était d'autant plus abrupte qu'elle avait été le plus souvent évitée en vingt-cinq ans.

Ce qu'il ne dit pas se ressent néanmoins : il n'a plus été le même homme depuis, il a cessé de croire à la chance – la vraie, qui permet d'épargner des vies, pas celle qui fait gagner

1. *BeIn Sport,* 15 septembre 2013.

un match de football, même le plus important de tous. Il en a déduit que rien n'est sûr, et surtout pas le bonheur, que la mort et l'injustice peuvent guetter dans un coin de ciel et rendre le reste de votre vie incertain. Il a appris aussi à vivre avec sa douleur. Et il est devenu différent. Fermé sur lui-même dans les moments où ça fait mal. Épidermique face à ce qu'il considère comme une injustice envers lui ou les siens. Inconsciemment peut-être, il pense que pour ce qui est du domaine du cruellement injuste, ils ont déjà donné. Alors, il ne supporte plus rien dans legenre.

Et ce n'est pas l'autre drame, survenu quelques jours plus tard, qui pouvait le réconcilier avec la fatalité et ses errements.

Bouleversé et choqué par la mort de Philippe Deschamps, le père de Claude succombe à un infarctus. Le deuil venait à peine de frapper l'une de ces deux familles, voilà que l'autre se trouvait crucifiée à son tour.

En trois jours, la vie affective de Didier Deschamps vient de basculer. Après ces deux enterrements pour sceller l'agonie de la fin d'année, il n'est plus le même. Il ne sera plus jamais le même. Toujours il avait été protégé, épargné par la vie. Jamais il ne retrouvera une certaine forme d'insouciance et de gaieté, qui, comme pour compenser son sérieux et sa rigueur, l'avaient toujours accompagné jusque-là. À 19 ans, il se retrouve fils unique et ne s'en remettra jamais.

Heureusement, il y a Claude, désormais sa seule certitude.

Elle ne l'a jamais quitté.

On n'ira pas jusqu'à dire (comme on a pu le lire parfois) que cette double épreuve avait renforcé, solidifié l'amour des deux jeunes gens. Comme s'ils avaient eu besoin de ça! Comme si l'amour, pour être fort, devait se nourrir de tragédie.

Les mois qui suivent sont lourds, oppressants. Il faut continuer à travailler, à essayer de progresser, à jouer. Jouer, comme le verbe tombe mal. Il s'accommode si peu de la situation. Comment penser à jouer quand on porte en soi un chagrin inconsolable ?

Didier est dans sa vingtième année et le voilà devenu, la mort dans l'âme, soutien de famille. Il y a ses parents et ses grands-parents, effondrés, atterrés par la mort de Philippe. Que dire à sa propre mère qui vient de perdre un fils ? Que la vie doit reprendre ses droits ? Mieux vaut se taire et essayer d'apaiser avec des regards.

Il lui faut aussi protéger Claude, ébranlée par la mort de son père. Réconforter, choyer, soutenir… 1988 sera une année de transition. Les grands bouleversements, ce sera pour 1989.

Chapitre 7

Bleu de chauffe (1989)

« C'est moi qui ai fait débuter Didier en sélection. Autant dire que ce qui est arrivé ensuite est de ma faute », plaisante Michel Platini.

Pas toujours tendre, au fil des années, dans ses jugements à propos de Deschamps, Platini aura au moins eu le mérite d'être, sinon le responsable, au moins le détonateur de sa carrière internationale.

29 avril 1989. C'est une soirée de printemps inoubliable. La première des trois pierres blanches posées sur le chemin de Didier Deschamps en cette année 1989.

Il va porter pour la première fois le maillot bleu de la grande équipe de France. Et ce n'est pas à l'occasion d'un match amical, mais d'une rencontre capitale pour la qualification à la Coupe du monde 1990, en Italie[1].

1. À l'automne 1988, l'équipe de France, dirigée par Henri Michel, concédait un match nul calamiteux à Chypre, occultant ses chances de qualification. Michel démis de ses fonctions, la fédération avait fait appel à un nouveau sélectionneur, Michel Platini, chargé de relancer les Bleus.

Daniel Bravo, le titulaire habituel, s'étant blessé, Platini a demandé à son adjoint, Gérard Houllier, d'appeler en remplacement Deschamps, qui s'apprêtait à disputer un match au Havre, avec les espoirs français.

Il a 20 ans et des poussières, et le voilà qui débarque à Clairefontaine pour rejoindre les stars de l'époque, Bats, Sauzée, Amoros, Boli et aussi le petit jeune qui monte, Laurent Blanc, trois sélections. Outre Bravo, Tigana et Papin sont également forfaits, et on se rendra compte plus tard que ce match que l'équipe de France devait absolument gagner fut un tournant à bien des égards. Première sélection pour Deschamps et Christophe Cocard, dernière sélection pour quatre joueurs : Battiston, Xuereb, Sonor et Paille. Comme un passage de témoin, Didier remplace Daniel Xuereb à trente minutes de la fin.

Avant cela, il y a eu les trois jours de stage à Clairefontaine. Comme un rêve muet. Personne, en effet, n'aura l'occasion d'entendre le son de la voix du petit nouveau. Écrasé par la circonstance, il regarde, écoute, travaille, apprend et ne parle pas. Dans la chambre qu'il partage avec Joël Bats, le gardien culte, et Xuereb, il n'ose même pas dire à ses compagnons que, de son lit, il n'arrive pas à voir la télévision !

Loin d'arriver en conquérant, il pense surtout que cette convocation est avant tout une récompense offerte à un jeune et bon élément du championnat de France. Après, les choses rentreront dans l'ordre. La demi-heure très propre effectuée contre les Yougoslaves puis l'élimination de la course à la Coupe du monde 1990 vont précipiter son ascension.

Désormais, Platini n'a plus qu'un objectif majeur : qualifier les Bleus pour l'Euro 1992, qui aura lieu en Suède.

Il veut se lancer dans les éliminatoires, dès septembre, avec une équipe rajeunie et motivée.

La saison internationale s'ouvre en août par un match amical en Suède et Deschamps est convoqué par Platini, ce qui est normal. Plus surprenant, il est rappelé comme titulaire, alors que la concurrence est rude à son poste. Le début d'une histoire qui durera dix ans.

Ce soir-là, à Stockholm, l'équipe de France, qui n'a plus gagné un match à l'extérieur depuis près de cinq ans, s'impose 4-2. Deux buts de Papin et deux autres de Cantona ont récompensé Platini pour son speech d'avant-match plutôt audacieux. Voyant ses jeunes joueurs stressés, il a lancé, histoire de les décontracter : « Oh ! les gars, pas de panique. Même si vous perdez 5-0, vous serez tous là au prochain match. » Une manière de dire « Je crois en vous quoi qu'il arrive ». Et ça a marché.

Chapitre 8

Deschamps version Gerard Houllier[1]

Devenu l'adjoint du sélectionneur Michel Platini[2], je gardais tout de même une connaissance très approfondie du championnat de France de Football. En 1986, j'avais été champion de France avec le Paris-Saint-Germain, que j'entraînais, et auparavant, j'avais passé plusieurs années à Lens qui était alors une des très bonnes équipes du championnat. Comme tous les adjoints du monde, j'allais régulièrement visionner des joueurs français à l'occasion de rencontres de championnat. C'était plus facile à l'époque, car une majorité d'internationaux évoluaient en France, ce qui n'est hélas plus le cas aujourd'hui. J'avais donc remarqué Didier Deschamps, et apprécié ses performances régulières avec le FC Nantes. Je l'avais vu aussi jouer en équipe de France Espoir. Il m'était facile, dans ces conditions, de lui faire ouvrir les portes de la sélection A. Il suffisait d'une fois… ensuite, Michel Platini l'a toujours gardé.

1. Entretien avec l'auteur à Paris le 13 novembre 2019.

2. Michel Platini est devenu sélectionneur le 1er novembre 1988, un peu plus d'un an après avoir pris sa retraite de joueur.

À l'époque c'était déjà un milieu récupérateur doté d'une âme de leader. C'est vraiment ce que j'avais décelé en premier. C'est intéressant lorsqu'on y repense. Mon ressenti c'était cela : ce gamin était un leader. Un chef. Il a donc évolué en progressant régulièrement avec l'équipe de France. Lorsque je suis devenu sélectionneur à mon tour, en 1992, je l'ai gardé bien sûr. C'était une époque bénie, ces deux ans qui devaient nous emmener à la Coupe du monde aux États-Unis. Une époque bénie pour nous, on gagnait tous nos matchs, en tout cas, on n'en perdait pas. Une époque bénie pour lui, qui se forgeait une âme de vainqueur. Il avait vingt-et-un ans et l'avenir s'annonçait merveilleux avec déjà, en ligne de mire, la Coupe du monde aux États-Unis à l'été 1994. Et puis tout s'est déréglé. Alors que nous avions réussi tous nos matchs de qualification, une double chute, et deux fois au Parc des Princes, d'abord devant Israël (!) puis contre la Bulgarie, un soir de novembre. L'aventure était terminée. Pour l'équipe de France et son rêve américain. Pour moi, car j'ai démissionné aussitôt. Je sais quel traumatisme cette élimination hallucinante a pu provoquer chez Didier Deschamps comme chez d'autres joueurs. Traumatisme… Le mot est faible. Je crois aussi, même si ça n'est pas facile pour moi d'affirmer cette idée, que ce cataclysme a été un bon déclic. J'ai toujours pensé que c'était dans des crises comme celle-là que se déclenchent les meilleures opportunités. Mon propos n'est pas de dire qu'il faut en passer par là si on veut progresser, ce serait ridicule. Il y a d'autres manières d'y arriver, et très sincèrement je les préfère. Mais il faut aussi être lucide : ce qui s'est passé, ce soir de novembre 93, a tout balayé des imperfections, des crises, des failles, qui minaient l'évolution du football français malgré l'éclosion de talents de plus en plus affirmés. Tout a été nettoyé. Et à partir de février 1994, Aimé Jacquet a pu travailler sereinement, c'est une chose. Mais surtout, tous les responsables du football français ont pu se mettre à travailler et mettre en place un certain nombre de mesures, d'initiatives. Tout ce petit monde a pu travailler le plus tranquillement du monde. Entre début 1994 et juin 1998, date du coup d'envoi de la Coupe du monde qui se jouerait chez nous, il y avait tout le temps pour travailler, sans pression aucune. Même l'Euro 1996 ne constituait pas une pression. À l'époque, plus grand monde n'attendait d'exploit de cette équipe de France renaissante, mais où il y avait déjà des Zidane, Thuram, Deschamps, Blanc, Barthez, qui était encore le remplaçant de Bernard Lama... D'ailleurs, même peu considérée, cette équipe est arrivée en demi-finale de l'Euro, seulement battue aux tirs au but par la République Tchèque.

Après cela, j'ai plus croisé Deschamps qu'autre chose. Nous avions passé quatre ans proximité et ce sont de bons souvenirs. Ce que j'ai aimé tout de suite chez lui, lorsque je l'ai fréquenté en tant que sélectionneur face à un joueur, ce ne sont pas seulement ses qualités de compétiteur, de gagneur, dont tout le monde parle sans cesse. Ça existe évidemment, c'est une part de sa personnalité. Moi ce qui m'intéresse plus encore chez lui, c'est que je discerne une forme de loyauté, de fidélité aux gens. Il y a une forme de logique dans toute sa conduite, depuis toujours. Même s'il est arrivé que des gens parlent sans preuve de ce qu'il a pu faire. Pour moi, c'est un homme loyal. Ce que j'ai ressenti aussi, quand je l'ai eu comme joueur, c'est que lorsqu'il se trouve dans une entité, il ne se comporte pas comme un rebelle. Il ne se place pas au-dessus du calife. C'était un des joueurs cadres, déjà à l'époque. Il avait bien évidemment ses prérogatives, mais c'est quelqu'un qui savait respecter la hiérarchie. J'aime ce genre de personnage.

Il ne faut pas oublier non plus qu'en 1993, année éprouvante – c'est le moins que l'on puisse dire –, il y a eu aussi pour le football français et pour Deschamps, la victoire de l'OM en Ligue des champions, au mois de mai. Mais aussi à la même période, le déclenchement de l'affaire OM-VA, ce qui représente pour nous tous, mais aussi pour un joueur qui était le capitaine marseillais, un traumatisme presque aussi assassin que la défaite contre la Bulgarie. Je ne doute pas qu'il soit arrivé au début de l'année 1994, épuisé par toutes ces secousses. Et c'est d'ailleurs la marque des champions que d'avoir su partir à la Juventus de Turin, échapper à tout cet enfer pour retrouver le fil de sa carrière.

Chapitre 9

L'âge d'OM

Deux mois plus tôt, le 2 juin, Didier et Claude sont enfin devenus mari et femme. L'événement aurait été célébré plus tôt sans les drames de la fin d'année 1987. Ils ont appris, hélas, à prendre leur temps. C'est d'ailleurs quelques années plus tard, en 1996, qu'ils auront Dylan, leur premier et unique enfant.

Quand on demande à Didier Deschamps pourquoi il a prénommé son fils Dylan, il ne répond pas que c'est en hommage à Bob Dylan ou au poète gallois Dylan Thomas, auquel l'auteur américain a emprunté, par admiration, son prénom pour s'en faire un nom. Non, c'est parce qu'il aime bien (on s'en doutait un peu), et surtout : « Ça fait DD comme moi. » On a envie de lui suggérer qu'il a peut-être éliminé un peu vite David, Damien, Donald, Denis, Daniel, Dominique, et quelques autres, mais bon, on se dit qu'il doit plaisanter.

Devenu le patron du jeu nantais, il se montre très discret et humble quand il est appelé en équipe de France. À son âge, il a encore tout à apprendre au niveau international, et il le sait. En revanche, sa jeunesse ne l'empêche pas de se montrer décisif et de plus en plus indispensable sur le terrain. Son grand atout, c'est de savoir écouter, et avec Bernard Pardo, auquel il est associé en milieu de terrain, il a de quoi faire.

Pardo, travailleur infatigable, aboyeur magnifique de cette équipe de France qu'il sait remettre dans le droit chemin quand elle s'égare, a entrepris d'aider le jeune Deschamps dans ses premiers pas au plus haut niveau.

Il est touché par la détermination de son jeune coéquipier, sa soif d'apprendre, de corriger ses erreurs. « Qu'on lui dise qu'il avait commis une faute et il ne vous lâchait pas tant que vous ne lui aviez pas expliqué en quoi il n'avait pas été bon. L'important pour lui, c'était de ne pas faire deux fois la même erreur. Tout en restant timide et réservé – il l'a été assez longtemps – il n'hésitait pas à prendre la parole si on parlait tactique. Il voulait donner son opinion, participer aux débats. Ce qui nous a frappés aussi, et très vite, c'est sa détestation de la défaite : il ne supportait pas de perdre. »

Les événements récents ont changé Didier Deschamps, durci son caractère, contribué à sa maturité, mais le refus de la défaite est toujours là, vivace et farouche.

Avec l'apport de cette nouvelle génération, l'équipe de France de Platini ne perd plus, et réussit un parcours impressionnant en qualifications à l'Euro, dont elle devient l'une des favorites.

À Nantes, la vie est moins rose. Pour la troisième année de suite, le club va terminer la saison bredouille. Il stagne et beaucoup craignent qu'il ait du mal à prendre le tournant des années 1990. Privé de Coupe d'Europe, il a aussi un gros besoin d'argent.

L'idée de résoudre partiellement les problèmes en vendant leur meilleur joueur naît peu à peu dans la tête des dirigeants. Ce n'est sans doute pas une très bonne idée. Joueur en devenir, Deschamps vaudra sans doute beaucoup plus dans un an ou deux. Mais on sait que dans le besoin, dirigeant de football ou pas, on ne prend pas toujours les bonnes décisions.

Le joueur, assez curieusement, n'est au courant de rien. Sans être totalement innocent, il ne s'attend pas à ce que son club envisage de se séparer de lui.

Malgré tout, il réfléchit beaucoup à ce que seront les prochaines étapes. Il est modeste mais se connaît parfaitement et sait juger avec lucidité de ses performances. Surtout, il connaît sa valeur. Elle est clairement en hausse. Pas de quoi s'affoler et se prendre la tête. Ni la grosse tête. À 20 ans, au point où il est déjà arrivé, le plus urgent, c'est peut-être d'attendre, de mettre le pied sur le ballon avant de choisir une direction nouvelle. Il est à Nantes depuis six ans, il y est bien et ne ressent aucun besoin, pour le moment, d'aller voir ailleurs. Quand il partira, il ne devra pas se tromper.

Il sait aussi que les sollicitations ne vont pas tarder à venir. C'est trop tôt selon lui mais tout le monde ne pense pas ainsi. Pour mieux se protéger des tentations, il choisit de prendre un agent.

C'est aujourd'hui aussi courant chez les footballeurs que de prendre une assurance pour sa voiture quand on est automobiliste, mais à l'époque – vingt-quatre ans en arrière – la coutume n'est pas très répandue. Justement, lors de stages avec l'équipe de France, quelques joueurs ont vanté les mérites des agents. Avec eux, plus question de se faire berner, ils discutent à votre place de la durée des contrats, des salaires, du montant des transferts, des primes… Le joueur n'a plus qu'à s'occuper de jouer l'esprit tranquille. Ses intérêts sont préservés.

Daniel Xuereb lui a parlé de son agent, Jeannot Werth, un Alsacien droit comme un i, franc et passionné de football, sport qu'il a pratiqué à un bon niveau avant de devoir renoncer à cause d'ennuis physiques.

Jeannot Werth a été le premier en France à devenir agent. Sa réputation est sans tache. Sans le connaître, on le devine têtu, travailleur, humble.

Je l'ai rencontré pour la première fois à Bâle, en Suisse, où il a installé sa vie et ses affaires. Il est exactement comme je l'imaginais. Tel que me l'avaient décrit quelques amis journalistes, notamment Eugène Saccomano.

Fervent admirateur du football allemand, il se déplace souvent à Munich, où évolue un de ses protégés, le jeune prodige David Alaba, 21 ans, vite devenu titulaire incontesté au poste d'arrière gauche du club bavarois.

Avant de prendre rendez-vous avec Jeannot Werth, je lui avais bien sûr parlé au téléphone, à plusieurs reprises.

Déjà, j'avais été impressionné par le ton de sa voix, clair, attentif et ferme à la fois. Il est venu m'attendre à l'aéroport de Bâle-Mulhouse et j'ai vu que mes sensations ne m'avaient pas trompé. Il dégage dès l'abord une impression de solidité, de rigueur et d'honnêteté qui imprègnent son physique.

En vérité, cet agent de joueurs – profession trop ambiguë et opaque pour ne pas être justement décriée – incarne curieusement ce que le monde du football professionnel peut offrir de mieux.

C'est ce qu'a pu penser le jeune Didier Deschamps il y a près de vingt-cinq ans. Quelque temps après son mariage avec Claude, il scelle son union avec Jeannot Werth.

Les deux hommes ont conscience qu'il leur faudra attendre un peu avant que leur association entre dans le vif du sujet. On ne peut pas plus se tromper

Dès son arrivée à l'OM, Deschamps est installé dans la peau d'un titulaire. C'est le patron qui décide. Et à l'OM, quand il s'agit de faire l'équipe, de dire qui jouera et qui ne jouera pas, le patron c'est encore Tapie. Il lui revient assez cher comme ça, maintenant il le veut sur le terrain. Tout de suite.

Les débuts sont décevants. Et tout le monde fait grise mine, le joueur comme son président.

« Tapie est un impatient, raconte Jeannot Werth, et il a trouvé que Didier ne s'adaptait pas assez vite à l'OM. »

Il adoptait aussi un mode de comportement qui ne convenait pas à son président. Plus tard, il comprendra les exigences d'un bon management.

En 1989, il était loin de tout ça et n'a sans doute pas bien compris l'impatience de Tapie, d'abord, sa déception ensuite, et pour finir son expédition en exil, sorte de coup de pied au cul avant la répudiation.

L'exil d'abord. En juin 1990, sept mois après l'avoir fait venir à l'OM en quatrième vitesse, il le prête pour un an aux Girondins de Bordeaux.

« J'avais envie de l'emmerder, c'est pour ça que je l'ai prêté à Bordeaux, rigole Tapie. Il m'avait bien déçu et pas mal gavé pendant ces quelques mois. Je l'ai envoyé là-bas pour lui faire les pieds, et surtout parce que je ne comptais plus sur lui. J'avais beaucoup misé sur ce jeune joueur mais j'étais désormais certain de m'être trompé. Comme quoi… »

Comme quoi on peut se tromper en pensant que l'on s'est trompé, ce qui fait que l'on n'est pas sûr d'avoir tort, ni même d'avoir raison. À ce jeu de qui perd gagne, Bernard Tapie n'avait pas fini de s'amuser.

« Finalement, j'étais assez content de le refiler à Bordeaux. Je ne croyais plus en lui, et j'avais trouvé un club pour payer une bonne partie de son salaire. Que demander de plus ? »

Deschamps réussit à Bordeaux une bonne saison 1990-1991 et échappe, dans son exil, à l'immense déception des joueurs de l'OM battus aux tirs au but par le Partisan de Belgrade en finale de la Ligue des champions.

Ensuite, Tapie lui indique qu'il n'en veut toujours pas. Ou il s'en va ou il cirera le banc dont il ne sortira jamais. Et s'il lui casse trop les pieds (restons polis !) il le vendra à l'ennemi juré, le PSG !

Deschamps est consterné mais trop abattu pour oser affronter Tapie.

Chapitre 10

Deschamps version Bernard Tapie

Quand la légende est plus belle que la vérité, écrivez la légende.

John Ford

Bernard Tapie, pour lequel chercher ses mots est une perte de temps, vous en dit plus sur quelqu'un en vingt minutes que n'importe qui en cinq heures. Vingt minutes, c'est exactement le temps de conversation qu'il m'a accordé à la fin de l'année 2012[1], alors qu'il était en train de racheter quelques journaux de la presse régionale, et pas des moindres, tout en organisant sa défense dans l'affaire de l'arbitrage et en écrivant un livre sur cette même affaire[2]. Sans parler des dossiers courants. Mais c'est comme ça, il y a tant de gens qui n'ont le temps de rien, Tapie a le temps pour tout. Une seule condition, il faut que ça aille vite. Cette petite parenthèse non pour faire l'apologie de l'intelligence grande vitesse de Tapie (il n'a besoin de personne pour se

1. Entretien réalisé le 17 décembre 2012 à 19 h 30. Paris.

2. *Un scandale d'État, oui ! Mais pas celui qu'ils vous racontent*, Plon, juin 2013.

rassurer) mais pour dire à quel point, une fois encore, il s'est montré bluffant. Tout est sorti sans calcul, sans préméditation, j'allais écrire : sans réflexion.

Tapie avait alors d'autres soucis – plus graves – que de portraiturer Didier Deschamps, il a pris le temps – infime – de jouer le jeu, là où d'autres, sans doute pas plus occupés que ça, ont, sans doute finement, décliné l'invitation à s'exprimer. Par manque de temps…

Si le témoignage de Tapie est brut de décoffrage, il va dans les détails, au point que l'on se demande s'ils n'ont pas été parfois transcendés…

N'ayant jamais été un fervent supporter de l'ancien président de l'OM (principalement à cause de ses exploits footballistiques), j'ai bonne grâce à reconnaître que les vingt minutes accordées pour m'aider dans mon travail, sans arrière-pensée, sont preuve d'une indéniable générosité.

Un livre sur Deschamps ? Pouhh ! Sans intérêt ! Ce n'est pas un garçon passionnant. Si vous n'attendez rien de lui, vous ne serez pas déçu. Faire son portrait, c'est une gageure. Pour résumer ce que j'en pense, il est plus malin qu'intelligent, travailleur, c'est certain, mais il est formaté comme tous les footeux d'aujourd'hui, c'est tout pour sa gueule.

Encore qu'il peut avoir des élans incontrôlés. En 1998, au moment où il reçoit la Coupe du monde[3]*, il lance au micro de TF1 : « Tout ça ne serait pas arrivé sans Bernard Tapie. » À ce moment de ma vie, je croulais sous les affaires, j'étais ruiné, je venais de faire de la prison, plus personne ne semblait me connaître, toutes les instances me tombaient dessus, et lui, il a*

3. En fait, la scène se situe au lendemain de la finale de la Coupe du monde, sur un plateau de télévision.

dit ça. Sincèrement, il n'était pas obligé, et c'est à mettre à son crédit. Un Zidane n'aurait jamais fait ça…

Quand je l'ai envoyé en prêt à Bordeaux, c'était pour lui donner une leçon et aussi parce qu'il n'avait pas le niveau d'un joueur de l'OM, quoi qu'il en pense. À l'époque, Jean-Philippe Durand, Manuel Amoros étaient titulaires en équipe de France et remplaçants à l'OM, alors vous pensez, le petit Deschamps… Il avait encore beaucoup à apprendre. En fin de saison, alors qu'il pensait en avoir terminé avec sa pénitence bordelaise et se préparait à rentrer à Marseille, je l'ai fait venir chez moi à Paris[4]*. Pour commencer, je lui ai dit : « Je vais te transférer. » Je pensais sincèrement que ce n'était pas bon pour lui de se retrouver sur le banc. Il a répondu "nonö, un non sec et définitif. Je lui ai répété ce que je lui avais dit un an plus tôt, à savoir qu'il n'avait pas le niveau pour jouer chez nous.*

« Je vais vous prouver le contraire.

— Non, tu iras sur le banc.

— D'accord, j'irai sur le banc, mais je n'y resterai pas longtemps. Je ferai tout pour vous prouver que vous vous trompez sur moi. »

Je n'en revenais pas. Et j'ai décidé de le garder à Marseille. Sans illusions. Le fait est qu'il a commencé la saison sur le banc, puis, dès qu'il est entré dans l'équipe, il n'en est plus sorti.

Ses grandes qualités? Il fait tout bien, à fond. Joueur, entraîneur, sélectionneur… Si un jour il devient manager d'un club, ou président, il le fera très bien, à fond. Quand il a débuté, il jouait défenseur central. Il faut le faire, avec sa taille. Mais ça, c'est tout lui, il n'y a pas d'adversité qu'il ne soit prêt à affronter.

4. La vérité oblige à dire que la scène qui suit s'est déroulée par téléphone et que c'est Didier Deschamps qui avait appelé Bernard Tapie.

Il peut être attachant, par moments, il peut avoir des mouvements non contrôlés. Le reste du temps, c'est tout pour sa gueule. On y revient. Tout ce qui a été écrit sur lui est vrai. Tout ce qui n'a pas été écrit est également vrai.

Chapitre 11

Les sanglots amers (1993)

To win is a lot of fun.
Richard Nixon

Elle était bien séduisante, avec ce qu'il faut de mélo, la scène opposant le président à son joueur dans le confort de l'hôtel particulier de la rue des Saints-Pères. Sans doute un peu trop jolie. Selon le souvenir de Jeannot Werth, très précis et dénué de toute tentation romantique, elle n'a existé que dans l'imagination de Bernard Tapie. Après tout, le mensonge n'est qu'une vérité améliorée…

« Presque tout est vrai, à quelques détails près… La décision de Tapie de vendre son joueur, la déception de Didier, sa vexation, son sentiment d'injustice. Jusque-là rien à redire.

« Pour autant, il n'allait pas jusqu'à oser affronter son président tout-puissant, craint et respecté à la fois. À force de l'entendre maugréer et maudire son sort, j'ai fait ce que je devais faire en tant qu'agent : je lui ai dit d'appeler Tapie.

« "Tu as les arguments pour, c'est à toi de défendre ton avenir et tu le feras mieux que personne.

– Mais, qui peut faire changer d'avis Tapie quand il a pris une décision ?

– Toi. Je suis sûr que tu peux y arriver."

« J'étais persuadé que Tapie, dont on sait la grande connaissance du football, ne pouvait pas se tromper à ce point sur les qualités de footballeur de Didier. Simplement, il attendait autre chose, que l'homme s'implique plus et fasse l'effort de le convaincre. C'est ce qu'a fait Didier, quand il a eu le courage de lui téléphoner un soir. Pour ce qui est de la conversation qu'ils ont eue alors, tout ce que raconte Bernard Tapie est exact. Didier a vraiment su le retourner, le convaincre, et c'était tout ce que l'autre attendait[1]. »

La suite, tout le monde la connaît. Dès qu'il a été intégré dans l'équipe, au début de la saison 1992-1993, il n'en est plus sorti. Mieux, il en est devenu le capitaine. Le leader incontesté d'une formation alors considérée comme l'une des deux ou trois meilleures d'Europe. Quelques mois plus tôt, l'OM avait succombé aux tirs au but face à l'Étoile rouge de Belgrade, en finale de la Coupe d'Europe des clubs champions. Personne n'avait oublié la détresse des Marseillais, super-favoris de cette finale, les larmes d'enfant versées par Basile Boli.

1. Selon Jean-Jacques Eydelie, ancien coéquipier de Deschamps à l'OM, le joueur se serait alors engagé à « faire tout ce que vous voudrez » auprès de Bernard Tapie, pour qu'il le conserve à l'OM. Comme nous n'y étions pas, il nous est impossible de dire que cette phrase a bien été prononcée (note de l'auteur).

Deschamps n'avait pas eu l'occasion de pleurer, il était en exil à Bordeaux...

Bêtement éliminé par le Sparta de Prague, l'année suivante, dans cette même compétition, l'OM continuait d'écraser le championnat de France et d'aligner les titres. En 1989, 1990, 1991, 1992... Personne ne semblait pouvoir stopper ce bolide lancé vers les cimes.

Barthez, Angloma, Boli, Desailly, Deschamps, Pelé, Völler, Bokšić, Di Meco, Eydelie, Sauzée... Que des internationaux.

Cet OM en or pouvait même se passer de son buteur providentiel, Jean-Pierre Papin, vendu pour une somme colossale à l'ennemi italien, le grand Milan AC.

Le Milan, roi d'Europe depuis plusieurs années, fier de ses innombrables stars, Van Basten, Rijkaard, Gullit, Maldini, Baresi, Donadoni, Massaro, Albertini et Papin désormais, quasiment invincible, en Italie comme en Europe.

Et c'est ce Milan, champion en titre, que l'OM affrontait le 26 mai 1993, pour sa deuxième finale au sommet de l'Europe, en seulement trois saisons.

Peur, les Marseillais ? Certainement pas. Pour atteindre la finale, ils n'avaient jamais tremblé. Et ils se sentaient encore plus forts pour être les derniers à avoir terrassé le MilanAC (1-0 à l'aller, 1-1 au retour), deux ans plus tôt, dans un quart de finale de Ligue des champions qui restait la plus belle référence du club.

Ce soir de mai 1993, rien sans doute n'aurait pu empêcher l'OM de remporter la première consécration européenne d'un club français.

Le Stade de Reims (1956 et 1959), l'AS Saint-Étienne (1976), l'Olympique de Marseille (1991) avaient échoué, par le passé. Animés d'une rage de vaincre inextinguible, portés par leur talent, aidés par la réussite quand ce fut nécessaire, protégés en dernier recours par leur fantastique gardien, Fabien Barthez, les hommes de Goethals firent rendre gorge aux Milanais en ce qui ressembla, une heure et demie durant, à un combat à mort.

La joie sans larmes, cette fois, de Boli le buteur merveilleux, l'émotion de Tapie, le déchaînement de Deschamps et les pitreries de Desailly semblaient projeter pour longtemps l'OM dans une ère de liesse.

Seules pouvaient jeter une ombre les larmes de Jean-Pierre Bernès, le directeur sportif. Elles étaient rageuses et un peu désespérées, ne sentaient pas bon la victoire. Plutôt la déconfiture. « Je ne veux pas aller en prison », grinçait-il, à l'adresse d'on ne sait qui. On le saurait bien assez tôt. « Je ne veux pas aller en prison pour ces cons… »

Il faut dire que, six jours plus tôt, un match de championnat de France avait opposé à Valenciennes l'OM, leader caracolant en tête du championnat et l'équipe visiteuse tentant d'échapper à la relégation en 2e division. Une rencontre peu enthousiasmante, gagnée (1-0) par l'OM. Rien que du banal. Pourtant, depuis la mi-temps de ce match, des accusations de tentative de corruption, voire de corruption, avaient empoisonné le climat, une enquête allait s'ouvrir… après la finale de Munich, bien sûr.

Hurlant en chœur à l'ignoble accusation, les Marseillais, dirigeants et joueurs, avaient pourtant commencé de trembler de tous leurs membres couronnés.

Après la liesse, le temps des frayeurs. Une heure et demie pour tout oublier, plus quelques dizaines de minutes euphoriques avant que ne retombe brutalement la joie de la victoire.

Plombés, les Marseillais. Déjà hantés.

Décidément, si le Milan AC ne leur avait pas fait peur une seconde, le fantôme de Valenciennes avait le don de les terrifier.

Deux heures après que Didier Deschamps eut soulevé la coupe énorme, par ses proportions et aussi pour ce qu'elle représente dans l'histoire du football, on se prit à craindre que le club qui venait de s'élever aussi haut ne retombe plus vite encore au niveau des pâquerettes. Et même en dessous.

L'ancien président américain Richard Nixon croyait fermement que gagner est très amusant, il aurait déchanté devant le spectacle des nouveaux champions d'Europe.

Quelques visages tendus, et certainement pas par l'extase, la nervosité de Tapie, la sombre joie d'Eydelie, isolé comme un pestiféré, surtout les sanglots amers de Bernès, et sa désespérance… Ce devrait être une nuit d'ivresse, elle a l'haleine âcre de petits matins vaseux.

Il y a toujours un peu d'amertume quand sonne l'heure des lendemains qui déchantent.

Chapitre 12

La pourriture (1988-1993)

C'est le fait de vivre qui n'est pas honorable. Alors, autant être du côté des gagnants.

Gabriel Barrault

Ce fut pire qu'une tricherie, un système de corruption qui devait tout remporter en France et en Europe et qui a fini par tout emporter, de nos croyances et de nos rêves, de notre passion du sport, misérablement dévoyée.

Même vingt ans après, il faut être bien benêt ou supporter fanatique, ce qui correspond peu ou prou au même état de déficience mentale, pour accorder une quelconque importance à des titres de champion de France dérobés, à des victoires arrachées à coups de gros sous à des adversaires corrompus, sous les yeux d'arbitres frelatés.

Il est forcément douloureux de revenir sur cette affaire qui fit éclater un scandale sans précédent dans le football français, envoya le joueur Eydelie en prison, puis le directeur général de l'OM, Jean-Pierre Bernès, et pour finir, à la suite du procès, Bernard Tapie, le président.

Tout le monde sait aujourd'hui à peu près ce qu'il est possible d'en connaître. Même si des ambiguïtés de taille persistent. C'est toujours le cas quand chacun des protagonistes a sa propre version des faits, qui l'exonère.

Eydelie, défenseur de l'OM et ancien Nantais, assure avoir été « pressenti » par Bernès pour proposer à deux joueurs de Valenciennes, anciens Nantais eux aussi – Burruchaga et Robert –, avec lesquels il était resté lié, de jouer pour perdre contre une somme de 300 000 francs. C'est le troisième joueur valenciennois approché, Jacques Glassmann, qui a dénoncé la corruption.

Dans son livre[1], Eydelie dit tout ce qu'il a à raconter : les pressions menaçantes de Bernès, l'ombre de plus en plus pesante de Tapie, les appels téléphoniques chez lui, les menaces de ne pas jouer la finale de la Ligue des champions quelques jours plus tard s'il n'obtempère pas, les promesses d'un nouveau contrat mirifique s'il fait ce qu'on lui dit…

Et puis, il y a la version de Bernès. Ou plutôt les mille et une versions de Bernès. Selon le moment. Selon l'époque. Selon l'humeur. Selon la personne à laquelle il s'adresse.

Après avoir tout nié en bloc, puis reconnu un seul méfait (OM-VA) attribué à Eydelie, il avait fini, au cours du procès de l'affaire, par dénoncer Tapie, le grand méchant loup auquel il n'avait fait qu'obéir.

Le 2 juillet 1996, il déclare pourtant devant un juge[2] : « J'ai été malhonnête pendant quatre ans. Il y a eu plusieurs matchs arrangés. J'ai vu récemment une émission de

1. Jean-Jacques Eydelie, *Je ne joue plus !*, Éditions l'Archipel, 2006.

2. Dans l'affaire des comptes de l'OM.

télévision où on disait que Monaco s'était fait voler deux titres et c'est exact. Il y a 45 joueurs qui peuvent être en cause. Je ne veux pas dire leurs noms. »

Précédemment, il avait été plus précis, devant le juge Philippon[3], avouant que, entre 1987 et 1993, c'est en moyenne quatre ou cinq matchs par saison qui ont été achetés. Ce qui représente en soi une nette plus-value par rapport à ses premiers aveux. Et une monstrueuse escroquerie, au-delà des quelques « erreurs » reconnues aujourd'hui par l'intéressé.

Le poids des mots, selon Bernès, ne s'aligne pas sur le poids des fautes. Ses erreurs, comme il dit, sont des fautes, au mieux, et, au pire, des crimes contre le sport, la passion, l'effort, la morale, la crédulité des supporters, la foi des éducateurs et tous les rêves des jeunes sportifs. Entre autres.

Il a toute sa responsabilité dans ce marasme. Même si l'on ne relève jamais dans ses confessions ne serait-ce que l'arrière-goût d'une mauvaise conscience.

Il en aurait coûté à peu près 6 millions de francs (900 000 euros) par an aux dirigeants marseillais pour se forger un palmarès qui aujourd'hui encore les comble de fierté (*sic*). À ce tarif, on a presque de la commisération pour les modestes 300 000 francs (45 000 euros) de l'affaire OM-VA qui auront fait s'effondrer le bel édifice. Nous ne sommes jamais trahis que par des grains de sable.

On pense alors, et comment faire autrement, que l'ancien dirigeant de l'OM a signé son arrêt de mort. Convaincu d'une énorme tricherie, il en avoue des tas d'autres, au

3. Procès-verbal d'audition de Jean-Pierre Bernès, le 30 juin 1995, dans le cadre de l'instruction des comptes de l'OM sous la présidence de Bernard Tapie.

moins aussi graves. C'est une sorte de suicide, croit-on. On s'apercevra plus tard que le coup n'était pas si mal joué. Il est vrai qu'impossible n'est pas français.

Comme MacArthur, il reviendra… Pas forcément en libérateur, mais avec la bénédiction des plus hautes autorités du football français. On a les alliés que l'on mérite.

Deux ans après ces aveux spontanés, Bernès est donc condamné à deux ans de prison avec sursis dans le procès des comptes de l'OM.

Pour revenir à l'affaire OM-VA et à ses conséquences pour le club, rétrogradation en Ligue 2, interdiction de disputer la Coupe d'Europe et la finale de la Coupe intercontinentale devant l'opposer au champion d'Amérique du Sud[4], la messe noire est dite. Le rouge de la honte montera désormais au front des vrais passionnés de football quand on évoquera cette année 1993.

Il faut l'indécence de dirigeants marseillais bornés pour oser afficher, aujourd'hui encore, à l'entrée des bureaux de la Commanderie, là où s'étale orgueilleusement le palmarès de l'OM, le titre de champion de France 1993.

Celui-là même qui a été officiellement retiré au club, convaincu de corruption active.

Ce mépris d'une sanction bien douce au regard des années voleuses de l'OM est d'autant plus regrettable que Jean-Pierre Bernès, pour ne citer que lui, en a dit bien assez sur la réalité de l'époque, pour que cessent les divagations autour d'un complot parisien pour faire tomber le club.

Les tenants de cette thèse débile ne sont même pas suivis dans leurs délires par les anciens joueurs, très discrets sur

4. Monaco refusera de remplacer l'OM en Ligue des champions.

cette période dont ils connaissent certains aspects mieux que personne.

Didier Deschamps en tête. Le sélectionneur de l'équipe de France apparaissait dans les souvenirs de Bernès, en 1995[5], en compagnie de Marcel Desailly. Au moment où il évoque la fameuse réunion sur le *Phocéa* :

« Il y avait tant de monde sur le bateau, ce jour-là. J'aimerais bien, par exemple, qu'on demande à Desailly et Deschamps ce qu'ils ont entendu. J'aimerais que tous les participants racontent l'ambiance étrange, l'atmosphère de complot qui régnait ce dimanche. »

Bien qu'anciens Nantais, Deschamps et Desailly ne peuvent pas pour autant être soupçonnés d'avoir participé à la corruption. Mais il est indéniable qu'ils étaient au courant, ayant assisté à la fameuse réunion où tout s'est décidé.

D'ailleurs, pour que ce soit plus clair, Bernès confirme leur présence, au cours du procès de l'affaire, en mars 1995 :

« Oui, il y a eu une tentative de corruption sur l'initiative d'Eydelie qui connaissait Glassmann. Oui, il y a eu corruption de ma part sur ordre de Tapie. Tous les joueurs savaient que le match était arrangé, demandez à Desailly ou à Deschamps. C'est Jorda, le trésorier du club, qui m'a remis les 250 000 francs[6]. »

Jean-Jacques Eydelie focalise moins sur le fait que Bernès dise n'importe quoi et change de version au gré de son humeur dépressive. Il bondit sur l'avant-dernière phrase de celui-ci :

« Avec ses déclarations, deux noms apparaissent dans cette affaire. Jamais cités jusqu'à présent : Deschamps et

5. Jean-Pierre Bernès, *Je dis tout*, Albin Michel, 1995.

6. *In* Jean-Jacques Eydelie, *Je ne joue plus !*, *op. cit.*

Desailly. Je dois donc trouver une solution pour amener mes anciens coéquipiers à la barre[7]. »

Dès le lendemain matin, le président du tribunal l'autorise à faire une déclaration avant la reprise des débats. Eydelie s'avance à la barre :

« Hier, M. Bernès a dit que tous les joueurs étaient au courant. Je désire savoir ce qu'il entend par là. Il a également cité les noms de Deschamps et Desailly. Pourquoi ? Et vous, monsieur le président, qu'en pensez-vous ?

« Les secondes qui suivent me paraissent une éternité. Bernès ne répond pas. Personne ne réagit. Je retourne m'asseoir. Déçu. Tout le monde s'en fout. »

Plus personne n'évoquera les noms de Deschamps et Desailly, ce qu'ils ont vu, entendu.

Neuf ans plus tard, dans son livre[8], Eydelie décrit la scène du *Phocéa*, sorte de conjuration des imbéciles, à laquelle il convie à nouveau ses anciens coéquipiers :

« Le 16 mai, toute l'équipe est conviée à passer une matinée sur le *Phocéa*, symbole flottant de la réussite et de la puissance de Bernard Tapie. À bord, sur le pont de soixante-quatorze mètres, l'équipe technique de *Téléfoot* s'affaire. À 11 heures, l'émission dominicale de TF1 est retransmise depuis le quatre-mâts du président. Le yacht mouille dans l'une des calanques de Marseille. Décor idyllique. Quelques minutes avant le direct, je me retrouve dans un immense salon aux vitres fumées et aux profonds divans pastel. À mes côtés, Didier Deschamps et Marcel Desailly. Nous restons debout. Face à nous, Jean-Pierre Bernès et Bernard Tapie.

7. *Ibid.*

8. *Ibid.*

En trente secondes, ce dernier nous présente ce que je décris comme une “mission” :

« “Va falloir contacter les joueurs que vous connaissez à Valenciennes. Burruchaga, Glassmann et Robert. Faut pas qu’ils fassent les cons et qu’ils nous cassent avant la finale contre Milan. Vous les connaissez bien ?”

« Nous répondons de manière collégiale par l’affirmative. Tapie n’en dit pas plus. Dorénavant, son bras droit prend l’opération en main. »

Des nombreux mystères qui planent encore sur ces années trompeuses, quand chacun mentait un peu plus que les autres, il en est un de taille : pourquoi personne, à commencer par les juges, n’a interrogé, ne serait-ce qu’une fois, Deschamps et Desailly sur leur rôle ? Même si ce n’était qu’un rôle de témoin.

Il eût été plaisant d’entendre ce que le capitaine de l’OM avait à dire sur l’affaire quand on sait comment il en parlait au tout début :

« Tout ça me fait rire. Pourtant, quelque part, je suis énervé. Dans un premier temps les dirigeants de VA ont voulu porter réclamation parce que, soi-disant, le but de Bokšić avait été marqué de la main. Quand ils ont vu qu’il n’en était rien, ils ont cherché autre chose et ils ont balancé des accusations de corruption. Comme ça, en plein milieu de la rencontre. On a l’habitude que l’on raconte régulièrement de drôles de choses au sujet de l’OM. On est suffisamment costauds pour ne pas nous laisser troubler par ces accusations. Nous, notre boulot, c’est de jouer et de gagner sur le terrain et on saura faire abstraction de ce qui se raconte dans les jours à venir.[9] »

9. *L’Équipe*, 22 mai 1993.

Voir Deschamps donner dès le début de l'affaire le ton du montage mensonger de Bernès est déjà consternant. Pire, il pose la question de sa connaissance de la tentative de corruption. Et, en soi, y répond.

Tel un Tapie déchaîné, un Bernès en extase, il tiendra la même position des mois durant, atteignant un sommet au cours d'une interview télévisée où on lui posait la question :

« Si vous le rencontriez, serreriez-vous la main de Jacques Glassmann[10] ?

– Non[11] ! »

Jusqu'à la fin… et même au-delà, Didier Deschamps gardera la même attitude ambiguë et obstinément fermée sur les nombreuses corruptions dont s'est rendu coupable son club. Il sera encore plus silencieux sur le sujet du dopage, autre domaine d'excellence de l'OM sous Tapie, entre Desailly qui, dans son livre de souvenirs, raconte comment le président ordonne à tous les joueurs de prendre des comprimés interdits avant un match contre le Paris Saint-Germain[12], l'Irlandais Tony Cascarino et l'Anglais Chris Waddle, qui décrivent les séances de piqûres dopantes, et Jean-Jacques Eydelie y allant de ses propres souvenirs, très chargés[13], pour ce qui concerne la finale de Munich et un match de championnat à Nantes.

Deschamps restera encore un an à Marseille. Une saison en souffrance. Il a atteint le sommet de l'Europe du football de club et n'a droit à rien, même pas à remettre son titre en

10. Le joueur de Valenciennes qui avait révélé la tentative de corruption.

11. In *L'Équipe*, 14 janvier 1994.

12. Desailly raconte aussi que Didier Deschamps, auquel est tendue la boîte de médicaments, lit attentivement la notice avant de se révolter contre son président.

13. In *Je ne joue plus !*, *op. cit.*

jeu. De plus en plus mutique, il semble prendre modèle sur Bernardo, le copain de Zorro, pour ce qui est de la dialectique. Ce qui est certes un progrès par rapport à ses déclarations consternantes du début de l'affaire OM-VA. Ce que l'on ne peut pas dire, il faut le taire.

Munich a marqué l'aboutissement d'un rêve mais les ombres qui rôdaient autour de l'OM depuis si longtemps ont fini par le fracasser. Ont subsisté, comme des reliefs éparpillés, la descente aux affaires, les humiliations publiques, les révélations honteuses, les aveux exécrables. La mise au ban. Même ceux qui n'ont pas eu à répondre aux questions d'un juge ou d'un procureur et n'ont pas séjourné quelque temps en maison d'arrêt se sentent salis. On le serait à moins… La triche est une maladie contagieuse.

Personne n'est sorti indemne de l'épopée fantastique. Elle sentait trop la pourriture et le frelaté.

Les héros d'hier sont entrés en pénitence. Les huées qui accueillent l'équipe à l'extérieur, un week-end sur deux, les sanctions contre le club, le procès de l'affaire qui se profile… Malgré tout, il termine deuxième du championnat derrière le Paris Saint-Germain. Un accessit pour rien : la saison prochaine l'OM devra jouer en deuxième division, qui ne s'appelle pas encore « Ligue 2 » mais est tout aussi pénible.

Le voilà contraint de se séparer de ses meilleurs joueurs, lesquels ne sont pas malheureux d'aller respirer un air plus sain ailleurs.

Plus sain ? C'est à voir.

Chapitre 13

Des années très chargées (Juventus, 1994-1999)

Le temps vient où l'on doit dire la vérité si l'on veut exister.

Robert Penn WARREN

Marseille, 1994. Dans l'ombre, le fidèle Jeannot Werth travaille. Il a déjà bien travaillé, quelques années plus tôt, obtenant que la clause libératoire de son poulain soit fixée à une hauteur très mesurée. C'est le rôle d'un bon agent : penser à tout, et ne surtout pas insulter l'avenir. Désormais, Didier Deschamps, qui aura 26 ans en octobre, peut être convoité par les plus grands clubs. Et il sera d'autant mieux rémunéré que le coût de son transfert n'aura pas été exorbitant. La Juventus de Turin, la grande Juventus, s'intéresse à lui. C'est le moment pour lui de découvrir l'autre côté du paradis.

Turin, 1994. Pour étancher ses malaises tout en donnant encore plus fière allure à sa trajectoire, Didier Deschamps a donc choisi de se lier à la Juventus. Sous les couleurs blanc et noir du maillot de la Vieille Dame (ainsi la surnomment les Italiens), il se forge un palmarès inouï. Cinq années dorées et incomparables. Trois titres de champion d'Italie (1995, 1997, 1998), une Ligue des champions (1996) et deux finales (1997, 1998), la Coupe intercontinentale (1996), la Coupe d'Italie (1995)... Il devient l'homme qui gagne tout, d'autant qu'avec l'équipe de France et son coéquipier de la Juve, Zinédine Zidane, il rafle au passage la Coupe du monde 1998. Turin, 1998. Quelques semaines après la victoire historique des Bleus, une scandaleuse affaire de dopage organisé fait trembler le petit monde du *calcio* et jette une tout autre lumière sur la moisson de succès de la Juventus de Turin, depuis quelques années. La honte et l'opprobre retombent sur *la vecchia signora* et donc sur toute l'Italie, frappée de stupeur. Le scandale, émaillé d'autres scandales, va durer des années.

Dans les années 1990, le championnat italien, dans lequel évoluent bon nombre de Français, domine le monde du football. Une suprématie que quelques-uns estiment liée au recours à une pharmacopée abusive.

Le premier à donner officiellement l'alerte sera l'entraîneur de la Roma, Zdenek Zeman. Le 25 juillet 1998, au cours d'une interview pour l'hebdomadaire italien *L'Espresso*, il évoque l'« explosion musculaire » de certains joueurs évoluant à la Juventus et exprime son désir de voir le *calcio* « sortir des pharmacies ».

Le pavé dans la mare amène la justice italienne à ouvrir une enquête pour « fraude sportive ».

Le même été, les locaux de la Juventus sont perquisitionnés et les armoires à pharmacie du club livrent leurs sombres secrets. Deux cent quatre-vingt-un types de médicaments seront trouvés.

« De quoi subvenir aux besoins d'un hôpital de taille moyenne », dira un expert. Parmi ceux-là, une dizaine de produits figurant sur la liste des produits interdits du Comité international olympique.

Cela sans compter les autres manipulations pharmacologiques de type EPO ou encore les transfusions sanguines dont on ne trouve pas de preuves matérielles, mais qui apparaissent indirectement lorsque l'on tente de décrypter les dossiers médicaux des joueurs.

Le Pr Giuseppe d'Onofrio, célèbre hématologue italien, mandaté par le juge d'instruction en charge de l'enquête, affirmera, lors du procès, être convaincu de « l'utilisation quasi certaine de manipulations pharmacologiques comme l'EPO ou les transfusions sanguines ».

Les révélations ternissent la réputation des plus grands clubs italiens et remettent en cause la légitimité des titres acquis. Notamment par la Juventus, qui vient de gagner trois championnats d'Italie en quatre ans.

Surtout, parce que le procès tonitruant des responsables de la Juventus, commencé début 2003, a confirmé que pendant des années, la Juventus de Turin avait bien utilisé des manipulations pharmacologiques et des transfusions sanguines.

Didier Deschamps, tout comme Zidane, est pris dans la tempête. Leurs dossiers médicaux ainsi que ceux des autres joueurs – pour ceux qui n'ont pas étrangement disparu – sont passés au crible par les experts. Ils révèlent les largesses prises par le club avec l'armoire à pharmacie, et surtout un incroyable laxisme de la part du laboratoire romain officiellement chargé des analyses.

D'une part, le laboratoire ne contrôlait pas les anabolisants. Plus grave encore, il apparaît que des contrôles positifs ont été délibérément dissimulés.

Dans le cas de Deschamps, la principale substance incriminée, sur laquelle il est sommé de s'expliquer, est la créatine, dont il reconnaîtra l'utilisation à partir de son arrivée à la Juve[1].

Une augmentation du niveau de créatine permet, en très peu de temps, d'augmenter la force d'un individu de près de 30 % et donc de permettre à un sportif de fournir les efforts qui vont l'aider à accroître sérieusement son volume musculaire.

D'où cette « explosion musculaire » des joueurs de la Juve, pointée du doigt par l'entraîneur de la Roma.

Le problème le plus aigu de la créatine, c'est qu'elle peut également servir à masquer la prise de produits réellement dopants qui, eux, sont strictement interdits par le Comité international olympique.

1. Pour comprendre quelle sorte de produit est la créatine, il faut savoir que même si elle n'est pas aussi dangereuse pour la santé que l'on a parfois bien voulu le dire, elle ne peut pas non plus être considérée comme un simple complément alimentaire. Certes, elle ne figure pas sur la liste des produits interdits par le Comité international olympique, mais en France, par exemple, elle ne figure pas non plus sur la liste des « Substances autorisées » par la Direction générale de la Concurrence, datant de 1912 et qui recense la liste des compléments alimentaires autorisés. Et pour cause, la créatine, un dérivé d'acides aminés que l'on trouve en petites quantités dans notre alimentation, est également produite de façon synthétique par notre corps, pour aider à la récupération et à la reconstruction musculaire. En conséquence, elle appartient à la famille des produits dopants lorsqu'elle est administrée en complément.

Didier Deschamps, comme Zidane d'ailleurs, va longtemps garder par-devers lui les secrets de cette époque.

Le temps viendra où il ne pourra plus se taire, quitte à livrer des vérités évasives…

Chapitre 14

Celui par qui le scandale arrive

Rien n'est bon ni mauvais en soi. Tout dépend de ce qu'on en pense.

William SHAKESPEARE

Le Pr d'Onofrio, qui n'a par ailleurs noté aucune variation hématologique suspecte chez Zidane, est interpellé, en revanche, par le taux d'hématocrite[1] parfois élevé de Deschamps, et des variations de son taux d'hémoglobine[2].

Certes, le Français n'était pas le seul à faire figure de suspect et d'autres l'étaient plus que lui.

Mais même si le Pr d'Onofrio se garde bien de lier ces résultats à des manipulations sanguines, le doute est là. Il ne sera jamais sérieusement levé – à cause, entre autres, des réponses trop évasives, voire fuyantes, de Didier Deschamps, lorsque l'on aborde le sujet.

1. Représente le volume total des globules rouges par rapport au volume sanguin.

2. Protéine contenue dans les globules rouges, à l'origine de leur couleur, qui transporte l'oxygène dans les muscles.

D'ailleurs, si en France le débat s'est cristallisé autour de la prise ou non de créatine par Deschamps et Zidane, les Italiens sont allés beaucoup plus loin.

Au cours du procès de la Juventus et de ses dérives pharmaceutiques, un premier rapport d'expertise identifie « des profils pharmacologiques inquiétants », des variations anormales de taux d'hématocrite et, outre la créatine, une administration de fer dangereuse pour la santé.

L'expertise finale confiée à Giuseppe d'Onofrio, et dont l'étude portait sur les paramètres sanguins de 49 joueurs, est accablante.

En effet l'expert conclut à l'utilisation quasi certaine de l'EPO ou de transfusions sanguines pour deux joueurs, Conte et Tacchinardi, et très probablement pour six autres footballeurs dont Didier Deschamps.

Le taux d'hématocrite de ce dernier a pu atteindre 51,9 % quand la norme est de 45 %. Par ailleurs, au vu de l'importante variation de ces mesures d'hémoglobine, l'expert indique une « stimulation exogène ».

EPO ? Transfusions sanguines ? Le manque de preuves aidant, Deschamps ne sera pas plus inquiété sur la question, cela en dépit des variations plus que suspectes de son taux d'hémoglobine et de ferritine.

Un autre expert entendu lors de ce procès, le pharmacologue Eugenio Muller, s'étonne, lui, non seulement de la quantité de médicaments, mais aussi de la qualité de certains d'entre eux, qui ont été indéniablement détournés de leur usage thérapeutique. Par exemple, les stimulants cardiaques, analgésiques, antidépresseurs... et même des reconstituants contre l'alcoolisme.

Zinédine Zidane est le parfait symbole de cette aberration : les experts notent, dans son cas, l'administration de produits contre-indiqués au regard de sa santé.

Ces éléments accablants prouvent que la créatine n'est qu'un trompe-l'œil dans ce qui apparaît clairement comme une affaire de « dopage programmé », selon l'expression de Sandro Donati, responsable du Comité olympique italien.

Le 26 novembre 2004, le président délégué de la Juventus obtient un non-lieu mais le médecin du club, Ricardo Agricola, est condamné à un an et dix mois de prison : « Fraude sportive et administration, dangereuse pour la santé, de médicaments, dont l'EPO. » Le jugement est on ne peut plus clair.

Pourtant, en 2005, après sept années de procédure, il sera acquitté en appel.

Bien que l'enquête ait démontré l'usage d'une pharmacopée délirante, en dépit de toute justification médicale, la cour d'appel a estimé que la loi sur la « fraude sportive », initialement destinée à lutter contre la corruption et les paris truqués, ne pouvait être invoquée pour une affaire de dopage !

Stupéfiant. Si l'on ose dire. En Italie, se doper n'est pas frauder. Alors, on se demande bien pourquoi cette longue enquête.

Quant à la loi antidopage, votée en 2000, celle-ci ne peut sanctionner des faits remontant à 1994-1998.

Les joueurs n'ont donc jamais été inquiétés, sauf à titre de témoins, et le club turinois pouvait, de son côté, échapper à toute sanction et conserver les titres gagnés durant cette trouble période.

Tout ça pour ça.

Quelques années plus tard, sous l'emprise toujours vive de sa part sombre – l'expression n'était pas encore à la mode –, la Juventus sera rattrapée par les effets d'autres noirceurs, d'autres déliquescences. Elle y perdra cette fois des titres, son rang en série A et ce qui restait de son honneur.

On murmurera même que c'est pour lui faire payer ses exactions passées que les juges ont voulu condamner sévèrement la Juventus. Mais ceci ne rattrape jamais cela. Dans la vie comme dans le sport, l'arbitrage de compensation est une très mauvaise méthode. Il eût été tellement plus profitable pour la morale d'entrer un peu plus dans le cœur d'un sujet si sensible. Car de nombreuses questions restent en suspens qui n'obtiendront jamais de réponse, et pour cause. La plus brûlante est sans doute celle relative à l'attitude des joueurs : peut-on croire en leur bonne foi ? On a du mal à imaginer qu'ils n'ont jamais eu de doutes sur les traitements divers qu'on leur imposait.

Ces questions sont purement gratuites puisque, officiellement, il n'y a pas eu d'affaire de dopage à la Juventus de Turin… Ce qui rappelle les débuts de l'affaire VA-OM, quelques années plus tôt, lorsque le 14 juillet 1993, dans la rituelle interview en direct de l'Élysée, l'avisé président de la République, François Mitterrand, décrétait : « Il n'y a pas d'affaire OM-Valenciennes. »

On ne peut pas être plus clairvoyant !

La différence, c'est que dans l'affaire turinoise, le procès et l'appel ayant déjà eu lieu, la « non-affaire » était bouclée… Les « puristes » n'auront pas manqué de remarquer que l'on retrouve Deschamps à Marseille comme à Turin, dans l'un et l'autre scandale. Chaque fois, ratiocinent les esprits chagrins, il est passé entre les gouttes. Et de rappeler le surnom que lui avait donné David Ginola, joueur du PSG et son coéquipier en équipe de France : « Passe-partout ».

Nous ne sommes pas sûrs que le beau David ait fait expressément allusion aux qualités de dribbleur de Deschamps, qui n'ont jamais époustouflé les spécialistes.

Il est vrai que tout cela ne fait pas un coupable. Même pas un suspect ?

Ce qui intrigue, c'est la manière dont Didier Deschamps choisit de répondre – quand il ne peut pas y échapper par le silence – aux questions gênantes.

Ce qui agace, c'est sa manière de jouer les ingénus, souvent, les outragés, toujours. Il ne supporte pas que l'on mette sa bonne foi et son honnêteté en doute mais sait faire preuve d'une évidente rouerie, de beaucoup d'ingéniosité aussi, lorsque c'est nécessaire. Plus tard, on évoquera un grand sens de la communication.

Ainsi, lors de son audition, en 1998, lorsque le magistrat le questionne sur les cures massives de fer administrées à douze joueurs de la Juventus, lui entre autres, sa réponse tombe, ferme et définitive :

« Je prends régulièrement du fer avec la vitamine C parce que j'en manque. »

Ce n'est pourtant pas le constat qu'ont fait les scientifiques qui ont épluché les dossiers sanitaires saisis à la Juventus.

Aucune carence en fer pour Didier Deschamps, ni pour Zidane, qui a lui aussi fait les frais d'une petite cure ferrugineuse. Seuls deux ou trois joueurs de la Juve présentent de réelles carences naturelles en fer. Pour les autres l'hypothèse d'un cotraitement dopant se précise.

En effet, dans le cadre d'un traitement dopant qui induit la prise d'EPO, par exemple, il faut l'accompagner d'une absorption compensatoire de produits à base de fer… Il reste néanmoins difficile de prouver de façon irréfutable le lien entre ces cures ferrugineuses avérées et le fait qu'elles aient pu servir à dissimuler l'administration d'EPO. D'où sans doute l'absence de sanctions contre les coupables.

Quelques années après, alors qu'il a quitté le club, et s'apprête à arrêter sa carrière, Deschamps se tient à la même ligne de conduite pour ce qui touche à cette affaire de dopage.

Invité le 24 mars 2001 à l'émission de Thierry Ardisson *On ne peut pas plaire à tout le monde*, il se tortille quelque peu face à la férocité des questions de l'animateur et reconnaît la prise de créatine mais ajoute avec une certaine candeur :

« Le dopage, en général, je pense qu'il y en a dans le sport. Dans le football, je ne sais pas, je n'y ai pas été confronté, et sincèrement je ne vois pas l'utilité [de se doper]. Je ne crois pas que le dopage, qu'un produit, d'un joueur bidon peut faire un joueur super[3]. Ça n'a jamais fait tirer dans les lucarnes ! Ça peut faire courir plus vite, rendre plus résistant, mais il y a le ballon et le ballon, c'est les pieds. »

Les plus gentils diront qu'ils ont peine à croire à la sincérité de ce discours… Les autres, moins coulants, certes, mais beaucoup plus lucides, y verront une manière de prendre les gens pour des imbéciles. Personne n'a jamais imaginé que le dopage permettait à un footballeur de tirer en pleine lucarne ou à un tennisman de réussir un passing de revers millimétré ! En revanche, pour l'un comme l'autre,

3. De façon plus imagée, le grand champion cycliste Eddy Merckx disait que le dopage n'a jamais transformé un âne en cheval de course. Certes, mais il permet à un cheval de course d'aller plus vite qu'un autre cheval de course. La démonstration vaut pour les ânes entre eux.

quand ils sont dotés d'un immense talent, le dopage peut apporter le petit plus physique. Celui qui va permettre au footballeur de courir encore à fond après quatre-vingt-dix minutes de jeu et d'être encore capable de marquer en pleine lucarne parce que sa puissance, sa force et sa vitesse n'ont pas été diminuées par les efforts fournis. Même chose pour le joueur de tennis : dopé, il trouvera toujours assez de force dans son bras, de vitesse dans ses jambes, même après cinq heures de jeu, pour aller tirer le passing gagnant qui serait impossible pour beaucoup d'autres.

Revenons à Deschamps et à ses certitudes, nées semble-t-il de son ignorance. Sans même nous attarder sur les histoires pas très claires et déjà évoquées, de l'OM, de Tapie, de ses grosses piqûres et de ses petites pilules, il reste difficile de penser qu'en évoluant au sein de ce *calcio* indéniablement marqué par le sceau de la médicalisation à outrance et, qui plus est, la Juve, réservoir d'apprentis chimistes et de leurs pratiques pour optimiser les performances de leurs joueurs, Didier Deschamps n'ait jamais été au fait de quoi que ce soit. En novembre 2002, quelques semaines avant le début du procès, alors qu'on le presse de raconter son vécu, le même Deschamps, alors entraîneur à Monaco, déclare : « J'ai pris de la créatine durant une courte période, puis j'ai arrêté. Après deux mois, je me suis aperçu que je n'avais pas besoin de cela. C'était aux alentours de 1995-1996. À l'époque, on la présentait comme un produit aidant à la récupération. J'en prenais des doses de 4 ou 5 grammes par jour. Tout le monde en prenait. Comme pour les compléments alimentaires, cela nous était prescrit par le médecin. [...] J'ai la conscience tranquille. La créatine n'a rien à voir avec le dopage. Les gens qui ne comprennent pas bien le sujet pourraient faire l'amalgame. À l'heure actuelle, il n'est pas interdit d'en consommer. D'ailleurs, en France, certains joueurs en prennent. »

Une fois encore, il ne tient pas à en dire plus sur le sujet.

C'est, déjà, un mode de fonctionnement : sur les sujets qui fâchent, il ne refuse pas de s'exprimer mais noie ses réponses dans un admirable flou artistique. Il n'a pas forcément quelque chose à cacher, simplement il se referme sur lui-même et éteint toute tentative de conversation. Alors, les questions, vous n'y pensez pas !

Elles seraient pourtant bienvenues pour saisir toute l'ambiguïté du discours qui précède. Dopage ou pas dopage ? utile ou pas utile ? Comment s'est-il aperçu au bout de deux mois qu'il n'en avait pas besoin ? Et s'il s'était aperçu qu'il en avait besoin ? Aurait-il continué à en prendre ? Pourquoi, d'ailleurs, les autres en prennent-ils ? N'a-t-il jamais été amené à consommer d'autres produits, formellement interdits, ceux-là ? Toutes ces questions, il n'aura pas à y répondre puisqu'elles ne lui seront pas posées…

Il a clos le sujet avec son fameux, et bientôt rituel : « J'ai la conscience tranquille ».

Évidemment, des esprits chagrins pourraient se demander pourquoi il a alors souhaité être entendu à huis clos, donc en toute confidentialité, par la commission sénatoriale enquêtant sur le dopage dans le sport…

L'affaire de la Juventus a récemment refait surface… côté français.

Dans un livre paru en 2010, Jean-Pierre Paclet, médecin de l'équipe de France jusqu'en 2008, évoque les dérives médicales du championnat italien, et laisse entendre que cela aurait profité, durant le mondial 1998, aux Bleus dont il n'était pas le médecin à l'époque.

« Des analyses de sang ont révélé des anomalies sur plusieurs joueurs français juste avant la Coupe du monde 1998. On peut avoir de forts soupçons quand on connaît les clubs où certains joueurs évoluaient, notamment ceux du championnat d'Italie. »

Dix internationaux français évoluent alors dans le *calcio* (Thuram, Boghossian, Dugarry, Candela, Blanc, Djorkaeff, Karembeu, Desailly, Zidane et Deschamps).

Et le médecin d'ajouter : « C'est de notoriété publique qu'il y avait des pratiques pour le moins limites à la Juventus, à l'époque. »

Aucun nom n'est cité, l'accusation de dopage n'est pas clairement formulée et Jean-Pierre Paclet se garde bien de tirer de véritables conclusions :

« Je dis ce que tout le monde sait. Je n'ai rien inventé. Avoir un taux d'hématocrite élevé ne prouvait pas qu'ils avaient pris de l'EPO. Comme il n'y avait pas de preuves, on ne les a pas embêtés. »

Il est clair que Deschamps et Zidane sont visés par cette révélation qui ravive le débat sur une équipe 1998 dopée et qui aurait été, toujours selon Jean-Pierre Paclet, protégée par la « raison d'État ».

Une nouvelle fois, Didier Deschamps passe au travers des mailles du filet, avec succès et comme toujours, semble-t-il, sans avoir rien fait pour…

De là à croire qu'il bénéficie d'une bonne étoile qui lui permet de souvent évoluer dans l'œil du cyclone sans jamais vaciller… La légende est en marche, qui s'enrichira, après sa carrière, lorsqu'il accumulera les réussites dès ses premiers pas d'entraîneur.

Nous croyons plus prosaïquement que les histoires de bonnes étoiles et de gentilles fées penchées sur des berceaux enchantés décorent magnifiquement les légendes mais que les adultes ne sont pas tenus d'y croire.

Il y a comme toujours, comme partout, le travail et l'intelligence de son métier qui aident à la réussite, et celle de Deschamps doit d'abord s'expliquer ainsi.

Pour le reste, il n'est jamais mauvais d'être un fin stratège, qui sait jouer de son apparence un peu bonhomme, candide, tout en maîtrisant son image, sa communication et son niveau d'exposition médiatique, afin de toujours se situer au-dessus de la mêlée des soupçons.

Chapitre 15

Objectif Lune (1994-1997)

Le propre d'une intelligence, c'est de pouvoir poursuivre deux raisonnements à la fois : savoir que les choses sont désespérées, et néanmoins être décidé à les changer.

Francis Scott FITZGERALD

« Dès que je l'ai appris, j'ai téléphoné à mes parents pour le leur dire. Je savais qu'ils seraient tellement fiers. »

La grande nouvelle, c'est qu'Aimé Jacquet, sélectionneur de l'équipe de France depuis 1994[1], vient de nommer Didier capitaine des Bleus qui se sont qualifiés pour jouer la phase finale de l'Euro 1996, en Angleterre.

1. Précédemment adjoint de Gérard Houllier, il avait remplacé celui-ci à la tête de l'équipe de France après la désastreuse élimination des phases de qualification à la Coupe du monde 1994 au Brésil.

« Je veux que tu sois capitaine. Tu sais ce que cela implique… » Aimé Jacquet a toujours été un taiseux. Jamais un mot inutile. Pas de bla-bla.

Mettre Deschamps face à ses responsabilités, c'est lui faire plaisir. Et Jacquet le sait.

Sans forfanterie, simplement parce que c'est la vérité, le jeune homme, qui va sur ses 28 ans, rappelle qu'il a été le capitaine du FC Nantes à 19 ans, celui de l'OM, vainqueur de la Ligue des champions, à 24 ans, et que bien avant ça, il a toujours été le capitaine des équipes de jeunes où il évoluait.

« J'avais ça en moi. Je ne l'ai jamais travaillé, jamais recherché. C'est venu naturellement, au fur et à mesure des sélections. »

Pourtant, quand Jacquet l'appelle à Turin pour l'introniser, il ressent une immense fierté : « Si on m'avait dit, dans ma jeunesse, qu'un jour je serais capitaine de l'équipe de France, je ne l'aurais jamais cru. »

Passé la joie et la surprise, il se tourne vers le devoir qu'implique la fonction. Il sait ce que signifient les mots de Jacquet. Plus qu'un couronnement, c'est une énorme responsabilité qui lui échoit. À la veille d'un Euro 1996, dernière compétition officielle pour les Bleus avant la Coupe du monde 1998, qui sera organisée en France[2].

L'équipe de France, éliminée des deux derniers mondiaux, en 1990 et 1994, est renaissante, elle veut porter beaucoup d'espoirs à l'approche de sa Coupe du monde. Donner les clés du camion bleu à un jeune capitaine, c'est un défi. Mais pas un challenge fou. Jacquet sait ce qu'il fait.

2. Le pays organisateur est automatiquement qualifié pour l'épreuve.

« Le vrai patron, c'est lui », clame Zidane, son coéquipier de la Juventus de Turin, qui rappelle à chaque occasion que Marcello Lippi, l'entraîneur de la Juve, ne jure que par Deschamps.

Il y a bien longtemps que sa culture tactique, son sens de la stratégie ont épaté ses entraîneurs. À Marseille, Tapie[3] s'en est servi, pas toujours à bon escient. On sait, et Jean-Jacques Eydelie n'est pas le seul à le dire, que Deschamps, plus qu'un relais entre les joueurs et l'entraîneur, était devenu le correspondant privilégié de Tapie, lequel n'ignorait, grâce à lui, rien de ce qui se passait à l'intérieur du vestiaire. Certains lui en veulent encore.

Ça ne se passera pas comme ça en équipe de France. D'abord, Jacquet ne l'aurait pas admis, et surtout pas initié. En acceptant sa nomination, Deschamps choisit de rester avant tout un joueur, proche des autres joueurs, qu'il va galvaniser sur le terrain et représenter sans concessions en dehors.

« J'ai choisi Didier parce qu'au-delà de son talent footballistique il possède une dimension supérieure, disait Jacquet. C'est justement parce qu'il n'avait pas de dons particuliers qu'il a compensé par autre chose. Seulement, il faut en avoir les moyens ! Pour moi, il a quelque chose de grand, un rayonnement exceptionnel qui n'a rien à voir avec celui d'un Platini ou d'un Zidane. Un truc en plus qu'aucun d'eux n'a. Le charisme, la force de persuasion, la capacité d'entraîner un groupe derrière lui. Ces qualités ne

3. Ce n'est un secret pour personne : l'omniprésident était aussi celui qui faisait l'équipe, décidait des changements en cours de match, des transferts, etc.

s'apprennent pas. On les possède ou pas. Didier les a en lui depuis toujours. »

Zidane, Desailly, Lebœuf, Lama, Le Guen et d'autres encore pensent comme Jacquet même s'ils ne l'analysent pas avec autant de sophistication.

Paul Le Guen : « Il n'avait pas besoin d'être capitaine pour commander. Chez lui, c'était une seconde nature, mais comme il ne se forçait pas, ça passait très bien. »

Très vite il s'installe comme un relais de l'entraîneur sur le terrain et en dehors. Exactement ce que Jacquet attendait. Grâce à lui, l'entraîneur sait à quoi s'en tenir sur le moral des joueurs, leurs doutes, éventuellement leurs questionnements. Parfois, il demande conseil à son capitaine : « Crois-tu que je dois parler à Untel ? »

Le capitaine idéal a aussi ses défauts.

Il est amusant, avec le recul, de constater qu'il les emporte avec lui, à travers ses différents clubs, ses différentes fonctions, par-delà les années qui passent.

Il n'accepte pas la défaite, et ça remonte à l'enfance. Un simple but encaissé lui fait mal, au point qu'il cherche un coupable, une victime expiatoire. Quelque part, la défaite le rend fou, sur l'instant, et il doit déverser sa furie sur un coéquipier.

Quinze ans après, devenu entraîneur, il fera de même à Monaco, à Marseille, et même en équipe de France. Ce n'est pas se défausser – contrairement à ce que l'on pourrait croire –, c'est chercher désespérément des explications rationnelles là où il n'y en a pas. Ces moments fous sont les seuls où il manque de lucidité. Totalement. Ce pourrait être effrayant, ça ne dérange pas plus que ça un Franck Lebœuf, qui a eu pourtant maintes occasions, après un but encaissé, de voir tomber sur sa tête la colère du capitaine, dont il était proche sur le terrain. « Sur le coup, ça fait un drôle d'effet, comme une gifle, et puis on s'en remet. En plus, ça motive. »

D'autres, au fil du temps, finiront par penser que ça ne motive pas tant que ça. C'est une autre histoire…

Ce qui est intéressant dans ces colères démesurées et souvent injustes, c'est d'y voir le refus que soit bouleversé son ordre établi. S'il y a eu but, c'est qu'il y a eu erreur, et l'erreur est inacceptable parce qu'elle peut engendrer la défaite, elle-même inacceptable. Ou plutôt inenvisageable.

Ce n'est rien de dire que le joueur Deschamps a été obsédé de novembre 1993 jusqu'à la fin de sa carrière par le traumatisme de France-Bulgarie. Il ne s'en est jamais remis, l'a porté en lui comme une blessure honteuse, et tous les titres gagnés après n'y ont pas changé grand-chose. Il avait passé trop de nuits à essayer de recoller son rêve cassé. Il en manquait toujours un morceau. Le sélectionneur qu'il est devenu porte à son tour, quelque part dans sa tête ou dans son cœur, le souvenir de cette flétrissure. Il y a des jours comme ça où le passé vous glace.

« Plus jamais ça », pourrait-il crier, imitant les gros titres de journaux après une catastrophe de type Fukushima[4].

Contents ou pas, ses coéquipiers doivent s'habituer à cette manière de vivre son sport. Il n'en connaît pas d'autre. Outre la haine de la défaite qu'il trimbale avec lui depuis l'enfance, son mépris de la médiocrité qui l'élève toujours plus haut – et ses partenaires avec lui –, il est hanté par un désir de perfection absolue qui ne lui laisse pas de répit. Ce comportement hors normes, généralement attribué à des

4. Aujourd'hui encore, il ne le dit pas, mais ça s'entend dans toutes ses interventions depuis le début des matchs de qualification pour la Coupe du monde 2014 au Brésil.

« monstres » du sport, aussi détonants dans leur vie civile que sur le terrain, interpelle en ce qui le concerne. Quand le match est fini, il est tellement posé, scandant ses mots avec presque du lymphatisme dans la voix. L'accent du Sud-Ouest amplifie le calme des propos. Il respire la maîtrise de soi. Pas la sérénité – il ne faut pas exagérer – mais en tout cas une inquiétude contenue. On lui reproche souvent de tout vouloir diriger, contrôler, vérifier jusqu'au moindre détail. C'est ainsi, et il ne changera jamais. C'est comme ça qu'il vit son sport.

Quand il ôte sa panoplie de footballeur et redevient le mari de Claude, il n'est plus le même. Prêt à se laisser porter, il sollicite souvent l'avis de sa femme, ne prend pas de décisions unilatérales, donne parfois l'impression de manquer d'assurance. Peu enclin à lire, à écouter de la musique ou à regarder la télévision, il réfléchit. Déjà. Comme il ne parle pas beaucoup et n'est pas du genre à rêver à voix haute, il est difficile de savoir à quoi il réfléchit. Seule Claude, peut-être... Il y a chez lui une forme de mélancolie qui peut faire penser à de la morosité. C'est peut-être trompeur. Sait-on jamais où va Didier Deschamps quand il pense ?

En tout cas, rien à voir avec le diable tressautant et vindicatif des pelouses. En cela – et seulement en cela – il est le jumeau d'un John McEnroe, celui qui expliquait ses colères par la volonté de faire monter son taux d'adrénaline pour atteindre l'état de grâce. Nous avons le souvenir d'un McEnroe, battu sur un passing millimétré de Borg se faufilant entre sa raquette et la ligne, qui restait prostré de longues secondes, fixant le point d'impact comme s'il n'en croyait pas ses yeux. Il n'en croyait pas ses yeux. Alors, il n'était plus très loin de dégoupiller.

Un jour, il a expliqué cette attitude qui aurait pu passer pour de la mauvaise foi : « Ce qui me rend fou, c'est de savoir que le match parfait existe, mais que je ne le jouerai jamais. » Mot pour mot, cette phrase pourrait appartenir à Didier Deschamps.

L'air de rien, il est sur le point de donner le ton à une génération qui va tout gagner bientôt, emmenée par un capitaine qui leur aura transmis sa hargne et son goût de l'invincibilité. L'esprit du football français conquérant, qui gagne sans douter et ne faillit pas au pied du mur, ce n'est ni celui de Platini, ni même celui de Zidane. C'est celui de Didier Deschamps, le gamin d'Anglet. Et la planète devra le reconnaître.

Ce monsieur Tout-le-Monde, en apparence, ne ressemble véritablement à personne, au fond de lui.

Il est facile de le commenter aujourd'hui. En 1996, à l'aube de la phase finale de l'Euro, il fallait toute la *vista* d'Aimé Jacquet pour offrir des galons de chef de bande à sa troupe certes prometteuse, mais loin de pratiquer un football alléchant.

Sans jouer très bien, handicapés par la faillite de Zidane, leur meneur de jeu, les Bleus arrivent tout de même en demi-finale et sont éliminés aux tirs au but par la République tchèque. Certes, ils n'ont pas séduit, ont manqué de qualité offensive, se sont surtout appuyés, déjà, sur une défense de fer. Jacquet a posé sa griffe sur cette équipe, Deschamps lui a servi de haut-parleur.

Le spectacle proposé n'a pas plu à tout le monde et les critiques commencent à fuser. Elles ne cesseront plus pendant les deux ans qui viennent. Même Zidane, future idole du peuple, est remis en question : a-t-il vraiment sa place dans cette équipe ? Il y a des questions qui tuent, quelque temps après.

Ce que personne ne semble avoir remarqué, c'est que même dans l'à-peu-près, cette équipe s'est forgé un début de conviction en même temps qu'elle envisageait un objectif, nouveau pour elle : aller au bout, tout au bout de sa Coupe du monde.

On sait ce qui lui manque, mais elle a un maître, Aimé Jacquet, et un supplément d'âme, Didier Deschamps. Dans la course à la Lune, et même si elle est seule à le croire, elle a la vie devant elle.

Chapitre 16

On a marché sur la Lune (1998)

« La victoire ne tient qu'à nous, les gars ! » C'est toujours la même phrase qui revient dans la bouche du capitaine, à quelques secondes d'entrer sur le terrain.

Depuis quelques mois, on a l'impression que personne ne l'entend. L'année 1997, ponctuée de matchs amicaux, l'équipe de France n'ayant pas besoin de se qualifier pour sa Coupe du monde jouée à domicile, a été au mieux médiocre, au pire catastrophique. Pas une seule rencontre pour séduire. Un football plus ou moins défensif, balbutié la plupart du temps par des joueurs manquant singulièrement de génie.

Et cette équipe veut gagner la Coupe du monde dans moins d'un an ? La plaisanterie ne fait rire personne.

Dans son isolement, Aimé Jacquet continue à travailler, imperturbable. Il a une qualité énorme : à partir du moment où il fait du mieux qu'il peut, il croit en lui et sa foi devient inébranlable. Quand on a donné le meilleur, pense-t-il, on ne peut que réussir.

Hélas, le temps presse et sa construction n'avance pas. Régulièrement, il va à Turin rendre visite à Didier Deschamps, son capitaine, le seul homme qui croit en lui au moins autant qu'il y croit lui-même. Avec Deschamps, il passe des heures à discuter stratégie, tactique, système de jeu, utilisation des hommes en fonction de leurs qualités et de leurs défauts. Les deux hommes se nourrissent l'un de l'autre. En se trouvant, ils ont trouvé l'*alter ego* idéal.

Entre eux, pas d'ambiguïté. Ils ont commencé par se respecter avant que naisse une véritable affection.

Donc, ils travaillent sans cesse, réfléchissent, tirent des plans sur la comète, imaginent le futur et construisent des heures durant l'équipe idéale.

Ils rêvent, dirait-on, et en attendant rien n'avance. Les Bleus jouent toujours aussi mal, surtout, on a la sensation que Jacquet ne leur imprime rien. En tout cas rien d'enchanteur. Le football est poussif, les joueurs semblent craintifs et jamais inspirés.

« C'est ça, la marque Jacquet, ce jeu étriqué construit sur la défense », commence-t-on à entendre et à lire. Et on rappelle que les joueurs qui composent cette équipe évoluent dans les plus grands clubs européens. Ils sont starisés partout, sauf quand ils jouent pour la France. Le sélectionneur doit bien y être pour quelque chose…

Pour se faire quelques « amis » de plus, Jacquet a éliminé deux joueurs majeurs qui sont aussi de fortes têtes : Éric Cantona et David Ginola. Il les estime nuisibles au rendement de l'équipe, en raison de leur incapacité à se fondre dans le collectif. Bien sûr, ce sont deux talents incontestables, adulés en Angleterre, où ils évoluent l'un et l'autre. Pour beaucoup ils sont irremplaçables. Pas pour Jacquet, qui, sans le dire, est en train de bâtir un commando. Et dans un commando, il n'y a pas de place pour les solistes.

On ne sait si Deschamps l'a inspiré sur l'éviction de Cantona et Ginola… Ce dont on est sûr, c'est qu'il l'inspire beaucoup. Sans outrepasser sa fonction de capitaine, mais en la dépassant quand c'est nécessaire, il lui arrive d'influer sur les choix de Jacquet.

« Je n'ai jamais fait de copinage ou affiché de préférence pour l'un ou l'autre, ni bien sûr pour écarter quiconque, se défend-il quand on le titille sur le sujet. Si j'avais fait ça une seule fois, je n'aurais pas pu continuer à vivre normalement au sein du groupe. »

C'est vrai que le copinage n'est pas mauvais en soi, pourvu qu'il reste entre copains, comme disait Samuel Goldwin[1].

Ce qui ne signifie pas qu'il se taise lorsque des combinaisons entre joueurs lui semblent moins performantes que d'autres.

À vrai dire, tout le monde se fiche pas mal de tout cela à quelques mois du mondial. De l'influence de Deschamps, des recherches de Jacquet, des accords ou désaccords sur le terrain. L'essentiel est ailleurs : cette équipe ne joue pas bien et ses matchs de préparation sont une calamité. L'étau se resserre sur le sélectionneur accusé de tous les maux, et qui porte sur ses épaules, outre le poids de l'échec futur et inévitable, tous les défauts du monde.

Son incompétence ? On n'en est plus là. Depuis longtemps. On s'attaque maintenant à sa communication, son peu d'aisance à s'exprimer, ses fautes de français, son accent forézien (!). C'est un massacre. Il ne se plaint jamais,

1. Producteur de cinéma américain, fondateur avec Louis B. Mayer de la célèbre Goldwyn Mayer.

se referme un peu plus sur lui-même, resserre les rangs autour de lui pour que son commando ne lâche pas.

Deschamps est aux avant-postes pour soutenir le sélectionneur en interne. C'est le plus important puisque tout se passe désormais en interne dans cette équipe condamnée avant même son premier match dans la compétition. C'est à ce moment que le capitaine se révèle chef de bande. Il se révèle mais en affichant une fidélité et une croyance aveugle si inouïes en Jacquet que toute l'équipe finit par y croire.

Il y a plus étonnant : le capitaine monte aussi au créneau dès qu'il s'agit d'affronter la presse. Jacquet est muet, comme ses adjoints. La méchanceté de certaines attaques leur a fait perdre la voix. Deschamps n'hésite pas à aller affronter l'adversaire, et même à essayer de le comprendre. Il engage le dialogue avec autant de conviction qu'il a sonné la révolte dans son vestiaire. De l'art de la guerre.

Pour la première fois, il se révèle aussi diplomate que guerrier, et la presse y trouve une certitude : ce joueur humble et travailleur est aussi d'une grande intelligence. Tous s'en souviendront quand viendra le temps des lauriers. Il sera alors bien aisé de vanter les immenses mérites du capitaine qui ne se met jamais en avant, définit la stratégie, veille à ce qu'elle soit appliquée sur le terrain, remonte le moral des hommes et défend son sélectionneur avec courage mais sans mauvaise foi.

On le croyait porteur d'eau, il est conquérant. Comme Jacquet, il demande du temps, mais il le fait mieux que Jacquet : il explique, argumente, convainc.

Par la grâce même de Didier Deschamps, ce mondial débute pour les Français sous le signe de la rébellion et de la solidarité. C'est eux contre le monde entier, et ils ne sont plus aussi seuls que leur staff veut le faire croire.

La victoire n'est pas encore en eux, ça ne va pas tarder.

Dans un groupe facile, ils commencent par battre l'Afrique du Sud en perdant Stéphane Guivarc'h sur blessure. Son remplaçant, Christophe Dugarry, ne va pas tarder à se blesser à son tour, dès le match suivant. L'attaque des Bleus, d'une faiblesse insigne, faisait déjà pitié, mais là il va falloir recourir aux deux gamins, Thierry Henry et David Trezeguet, aussi jeunes qu'inexpérimentés. Ce n'est pas la seule catastrophe de ce deuxième match, gagné facilement contre l'Arabie saoudite : pour s'être essuyé les crampons sur la cuisse d'un défenseur à la fois accrocheur, maladroit et brutal, qui n'avait cessé de martyriser ses chevilles, Zidane est expulsé du terrain. Pas un regard de Jacquet au moment où il sort. On devine la colère froide du sélectionneur.

En un dixième de seconde d'abandon, Zidane au sang chaud a peut-être envoyé ses copains dans le mur. Ce n'est pas tant de les avoir abandonnés sur la fin d'une rencontre facilement gagnée. C'est surtout que, sorti sur un carton rouge direct[2], il va écoper de deux matchs de suspension. Certes, l'équipe de France, déjà qualifiée grâce à ses deux victoires, jouera contre le Danemark un match avec pour seul enjeu la première place du groupe. Mais après…

Quand arrivera le match couperet des huitièmes de finale, Zidane ne sera toujours pas là. Être privée de son meneur de jeu, désormais l'un des meilleurs joueurs du

2. Un joueur ayant reçu deux cartons jaunes dans deux matchs différents est suspendu pour un match. Un joueur expulsé est suspendu pour deux matchs, au minimum.

monde, c'est plus qu'il n'en faut, sans doute, à cette équipe qui a déjà perdu ses deux avants-centres.

En effet, le match contre le Paraguay est un supplice. Sans étincelles, plus ou moins bien organisés en attaque, les Bleus butent pendant tout le match sur un gardien de but, José Luis Chilavert, en état de grâce. La prolongation ne change rien au scénario, si ce n'est que les Paraguayens se procurent à leur tour des occasions. Déjà, l'équipe de France, à bout d'arguments, est proche de la sortie… Même Deschamps, travailleur infatigable, est exténué. C'est l'une des rares fois de toute sa carrière où il n'en peut plus… Ah ! si Zidane avait été là…

Zizou ne viendra pas mais voilà que surgit de son arrière-garde un Laurent Blanc qui délivre son équipe à la 114e minute, avec son but en or[3].

La France continue. Ce qui, en anglais, pourrait se traduire par *I will survive.* C'est tout juste si Jacquet félicite ses joueurs. Il a les yeux rivés ailleurs que sur le vestiaire et la qualification douloureuse. Droit devant lui, plus loin encore, il y a la finale et la victoire totale, son seul but. Il est encore bien seul à y croire.

En quart de finale, l'équipe de France, qui joue mieux, est encore bousculée par moments et menacée par une Squadra Azzura dans laquelle évoluent quelques-uns des amis et coéquipiers de Zidane, Deschamps, Thuram. Au bout des prolongations, il y a les tirs au but et une qualification miraculeuse. Encore.

Dans les tribunes, Claude n'est pas près de perdre l'habitude de placer Véronique Zidane à sa droite : depuis

3. Cette règle appliquée pendant quelques années et supprimée rapidement prévoyait qu'au cours de la prolongation, dès qu'une équipe marquait, le match s'arrêtait sur sa victoire.

qu'elles se placent comme ça, l'équipe ne perd plus ! Didier, de son côté, ne manque jamais d'embrasser son alliance quand il entre sur le terrain. On est très superstitieux chez les Deschamps...

Plus capitaine que jamais, Didier rameute ses troupes dans les moments cruciaux. Sur le terrain comme dans les vestiaires. Pendant le match, il replace, harangue, encourage et engueule parfois. Un vrai chef de bande qui contrôle tout, voit tout, prévoit tout. On lui obéit parce que c'est comme ça. Ses hommes avancent de plus en plus, semble-t-il, portés par lui, son énergie, son violent désir de victoire. Il n'y a plus que cela qui compte : gagner.

Il a évacué ses craintes pour ne plus se livrer qu'à ses espérances.

Un carton jaune reçu contre l'Italie le met sous la menace d'une suspension s'il en recevait un autre pendant la demi-finale. Qu'importe ! Il ne dit pas « Qu'importe » comme on dit « Tant pis », il le dit comme il sait vivre et jouer. À fond, le reste ne compte pas. D'ailleurs, l'essentiel est d'aller en finale, pas d'éviter un carton jaune. Il aurait bonne mine, le capitaine, s'il jouait de prudence et que son équipe était éliminée. « On ne lâche rien, dit-il à ses copains, il y a une finale au bout, elle est pour nous. »

Mis à part sur le terrain, il n'élève jamais le ton. Toujours cette voix chantante qui semble venir du tréfonds. Il scande et les mots prennent plus de puissance, on les entend cent fois mieux que s'il les hurlait.

Malgré tout, les mots ne suffisent pas toujours. La victoire est en eux, certes, mais il va falloir le montrer sur le terrain.

Face à la Croatie, les Bleus, crispés et mal à l'aise, à nouveau, semblent impuissants pendant toute une mi-temps.

Le poids de l'enjeu vient de les rattraper. Et commence de les broyer.

Jacquet est fou de rage et le vestiaire résonne d'une colère gigantesque : « Si vous ne voulez pas aller en finale, continuez comme ça ! » hurle-t-il. Il ne pèse pas ses mots. Ses joueurs, tétanisés, en sont réduits à peser leurs maux.

Les a-t-il révoltés ? Pas sûrs. Ils semblent écrasés par une charge trop lourde. Ont-ils les moyens de se rebeller ? Certains rêves coûtent plus cher que d'autres.

Le début de deuxième mi-temps est catastrophique. Sur une grossière erreur de Thuram – tout arrive – les Croates ouvrent le score. C'est la première fois, depuis le début de la Coupe du monde, que les Bleus sont menés au score. Le plus triste, c'est que l'on ne voit pas comment ils vont pouvoir revenir. Ils ont montré si peu de chose jusque-là.

Et puis, Thuram marque – oui, tout arrive – un but improbable qui est aussi le premier de son histoire avec l'équipe de France. Quelques minutes plus tard, le même Thuram, qui est, sans conteste, dans un après-midi aux frontières du réel, marque un deuxième but – décidément, tout arrive – qui envoie son pays en finale de la Coupe du monde. Seule ombre au tableau, Laurent Blanc, expulsé en fin de match pour avoir bousculé un adversaire[4], ne jouera pas la finale. Ne serait-ce qu'en souvenir de son but contre le Paraguay, et au vu de la détestable tricherie de son adversaire, c'est une injustice cruelle.

Ni Deschamps, ni Jacquet ne s'arrêtent à ce qui restera un point de détail de l'histoire du sport si, par ailleurs, l'équipe de France gagne la Coupe du monde.

4. Le Croate Bilić avait fait semblant d'être frappé à la figure avant de s'effondrer, induisant ainsi l'arbitre en erreur.

Le premier fait déjà un premier bilan, comme si le résultat de la finale importait peu à l'heure de tirer des conclusions. Il n'a pas tort. Sans jouer très bien mais portés par un sublime esprit collectif et conquérant, avant d'être portés par tout un pays qui s'est mis à croire dur comme fer à leur destin, ils ont réussi leur Coupe du monde au-delà de leurs espérances. Quoi qu'il arrive. Avant la date fatidique du 12 juillet, le groupe revoit tous les matchs qui ont précédé, histoire de renforcer sa confiance. Il a survécu à tout. Désormais, *I Will Survive* n'est plus nécessaire à la victoire. La chanson de l'espoir est devenue un hymne éternel.

Avec la presse, Deschamps, qui progresse de jour en jour dans sa communication, parfois teintée d'ironie, confirme aux journalistes que, de toute façon, Aimé Jacquet n'ira pas plus loin que cette finale.

Gagnant ou perdant. Le capitaine s'étend à mots couverts sur les blessures infligées à son sélectionneur, trop graves pour être oubliées un jour. Même pas dans l'ivresse d'une victoire. Sans chercher à culpabiliser qui que ce soit, il dit ce qui est. Et la vérité, c'est qu'après avoir longtemps craché sur son travail, les journalistes n'ont plus la tête à le saluer. Il est sûr qu'il y a dans cette épopée de quoi faire perdre la tête à plus d'un : cette équipe de « bourrins », coachée par un autiste incompétent, qui parvient en finale de la Coupe du monde, c'est Rocky footballeur, reste à savoir si ça va être *Rocky* ou *Rocky 2*.

Plus fort encore, Didier Deschamps conclut sa conférence de presse par une déclaration étonnante, même si, de son point de vue, elle n'est que la sobre expression d'une réalité.

À l'heure où tous ceux qui l'avaient méprisé et banni[5] se préparent à statufier Aimé Jacquet, son capitaine dit :

« Les joueurs lui doivent beaucoup, mais il nous doit aussi beaucoup. »

Sa manière à lui de prévenir : que l'on ne nous oublie pas. Que l'on n'oublie pas que notre sélectionneur n'est pas arrivé tout seul en finale.

Était-ce volontaire ? C'est en tout cas le plus bel hommage qu'il pouvait rendre à Aimé Jacquet, lui rendant sa dimension humaine – Homme parmi ses hommes – avant qu'il ne soit définitivement sanctifié.

Le 12 juillet, il y eut donc un match de football entre l'équipe de France et celle du Brésil, communément surnommée « la meilleure équipe du monde », quoi qu'il arrive, même dans les années où il s'en trouve une autre pour porter sa couronne.

Après avoir entrepris de se montrer menaçant à plusieurs reprises pendant la première mi-temps, le Brésil, pris à la gorge, allait céder sur deux coups de tête de Zidane avant de se retrouver K.-O. dans les dernières secondes, sur une percée en contre d'Emmanuel Petit. Et un, et deux, et trois zéro !

De nos jours, on en a bien six ou sept, des zéros.

À quelques kilomètres de Biarritz, Ginette Deschamps a regardé le match à la télévision. Comme plusieurs dizaines de millions de Français. Dans la maison de son fils, elle garde Dylan. L'enfant s'est endormi bien avant la fin de la finale. Il ne sait pas que son père est devenu champion du monde de football, et à vrai dire, il s'en moque un peu. Lui,

5. Plus tard, Aimé Jacquet confiera qu'il aurait dû quitter la France si son équipe avait perdu.

son grand moment, sa plus belle joie, c'est quand ses parents vont rentrer. Ginette est toute seule à pleurer sur sa joie. C'est pour elle-même qu'elle murmure : « Ce n'est pas vrai, il ne nous a pas fait ça ! Champion du monde… »

C'est vrai, pourtant, il y a quelques centaines de millions de témoins. Dont Pierre Deschamps, en compagnie de son frère et de ses neveux. De Claude, aussi, toujours flanquée de Véronique Zidane sur sa droite, parce que l'on ne change pas un système qui gagne, fût-il de la pure superstition.

De la remise de la coupe au capitaine de l'équipe de France à la descente des Champs-Élysées, de la réception à l'Élysée aux accueils triomphaux sur les plateaux de télévision, cette équipe en laquelle personne ne se reconnaissait un mois plus tôt est devenue un *must*. Ses joueurs, indissociables, sont désormais des icônes. Plus que des modèles, ils font même figure de slogan, et, pourquoi pas, de rempart infranchissable contre le racisme… Black, Blanc, Beur, la plus belle invention depuis les congés payés ! L'exception française autour d'un ballon. Bonheur de la démagogie. Tout cela nous explosera à la figure douze ans plus tard au sortir d'un bus, en Afrique du Sud.

Il aurait sans doute été plus intéressant, dans ce galimatias d'émotions euphoriques, d'accorder un peu plus d'attention au capitaine impeccable qui avait su réveiller les morts pour les aider à devenir des héros.

Pas plus que Jacquet, Deschamps n'a l'exclusivité de ce phénomène qui a vu des perdants nés se muer en vainqueurs impitoyables. Ils l'ont tous voulu. Et ils l'ont eu. Mais Deschamps a plus que sa part, sur le terrain et en dehors, de cette révolte insensée.

Il a couvé cette équipe lorsqu'il le fallait, dans les à-côtés des rencontres, dans les heures de doute, quand la nuit tombe et que flanchent les certitudes. Il a organisé ses coéquipiers sur le terrain, donné de la voix, remonté des bretelles à n'en plus finir, braillé son refus de la défaite, gueulé ses consignes, n'en oubliant pas pour autant de tenir son poste avec rage et talent. Aujourd'hui, la sophistication qui prévaut – même dans le milieu du football – nous amènerait à écrire qu'il a dépassé sa fonction.

Si nous y avions porté plus d'attention – mais qui se souciait des mots du capitaine dans ces heures de gloire frénétique ? –, nous aurions retenu ces trois phrases *made in* Deschamps : « À vingt minutes de la fin, quand Marcel (Desailly) a été expulsé, j'ai replacé Emmanuel Petit en défense centrale et décalé Zidane sur le côté gauche. Je l'ai fait tout de suite, sans attendre que l'entraîneur intervienne, car, après, il aurait peut-être été trop tard. Il fallait être prêt à agir, pas à réagir. »

Le jeune homme qui parle comme ça n'a pas tout à fait 30 ans, il n'est le capitaine de cette équipe que depuis deux ans et il est déjà consacré. Il est surtout résumé dans ces mots venus d'un autre monde : celui où l'on pense pendant que l'on agit. Un monde qui honore le sport.

Didier Deschamps, celui qui veut tout contrôler, diriger, celui qui pense à tout, et même au reste, est monté jusqu'au sommet du monde avec ses qualités énormes et ses défauts tranchants. Tout cela se confond un peu.

Il n'est pas loin, pourtant, le temps où l'on ne verra plus que ses défauts.

Chapitre 17

Changement de monde

Vieillir, c'est une succession de dernières fois.
Georges SIMENON

Ça a été dur, long et pénible. Pour l'équipe de France et pour lui. Les matchs de qualification à une grande compétition ne sont pas toujours une partie de plaisir, même pour les meilleures équipes. Et les Français n'en avaient plus disputé depuis quatre ans, ce qui n'est pas propice à vous mettre en jambes.

Enfin, ils y étaient, la moindre des choses pour des champions du monde en titre. Ils y étaient et on les sentait – enfin débarrassés du couperet des préliminaires – aussi forts qu'il y a deux ans, peut-être plus forts encore.

Zidane était plus mûr, Vieira, Henry, Trezeguet, Pirès, avec deux ans de plus, suivaient une trajectoire éblouissante, Barthez, Blanc, Thuram, Lizarazu, Desailly, Djorkaeff, Petit étaient au zénith de leur carrière en bleu.

Après l'euphorie des mois qui avaient suivi le titre de champion du monde, l'allégresse des matchs gagnés en ogres sûrs de leur force, les rencontres de qualification avaient été des batailles sans merci. La force restait en eux, heureusement.

Seul le capitaine incontournable donnait depuis plusieurs mois des signes d'inquiétude. Didier Deschamps, sur le terrain, se montrait un peu moins tranchant, un peu plus souvent à court d'arguments.

Nulle part de lassitude ne s'était emparée de lui. En revanche, le corps, fourbu de tant de batailles et de dépassements de soi, connaissait ses premiers ratés. Les blessures étaient là, plus ou moins importantes, qui obligeaient chaque fois le joueur à faire un travail de rattrapage pour redevenir compétitif. La presse, le public remarquaient bien que le nouveau Deschamps était un peu en dessous, et certains faisaient même semblant de ne pas savoir pourquoi. Certes, il allait avoir 32 ans, ce n'était pas une raison – même si c'est une idée fixe dans le sport en France – pour l'envoyer au rebut comme un produit périmé.

Sous couvert de l'anonymat, certains joueurs jugeaient qu'il avait fait son temps. Les murs d'un vestiaire[1] trembleront plus tard de ses mots de colère envers un de ses coéquipiers. Le coupable avait lâché sur son capitaine – en toute discrétion croyait-il – des propos peu amènes qui lui étaient revenus.

Déjà, quelques-uns avaient ricané lorsqu'il n'avait pas prolongé son contrat avec la Juventus, un an plus tôt. Il apparaissait aux mauvais esprits qu'après cinq ans de bons et loyaux services, la Juve avait estimé que son avenir était

1. Le joueur en question avait dit autour de lui que Didier Deschamps était « cuit », « fini ». Son capitaine attendra le mois de septembre et le match France-Angleterre pour lui dire son fait à la sortie de la douche.

derrière lui et ne lui avait pas proposé de prolongation. La vérité était tout autre : devenu libre, Didier Deschamps avait pu négocier un contrat avantageux avec Chelsea. On pouvait donc estimer que les dirigeants de la Juventus lui avaient fait un beau cadeau. Depuis, il avait signé à Valence.

Les blessures, l'usure physique étaient responsables de ce délitement.

Tout le monde le voyait et le savait. Et lui ? Le voyait-il ?

En tout cas il ne voulait pas le savoir. Ce qui explique sa réaction face aux critiques, sa sensation qu'un complot se tramait.

Qu'on lui laisse un peu de temps pour gagner son dernier défi, après, on verrait.

Dommage de ne pas avoir au moins fait partager sa raisonnable conviction.

Il est exact de dire que du côté de la presse, ils n'étaient pas nombreux à partager cette foi. Les plus sympathiques lui accordaient encore tout juste sa place dans l'équipe de France, parce que, écrivaient-ils, c'est un meneur d'hommes et un stratège hors pair.

C'est dans ce contexte grinçant que l'équipe de France se présente à l'Euro 2000. Avec un capitaine en grève de communication. Il ne veut plus parler à la presse, se sent blessé, humilié, mal aimé, presque maudit. Donc, il se tait. Ce qui fait enfler un peu plus le climat d'hostilité.

La confidence livrée à des *happy few* (« Après l'Euro, j'arrête ») ne resterait pas longtemps confidentielle. Et Lemerre eut tort de ne pas y croire.

Les propos du capitaine firent vite leur bout de chemin. Bientôt, les femmes des joueurs furent au courant, puis quelques journalistes, enfin l'information fut publiée dans

Le Parisien. Quelques jours plus tard, la France jouait la finale de l'Euro.

Et juste après, Deschamps réservait une nouvelle surprise : sa décision n'avait pas été prise le jour que l'on croyait. En fait, longtemps après ! Tout le monde avait donc eu la berlue !

C'est, nous apprenait-on, en revoyant ses parents, à son retour en France, et en les découvrant accablés par le traitement qu'avait subi leur fils, qu'il aurait choisi de quitter les Bleus.

« En larmes, ma mère m'a supplié : "Didier, plus jamais ça !" »

À ce niveau d'émotion, on touche au sublime.

Bien sûr, quelques âmes avaricieuses du côté de la sensibilité pourraient se demander pourquoi, alors, a existé la scène inoubliable.

Qu'ont-ils bien pu se dire avec Lemerre, puisque, à ce moment-là, Deschamps n'avait encore rien décidé ?...

Pourquoi ce dialogue, d'autant plus surréaliste qu'il n'avait donc aucune raison d'être ?

Il ne prendra jamais la peine de s'expliquer sur ce moment à la fois musclé et larmoyant avec Lemerre, se montrant sur le sujet mille fois plus sourd et muet que ceux qui en avaient décrypté l'essentiel.

Courroucé, comme il peut l'être lorsque l'on dérange son ordre établi, il se réfugie alors dans le déni. Didier Deschamps, tel qu'il se rêve, n'a pas cédé sous le flot de critiques féroces. Il a, plus tard, simplement cédé à l'émotion familiale. Dont acte ?

Disons que sa décision annoncée en catimini était en fait une prédécision... une sorte d'option... En l'occurrence, une option sur la retraite.

Ridicule ? Sans aucun doute.

Encore plus abscons : depuis ce soir d'été chargé d'effluves de victoire autant que de parfums plus âcres nés d'une rancœur tenace, il a adopté définitivement la parade qui consiste à placer sa main devant la bouche dès que l'on veut parler sous l'œil des caméras. Ce qui tend à confirmer qu'il a détesté que son dialogue avec Lemerre soit observé et décrypté.

Une chose restait certaine, dans ce fatras de contradictions, Deschamps ne porterait plus le maillot de l'équipe de France, à l'exception d'un match amical d'adieux au Stade de France, qui lui permit de recevoir, comme Laurent Blanc et Bernard Lama, partant en retraite internationale, eux aussi, l'hommage d'un public encore peu conscient que ces trois défections marquaient une fin, certes, mais aussi le début de quelque chose de saumâtre qui allait finir par nous rester sur l'estomac.

Un jour, tout a été clair. Comme s'il avait eu une vision à l'envers de celle de Zidane[2]. Il ne devait pas rester. Il lui fallait déjà se désenivrer des houles de bravos qui avaient accompagné son Euro, de tous ces cris qui lui disaient à quel point il était le plus fort, le meilleur. Il a eu la lucidité alors de se souvenir que ces voix mielleuses d'admiration étaient exactement les mêmes qui, deux mois plus tôt, l'envoyaient à la retraite comme un vieux pantin, à jamais inutile.

Il a réentendu ces voix, et cette fois n'a plus eu de doute sur la route à suivre. « Les choses vont tellement vite dans le football. Un jour vous êtes une idole, trois mois après on vous

---

2. Pour expliquer son retour en équipe de France à l'été 2005, après l'avoir quittée un an plus tôt, à la suite de la nomination de Domenech, Zidane avait évoqué une sorte d'apparition, dans son sommeil, lui enjoignant de reprendre du service.

pousse à la retraite. Je ne voulais pas d'une sortie obligée. Et, après réflexion, j'ai décidé de ne pas prendre le risque. »

Ce qu'il ne dira pas alors, c'est que cette décision, il l'a prise avec Claude. Comme toutes les décisions importantes. Discrète mais solide et omniprésente, Claude est, plus qu'une épouse, un pilier et un moteur. Didier ne fait pas toujours référence à elle, quand il change d'avis sous l'influence de sa femme. Sans doute ne veut-il pas la gêner. Et surtout ne pas donner l'impression qu'elle pèse sur sa vie. C'est lui qui va vers elle quand il doute. C'est lui qui demande à sa femme comment elle ressent les choses. Elle le renforce et le pérennise. Ils sont un couple. Sans adjectif.

Le 2 septembre 2000, à l'occasion d'un match amical contre l'Angleterre, au Stade de France et sous les regards de 80 000 personnes auxquelles s'ajoutent près de dix millions de téléspectateurs, Didier Deschamps fait ses adieux officiels à l'équipe de France. Il fête ce soir-là sa 103e sélection. Il rejoint ensuite son nouveau club de Valence, son dernier sans doute. Il a fui – malgré les deux ans de contrat qui lui restaient – Chelsea et la vie londonienne, bien à l'abri de la lumière et du soleil.

Ils renaissent à Valence. Il y a le ciel, le soleil, la mer, et tous ces petits rêves confortables dont on n'attend pas grand-chose. Didier, qui va de blessure en blessure, manque tout le début de saison. Quand il est enfin rétabli en janvier 2001, l'équipe s'est bien rodée sans lui, obtient de bons résultats. Et tout le monde sait que l'on ne retouche pas une équipe qui tourne bien. Sauf impératif, blessure, suspension, méforme.

Il va avoir 33 ans en octobre, il s'assied de plus en plus souvent sur le banc des remplaçants de sa nouvelle équipe. Dans ces moments, il ne regrette pas la décision de quitter l'équipe de France. Qu'en serait-il aujourd'hui ? Ce serait une Berezina personnelle. On l'aurait éjecté.

Au moins, sa retraite internationale lui permet de profiter un peu plus de son petit garçon qui vient d'avoir cinq ans. En grandissant, Dylan a pris l'habitude de… ne pas trop aimer le football, coupable, il le comprend désormais, de le priver de son papa assez régulièrement.

En mai, il est encore remplaçant, le soir où Valence dispute et perd sa première finale de Ligue des champions.

Quelques mois plus tôt, il était très loin d'envisager ce que serait son après-carrière. Il se donnait alors trois ans avant de raccrocher. Ensuite… Il avait tout le temps d'y penser. Le projet le plus important à court terme, ce serait de commenter la Coupe du monde 2002 pour TF1.

Petite voix isolée mais tellement intuitive, Claude Deschamps annonçait la couleur avant tout le monde : « Un jour ou l'autre, il aura besoin de retrouver ces joies intenses – les grandes déceptions aussi –, et seul le métier d'entraîneur pourra les lui procurer[3]. »

Bien vu.

En juin 2001, il annonce la fin de sa carrière.

En quelques semaines, Deschamps bénéficie – comme d'autres internationaux ou ex-internationaux – d'une formation accélérée au métier d'entraîneur, qui devrait lui permettre de passer ses diplômes rapidement.

3. Dominique Rouch, *Didier Deschamps, vainqueur dans l'âme*, Éditions n° 1, 2001.

Ça y est, il a changé de vie, déjà. Bientôt, il sera dans la place de sa nouvelle existence. Avec, pour l'accompagner, les mots profonds et presque religieux d'Aimé Jacquet :

« Devenir un entraîneur, c'est avant tout pour lui un devoir à accomplir. Il a trop donné, il a trop reçu, maintenant, il faut qu'il redonne. C'est l'accomplissement de sa vie[4]. »

4. *Ibid.*

Chapitre 18

Les années erratiques (2001-2005 de Monaco à Turin et puis plus rien...)

Se tromper de chemin nous vaut des années de malheur.

Francis Scott FITZGERALD

À la fin de la saison 2000-2001, l'ASM a décidé de se séparer brutalement de son jeune entraîneur, Claude Puel, lequel avait remporté le titre de champion de France et la Coupe de la Ligue... l'année précédente. Décidément!

Claude Puel paie son échec en finale de la Coupe de la Ligue en mai 2001 et une saison très décevante. Surtout, Monaco doit, depuis quelques saisons, faire face à une période de disette qui a profondément miné et déstructuré l'équipe. Depuis le départ de Wenger, les dissensions n'ont pas cessé, les joueurs ont été déstabilisés, le staff ballotté et beaucoup de cadres ont quitté le navire. Le travail de Puel, son enthousiasme et sa rigueur, ont pu faire illusion quelques temps. Ça ne pouvait pas durer. Au premier cahot, l'édifice branlant a commencé de se lézarder, les doutes ont repris le pouvoir.

L'absurde décision de virer alors l'entraîneur qui avait ramené le club au sommet du football français douze mois plus tôt est un chef-d'œuvre de bêtise. Même à Monaco, le non-sens devrait avoir ses limites.

Les fossoyeurs de Puel ont choisi, pour lui succéder, Didier Deschamps, un grand joueur, pourvu d'un sens tactique étonnant. Avec cette petite réserve qu'il était encore footballeur professionnel un mois plus tôt et que, jusqu'à preuve du contraire, le métier d'entraîneur (si, si, c'est un vrai métier, qui s'apprend), il ne connaît pas.

Il a 32 ans, le plus grand palmarès du football français, une insolente réussite en tant que joueur, de quoi nourrir tous les espoirs de ses nouveaux dirigeants quant à son futur d'entraîneur. Ce qui en dit long sur leur ignorance approfondie du football en général, et de l'importance du travail en particulier.

Le jeune technicien va devoir se faire la main avec un club qui est au plus mal, sportivement et financièrement.

Le 28 juillet, depuis le stade Louis-II de Monaco, Luis Fernandez apporte son soutien au nouveau coach : « Il faut lui laisser le temps, être patient. Il connaît parfaitement le jeu, son expérience et son vécu doivent lui permettre de réussir. »

Dès son arrivée, Deschamps s'attelle donc à la tâche de reconstruire cette équipe, où évoluent Simone, Nonda, Abidal, Giuly, Gallardo, Bernardi, Roma et bientôt Rothen, ce qui en fait, sur le papier, la plus belle équipe française. Et de cimenter le staff qui l'entoure. Tandis que des joueurs de qualité venus du *calcio*, comme Panucci, Bierhoff ou Jugović ont déjà rejoint l'équipe, Deschamps recrute également des préparateurs physiques transalpins, avec à leur tête Antonio Pintus.

C'est une première erreur. Ces spécialistes appréciés ont des méthodes musclées et exigent des joueurs un travail auquel le football français n'est pas habitué. Le résultat, c'est que l'équipe se trouvera – déjà – épuisée au moment où commence le championnat.

Deschamps va se heurter très vite à deux fortes têtes, les Italiens Marco Simone et Christian Panucci, qui lézardent son autorité, contestent sa personnalité et ses méthodes de travail. Comme l'équipe compte beaucoup de jeunes de talent – Givet, Squillaci, Évra – et que les mentalités sont en train de changer, les rebelles peuvent dispenser la « bonne parole » en étant sûrs d'être entendus. Le respect pour les anciens, même quand ils sont des icônes, n'est déjà plus à la mode dans le football français. Il se rêvait grand frère, du haut de ses 33 ans, il se retrouve face aux regards indifférents de types boudeurs qui font la sourde oreille à tout ce qu'il tente de leur inculquer.

« J'ai découvert sans y être préparé l'étendue de la tâche d'un coach, les paramètres extra-sportifs, le poids des erreurs. »

Le constat est lucide. Sans doute a-t-il été, à un moment donné, désespéré. Car tout s'enchaîne, et mal. Antonio Pintus et sa bande sont rejetés par le groupe, qui reproche à Deschamps de les avoir fait venir. Le président, Campora, ne cache pas son soutien à Marco Simone – son chouchou – et Christian Panucci, les deux contestataires. Pire, les résultats qui pourraient sauver l'ambiance autour de l'entraîneur sont désastreux.

« Ce qui est certain, c'est que Didier a très mal abordé son nouveau métier, raconte Jeannot Werth[1]. Il était très heureux d'aller à Monaco. Une première expérience qui s'annonçait magnifique, un très beau contrat, un club de renom, une région que sa petite famille a tout de suite aimée. Son enthousiasme n'avait pas de limites. "Avec ce club tu vas gagner la Ligue des champions comme entraîneur, lui disais-je en août 2001, on va faire des choses formidables." »

Mais ça, c'était avant.

Quelques jours après, la saison 2001-2002 commence et Monaco s'incline à domicile devant Sochaux. « Je n'étais pas là, et pas plus pour les autres matchs. Cinq rencontres et seulement deux petits points pris sur quinze possibles... C'était un désastre. En septembre, je me déplace à Monaco. Ils remportent leur première victoire contre Troyes et le soir, je dîne avec Didier. Sincèrement, il avait pris dix ans ! »

Il lui semble que tout lui tombe sur la tête. Les résultats, les dirigeants, les joueurs, même les supporters. Accueilli en sauveur trois mois plus tôt, il sera vite traité en calamité. Quelques mois et quelques résultats plus tard, des banderoles apparaissent qui réclament sa démission.

Abasourdi et ulcéré à la fois, le jeune entraîneur décide de retrouver les accents du capitaine glorieux qu'il fut : pas de quartier. À l'époque, on lui avait si souvent reproché – de chuchotis en confidences – d'avoir saqué la carrière internationale de stars comme Cantona et Ginola, et d'autres. D'anciens coéquipiers en club, et pas seulement Jean-Jacques Eydelie, lui vouent une rancune tenace.

1. Entretien avec l'auteur.

Cette première saison au sein du club monégasque est déplorable. Avec, pour seules excuses, les nombreuses blessures dont celle, très longue, de l'Argentin Gallardo, les remous qui agitent le club côté finances, et l'ambiance de jalousie qui encercle Deschamps. Monaco termine douzième du championnat après avoir approché de la relégation pendant une bonne partie de la saison.

Jeannot Werth peut se dire alors que le plus dur est passé. Son client a fait son apprentissage et découvert les mille et une petites perversités qui peuvent pourrir la vie d'un entraîneur de club. Comme il apprend vite de ses erreurs et des fautes commises à son égard, il est désormais vacciné.

Tout va pour le mieux, donc, sous le soleil de juin, tandis que se prépare la Coupe du monde 2002. Si ce n'est qu'un coup de téléphone va déchirer la belle sérénité d'un printemps prometteur : « Didier m'annonçait qu'il avait décidé de démissionner de son poste d'entraîneur. Le lendemain, Deschamps l'annonce à Campora, et, surprise, celui-ci accepte...

« Didier en était tout chamboulé, continue Jeannot Werth. Il n'avait sans doute pas prévu que ça se passerait comme ça. Le lendemain, Jean-Louis Campora m'appelle et me demande de venir à Monaco pour que l'on règle les modalités de départ de mon client. Là-dessus, Didier m'appelle à son tour pour me dire que, tout bien réfléchi, il a décidé de rester ! "On va changer de stratégie, après tout j'ai un contrat, ce n'est pas à moi de le rompre."

« Je suis donc allé à Monaco pour rencontrer le président et essayer de mettre en place une nouvelle forme de collaboration entre le club et Deschamps, qui voulait un peu plus de responsabilités. Campora a bien senti qu'il fallait un peu de patience avant de juger son jeune entraîneur. »

Cela ne l'avait pas empêché d'annoncer déjà dans la presse qu'il était démissionnaire. Surtout, s'il donne un peu plus de responsabilités à Deschamps, Campora le fait « seconder » par deux figures historiques du club, Jean-Luc Ettori et Jean Petit. Plus question de se recroqueviller sur lui-même.

Effectivement, c'est de patience qu'il fallait s'armer et ce qu'il était présomptueux de promettre en un an, Deschamps va tout simplement le faire en deux. En 2002-2003, après un départ hésitant, les Monégasques finissent deuxièmes du championnat et s'offrent la Coupe de la Ligue au Stade de France, devant 80 000 spectateurs. Shabani Nonda termine meilleur buteur du championnat, Jérôme Rothen meilleur passeur, et de nombreux jeunes tels que Givet, Squillaci et Évra sont envisagés comme le possible futur de l'équipe de France.

Voilà trois ans que l'AS Monaco n'avait plus remporté de compétition. Cette deuxième place, surtout, la propulse en Ligue des champions.

Deschamps a enfin mis sa patte sur l'équipe, très aidé par Jeannot Werth, qui s'investit dans le club au point de négliger son activité d'agent.

Le 30 juin 2003, Jean-Louis Campora quitte la présidence du club, remplacé pour un an par Pierre Svara, qui est aussi membre du conseil d'administration depuis 2003. Les problèmes financiers qui minent le club ont eu raison du président historique. Avec cette passation de pouvoir, l'Association sportive de Monaco Football Club entre dans une nouvelle ère... et une belle pagaille[2].

Sur le terrain, en ce début de saison 2003-2004, l'équipe atteint son meilleur niveau. Les hommes de Deschamps occupent la première place du championnat et se qualifient, non sans efforts, pour les huitièmes de finale de la Ligue des champions, renversant sur leur passage des adversaires de taille tels que l'AEK Athènes, le PSV Eindhoven et le Deportivo La Corogne. Ce n'est que le début de leurs exploits européens, qu'ils vont finir par payer en championnat. Après avoir été premiers pendant les trois quarts de la compétition ils finissent, épuisés, à la troisième place.

En Ligue des champions ils deviennent les héros d'une véritable épopée, livrant des matchs incroyables, multipliant les exploits en éliminant des géants tels que le Real Madrid ou encore Chelsea, pour atteindre la finale.

Le soir du 26 mai 2004, pour une fois à bout d'arguments, ils s'inclinent devant un FC Porto intraitable.

Après avoir réalisé ce que l'on ne croyait plus possible pour un club français, ils ont le droit à la fierté. Leur entraîneur, loué de toutes parts, ne retient que l'amertume de la défaite. Toujours sa haine de l'échec :

« Leur expérience a fait la différence. Avec la blessure de Giuly, tous nos plans d'attaque sont devenus plus compliqués. Et comme il y a eu plusieurs épisodes défavorables, notamment trois ou quatre hors-jeu sifflés injustement contre nous, ce match provoque en moi une énorme déception. Cela restera quand même comme une très bonne saison. C'est quand

2. Un an après, Pastor, un des actionnaires puissants de l'ASM, remplace Svara, puis demande à Brianti de le suppléer, car il est très « fatigué »... Ce qui n'est pas du goût des deux autres actionnaires.

même dur de finir ainsi, sans le moindre titre. Mais ce n'est quand même pas la fin du monde. On n'a pas à rougir de notre parcours. »

Le conseil d'administration du club tombe alors d'accord pour lui proposer une prolongation de contrat allant de un à trois ans. Le président, Pierre Svara, affirme même à l'AFP :

« Il a été content de cette proposition, et dit qu'il se trouvait bien à Monaco. On est donc en négociation. Aujourd'hui, il y a 95 % de chances qu'il reste au moins jusqu'à la fin de la saison prochaine et beaucoup de chances qu'il prolonge son contrat. »

Jeannot Werth ne comprend pas pourquoi Deschamps se prête à cette histoire de prolongation de contrat alors qu'il n'a plus qu'un an à effectuer. On ne lui a pas doublé son salaire, loin de là, et il aurait été utile qu'il soit libre, un an plus tard, pour que son agent puisse lui négocier un nouveau contrat, très avantageux. « Avec la réputation d'entraîneur qu'il s'était construite en Europe, il pouvait envisager d'aller un peu partout. Au lieu de ça, il en a repris pour deux ans de plus. Sans raison. »

Quelques mois plus tard, les Monégasques, rapidement éliminés en Ligue des champions, largués en championnat, ne sont plus que l'ombre de l'équipe triomphante de la saison passée.

Le club est en proie à des dissensions qui virent au déchirement, les difficultés financières s'accumulent, les dirigeants se tapent les uns sur les autres, les meilleurs joueurs sont vendus pour remplir les caisses, ce qui est insupportable pour un entraîneur toujours à la recherche du mieux. Soutenu par les joueurs, Deschamps entre en conflit avec le président, Pastor, coupable d'un recrutement médiocre.

Un an après avoir signé une prolongation de contrat, il choisit d'aller au clash. Le 12 septembre, dans une conférence de presse qu'il a lui-même convoquée, le coach déclare que « Monaco n'est pas un grand club ».

Une sortie qui, si elle passe mal auprès des supporters rouge et blanc, est surtout comprise comme une déclaration de guerre à ses dirigeants. Il est certain que le point de non-retour a été atteint.

Encore quelques jours et Deschamps remet officiellement sa démission à Pastor. Celui-ci, comme Campora en son temps, l'accepte. Cette fois, l'entraîneur ne la reprendra pas.

Pour la première fois de sa vie, Didier Deschamps se retrouve sans projet. Quelque peu écorné par ses joutes monégasques – celles des coulisses – il prend le temps de se recomposer. Ce dont il souffre le plus, c'est sans doute d'avoir vu se dégrader son image de vainqueur lumineux.

Plus grave, il est accusé d'avoir fait exploser l'AS Monaco, laquelle a consommé trois présidents en trois ans et s'est retrouvée en état de guerre interne permanente jusqu'à son départ.

Bien sûr, ce serait très abusif de lui faire porter la responsabilité de tout. Il n'est pas coupable des dérives financières de l'ASM, et pas plus de sa politique incohérente. Mais son souci obsessionnel de tout contrôler, sa manière de monter parfois les uns contre les autres, de se retirer dans sa tour de verre, seulement entouré de ses fidèles, ont fait des dégâts.

Quand il est parti, le cœur en fuite, il a abandonné pas mal de débris derrière lui. Il a aussi oublié sa promesse à Jean Petit de l'emmener avec lui quand il quitterait le club.

Il est vrai que, pour l'heure, il ne va nulle part, si ce n'est dans sa maison de Cap-d'Ail où il retrouve à plein temps sa femme et son fils. C'est bien, mais il ne faudrait pas que cela dure trop.

Pendant quelques mois, il va meubler ses heures en collaborant à Canal + et RMC, comme consultant. Une expérience comme une autre, qui permet de garder le contact avec le football. C'est tout. Ce n'est ni son métier ni sa vie. Insensiblement, le temps s'enfuit et il commence à compter les jours, comme pour se persuader qu'ils ont compté. C'est alors que Didier va retomber dans les bras d'une Vieille Dame qu'il avait passionnément aimée. Même si leur histoire avait connu beaucoup de tourments sur la fin, il s'était persuadé de la retrouver un jour.

En ce début d'été 2006, on la savait malheureuse, en disgrâce et rejetée par ses anciens admirateurs. C'était plus qu'il n'en fallait pour le voir accourir à sa rescousse.

Le 10 juillet 2006, Deschamps devient officiellement et pour deux ans le nouvel entraîneur de la Juventus. Sept ans après avoir rendu son maillot *bianconero*, il se sent prêt à voler à son secours.

Il y va sans calcul, sans assurer ses arrières. S'il estime qu'en agissant ainsi il s'acquitte d'une dette envers le club qui lui a beaucoup donné, il ne sera pas payé de reconnaissance – c'est le moins que l'on puisse dire – un an plus tard.

Il retrouve en effet son club comme il l'avait quitté sept ans plus tôt : embourbé dans un scandale qui remet en cause la légitimité des titres obtenus, et sérieusement ciblé par les magistrats.

Le bilan est lourd pour les *bianconeri*. Quelques années plus tôt, dans le cadre de l'affaire de dopage, le club avait pu profiter d'un vide juridique pour passer entre les mailles du filet. Pas cette fois.

Plusieurs autres clubs sont impliqués dans cette affaire de matchs truqués, la Lazio de Rome, la Fiorentina, le Milan AC, la Reggina, qui seront eux aussi punis. Mais ces sanctions sont sans commune mesure avec celles infligées à la Juve.

Le 14 juillet 2006, soit quatre jours après l'arrivée de Deschamps, le tribunal sportif rend son verdict : une relégation en série B, 30 points de pénalité pour commencer la nouvelle saison, et le retrait des deux derniers *scudetti* (2004-2005, 2005-2006).

Tous les clubs font appel et obtiennent une diminution de leur peine. La Juve n'écope plus « que » de 17 points de pénalité.

Puis en octobre 2006 et à la stupeur générale, la cour arbitrale du Comité olympique italien décide de réduire à nouveau les sanctions sportives infligées aux différents clubs. La Juventus n'a plus que 9 points de pénalité mais reste reléguée en série B.

Deschamps récupère la direction d'une équipe déchue, déshonorée et dépossédée de plusieurs cadres, parmi lesquels Zambrotta, Thuram, Cannavaro, Ibrahimović et Vieira. La moitié de l'équipe.

À la décharge des partants, il faut dire que tous n'ont pas pris la décision le cœur léger. Les dirigeants ont souhaité ces départs parce qu'ils savaient ne plus pouvoir assurer leur salaire. La Juve, évoluant au moins un an en série B, privée de Coupe d'Europe pendant au moins deux saisons, verrait ses recettes réduites à peu de chose. Au moins, vendre une partie de ses stars permettrait des rentrées d'argent.

D'autant que Gianluigi Buffon, Alessandro Del Piero ou encore David Trezeguet et Pavel Nedved restaient au chevet de la Vieille Dame, ce qui était rassurant d'un point de vue sportif, pas financier.

Dès son arrivée, Deschamps, qui ne se préoccupe pas beaucoup de son salaire, s'emploie à envisager l'avenir.

Il aurait sans doute dû exiger de ses dirigeants de prévoir un rendez-vous un an plus tard, pour que son contrat soit révisé et son salaire largement augmenté, en cas de remontée immédiate en série A. Son agent négocie une belle prime en cas de remontée directe en série A, et voilà.

Plutôt que de discuter pour avoir un salaire conforme à son statut et au standing du club, il préfère s'occuper de bâtir une équipe performante pour la saison qui vient, et convaincre les dirigeants qu'ils ne doivent pas poursuivre la grande lessive. Pari gagné : à partir du moment où il prend ses fonctions, plus aucun joueur ne part.

Ce n'est pas par pur altruisme qu'il a négligé son propre cas. Sa nature l'a conduit à construire en priorité une bonne équipe qui lui permettra d'obtenir des succès, de renforcer sa réputation naissante de jeune entraîneur brillant. Il n'a que 38 ans et ne croit pas qu'on réussit à gagner des titres en cherchant à gagner de l'argent. Or, ce qu'il veut, c'est se créer un palmarès, réussir à tout gagner, comme lorsqu'il était joueur. L'argent viendra bien assez tôt.

C'est une philosophie, sans doute. Ce n'est en rien une stratégie.

De plus, il fait confiance à Jean-Claude Blanc, le Français qui administre la Juventus et prend de plus en plus de pouvoir. Il se dit que le nouvel homme fort du club a un salaire plus élevé que celui de l'entraîneur. Ça ne choque pas l'entraîneur... à moins qu'il n'y croie pas. Ici, il semble que tout le monde a compris qu'il serait venu à genoux à la Juventus, et que l'on en a bien profité.

Un an plus tard, il constatera que la vie ne vous rend pas toujours vos sourires. Et que l'audace n'est pas toujours récompensée.

Car, cette fois, le pari est risqué. S'il échoue, que sa Juve reste une deuxième saison de suite en série B, il sait ce qui l'attend : le licenciement et la perte de confiance de tout le milieu du football. Il ne sera désormais plus, aux yeux des plus grands dirigeants de clubs européens, que l'entraîneur qui a échoué avec une équipe largement au-dessus du lot. Fin de la belle histoire, née à Monaco trois ans plus tôt.

Donc, le risque est là, dévorant et envoûtant. À lui de faire avec.

Il lui faut déjà panser les plaies, fédérer ses joueurs, les remotiver autour de la Juve (immortelle, comme de bien entendu), dont il convient de laver à grandes eaux l'honneur et les armoiries.

Tout de suite, il utilise son charisme de leader naturel, cette formidable aptitude à mener les hommes, dont il faisait déjà preuve en tant que joueur et capitaine et qui a continué à le servir en tant qu'entraîneur à Monaco.

D'ailleurs, à la Juventus comme à Monaco, Deschamps se retrouve dans la délicate situation du jeune entraîneur dont une partie des joueurs sont aussi d'anciens coéquipiers. Une difficulté de plus à gérer.

Délicate sera également cette saison, avec pour seul objectif la remontée en série A. Une année de purgatoire difficile pour la Juventus, habituée aux grandes rencontres, aux grands stades pleins à craquer, et aux équipes prestigieuses. Elle est désormais livrée aux appétits d'adversaires certes d'un niveau inférieur, mais transcendés par la fierté d'affronter l'ogre et l'envie de faire un bon résultat. Et ils y mettent les moyens. Physiques, cela va de soi. La Vieille Dame se fait bousculer, agresser, violenter parfois.

Chaque match est une véritable bataille. Deschamps doit façonner un mental d'acier à cette équipe tout juste reconstituée. Les joueurs doivent résister à tout et oublier parfois qu'ils sont d'abord des footballeurs pour s'affirmer comme des combattants.

À la fin de la saison, le 19 mai 2007, après un dernier match remporté 5-1 sur le terrain de l'Arezzo, Deschamps a gagné son pari : la Juve est assurée de remonter en série A. Les tifosi, tout à leur joie, se projettent déjà sur la prochaine saison, celle du retour et de la revanche, avec une seule idée en tête : remporter très vite le titre de champion d'Italie.

Les malheureux ne savent pas ce qui se trame en coulisses depuis plusieurs semaines. Les couteaux sont sortis et il va y avoir du sang sur les murs.

Les dirigeants ont bien tenté de le cacher. Le secret n'a pas été gardé très longtemps : Deschamps, l'entraîneur comblé par cette remontée nette et sans bavures, ne serait pas si heureux à Turin, au point qu'il songe à partir.

Tout le monde dément, et quand tout le monde dément, c'est mauvais signe. Peu à peu, les langues se délient. Déjà, il apparaît que le recrutement souhaité par l'entraîneur paraît ambitieux à ses dirigeants. Il va falloir assumer une nouvelle saison sans Coupe d'Europe, donc attention aux dépenses trop importantes. Deschamps, lui, ne se voit pas végéter en milieu de tableau de la série A avec un effectif qui manque de carrure. Il veut jouer les premiers rôles tout de suite, en tout cas livrer la bataille pour la qualification en Ligue des champions. Et pour cela, il faut se renforcer. D'ailleurs, ironise-t-il, à quoi bon se lamenter sur la perte des recettes générées par la Ligue des champions si nous ne nous donnons pas les moyens de la retrouver le plus tôt possible !

Comme souvent avec Deschamps, l'argument est incontestable, et frappé au coin du bon sens. Il porte en partie, mais très vite, les uns et les autres devront reconnaître que le problème ne tient pas au recrutement.

On sent l'entraîneur mal à l'aise, pas très heureux alors que tout lui sourit, certains le jugent même déprimé. D'autres affirment qu'il était à peu près dans le même état lors de sa dernière année à Monaco... Ça promet.

À l'origine du malaise, les relations très tendues que le Français entretiendrait avec le directeur sportif, Alessio Secco[3].

Entre les deux hommes, des divergences concernant la stratégie à adopter en matière de transferts, des désaccords qui sont de notoriété publique et qui ont fini par nourrir la rumeur. Le malaise et l'incertitude quant à la présence de l'entraîneur pour la saison prochaine gagnent peu à peu les tifosi qui lui sont infiniment reconnaissants, et n'hésitent plus à critiquer l'équipe dirigeante, notamment Alessio Secco.

Le 9 mai, Jean-Claude Blanc, directeur général du club et soucieux de faire taire les rumeurs, se fend auprès de l'AFP d'un communiqué qui se veut rassurant :

« Du fait de ses grandes qualités humaines et professionnelles, de ses qualités de formateur, de sa jeunesse, c'était

---

3. On notera qu'à Marseille, trois ans après, ce sera avec un autre directeur sportif, José Anigo. Et pour des raisons à peu près similaires.

un choix délibéré de s'engager sur la durée avec lui. Il faudra résister aux mauvaises passes, mais la stabilité est le meilleur garant de la régularité et de la progression. »

En cette fin de saison sous haute tension, il devient évident que les jours à venir vont être décisifs. La presse italienne spécule : Secco, qui militerait activement pour un retour de Marcello Lippi à la place du Français, est-il à l'origine du malaise ? Ou s'agit-il d'une stratégie de Deschamps consistant à mettre la pression sur les dirigeants, à imposer sa vision en matière de transferts et à s'assurer d'obtenir une équipe très compétitive ?

En l'absence d'une prise de position du principal intéressé, il est de plus en plus ardu de savoir à quoi s'en tenir.

On a surtout la sensation que chacun fourbit ses armes.

C'est le clan Deschamps qui, à la surprise générale, tire le premier. Et d'une manière très inattendue.

Le 15 mai 2007, son agent, Jeannot Werth, publie dans les colonnes de *France Football* un long article pour évoquer clairement la position de son client et ses désirs pour l'avenir.

Du jamais-vu.

Le contenu est aussi détonant que la forme. Jeannot Werth semble accréditer la rumeur de malaise et laisse planer le spectre d'un départ de l'entraîneur français :

« *Il y a un manque de reconnaissance de son travail. On ne sent pas une confiance totale. Quel avenir le club envisage-t-il avec lui ? Quel est le projet économique et sportif ? Nous n'avons pas de réponses à ces questions. Si la Juventus souhaite continuer avec Didier Deschamps, cela doit passer par un renforcement de son statut, à la fois sur le plan contractuel et sur la définition de son champ d'intervention.*[4] »

Les mots sont choisis mais le message semble clair : en dépit des succès qu'il rencontre avec les *bianconeri*, le Français ne serait pas totalement épanoui au sein du club, pas reconnu à sa juste valeur. Et si ça ne change pas, la Juventus devra se passer de ses services.

L'Équipe, de son côté, pointe les désaccords en matière de recrutement comme étant le principal point de rupture entre les dirigeants turinois et Deschamps. Et précise que la plus grande part du malaise est due aux relations exécrables avec le directeur sportif, Secco. Pas seulement pour ce qui concerne le recrutement.

Secco argumente et nie toute dissension avec l'entraîneur : « Lorsque j'entends parler de divergences de vue entre Deschamps et moi, cela me fait rigoler. C'est moi qui ai conduit les négociations pour amener Deschamps à la Juventus. »

C'est possible, comme il est possible qu'en un an les relations entre deux hommes puissent changer.

Du côté de la direction, on cherche à calmer les choses, sans toutefois démentir de façon catégorique qu'il y a problème. Désormais, le malaise Deschamps s'étend à tout le club. Les rumeurs succèdent aux rumeurs et il devient difficile d'éteindre les divers départs de feu.

Entre autres, persiste l'idée que Secco travaille à faire revenir à la Juve Marcello Lippi, ancien entraîneur emblématique du club, devenu entre-temps sélectionneur champion du monde avec l'Italie, et qui souhaiterait redevenir entraîneur.

4. France Football, 15 mai 2007.

Pourrait-il remplacer Deschamps ?

L'idée paraît suffisamment sulfureuse pour que Jean-Claude Blanc, l'administrateur omniprésent, mué en pompier de luxe, vienne une fois de plus tenter d'éteindre le début d'incendie en s'exprimant dans les colonnes de *L'Équipe* :

« Je certifie que Marcello Lippi ne reviendra pas à la Juve, ni comme entraîneur, ni comme directeur technique [...]. Je peux vous affirmer, vous assurer, avec sérénité, tranquillité, que Didier Deschamps sera encore l'entraîneur de la Juventus la saison prochaine [...]. Notre objectif, c'est de revenir au sommet de l'Europe. Avec Didier aux commandes de l'équipe. »

Il ajoute, comme un rappel à l'ordre destiné cette fois à son compatriote : « Didier a un contrat jusqu'en 2008. Le respect d'un contrat vaut tout autant pour un entraîneur que pour un joueur. »

Le problème avec Jean-Claude Blanc, c'est qu'il y a ce qu'il dit et ce qu'il fait. Ou laisse faire. Entre ses superbes déclarations très autoritaires et ses actes, suffisamment flous pour laisser planer le doute, personne ne s'y retrouve.

Toujours est-il que chaque déclaration pèse désormais trois tonnes et permet d'éclairer un peu mieux l'intrigue en train de se nouer. Ainsi que la manière dont s'organise la distribution des rôles.

Deschamps est dans sa partie. Celle qu'on le verra jouer plus tard à l'OM : le talentueux entraîneur capable de fédérer une équipe autour de sa personne, moissonnant les succès sur le terrain, mais empreint d'une profonde défiance à l'égard des cols blancs, ces dirigeants qui ne le reconnaissent pas à sa juste valeur.

À cet instant de l'histoire, il se confirme qu'il est décidément un homme de conflits. À tort ou à raison. Pas forcément qu'il les provoque... En tout cas, il ne les évite pas. Jamais.

Alessio Secco est le personnage antagoniste. L'adversaire, au sens biblique du terme, c'est-à-dire le diable. En d'autres temps, José Anigo reprendra le rôle. Jean-Claude Blanc – comme le fera Vincent Labrune à Marseille – arbitre les passes d'armes. Avec la même inconsistance.

Un absent de marque fait même un retour occulte. Luca Moggi, le dirigeant par lequel le scandale est arrivé. L'homme qui achetait des arbitres et des matchs, auquel la Juventus doit sa descente aux enfers. Il a été interdit d'exercer et n'est plus censé avoir le moindre contact avec son ancien club. Ça ne l'empêche pas d'interférer en secret, et d'apporter ses bons conseils. En témoigne une conversation téléphonique avec Alessio Secco dont la presse italienne fait ses choux gras. Autoritaire, il invite Secco à tenir un discours plus favorable à Deschamps pour que l'entraîneur ne laisse pas tomber le club[5].

5. Conversation du 10 avril 2007 :
Moggi : Tu m'entends ? Tu dois faire quelque chose maintenant.
Secco : Oui, quoi ?
Moggi : Tu dois dire que toutes les critiques lancées envers Deschamps sont absurdes. Nous sommes premiers au classement et avons eu beaucoup de blessés.
Secco : Entendu.
Moggi : L'entraîneur fait de bonnes choses, il reste avec nous. Il a pratiquement la confiance de tous les joueurs. Toute cette histoire est fausse, tu le sais.
Secco : Oui.
Moggi : Tu ajoutes qu'ils veulent juste nous créer des problèmes.
Secco : D'accord.
Moggi : Tu le fais, car c'est le plus important, entendu ?
Secco : Oui, oui, j'ai compris.

Ce qui va justement dans le sens de ce que veut Jean-Claude Blanc, lequel a rendu son arbitrage que – pour un temps – Deschamps ne conteste pas.

« J'ai un contrat avec la Juve jusqu'en 2008. Les contrats sont faits pour être respectés. Je respecte énormément la Juve. On verra. Ce que je peux dire, c'est que ma famille se plaît à Turin, que je n'ai pas eu de contact avec l'Olympique lyonnais. Je souhaite entraîner la Juve en série A, mais avec un groupe très compétitif. »

Il désavoue ainsi son agent et les déclarations qu'il a pu faire, sans que quiconque imagine un instant que Jeannot Werth ait décidé tout seul, sans en référer à son client, d'écrire un article qui engageait inexorablement son avenir.

La trêve ne durera qu'une dizaine de jours. Le 25 mai, la chaîne de télé italienne Sky Tg24, annonce, sans citer ses sources, le départ de Didier Deschamps qui aurait « démissionné après une réunion houleuse avec les dirigeants ».

Le lendemain, *La Stampa*, le quotidien du groupe Fiat qui est, comme la Juve, une propriété de la famille Agnelli, relaie l'information et indique que l'entraîneur français aurait choisi de partir, du fait de ses mauvaises relations avec le directeur sportif du club, Alessio Secco.

Cette fois, les choses sont claires, pense-t-on. Il n'y a plus beaucoup de mystère…

On se trompe, car, immédiatement, le club dément l'information par le biais d'un communiqué publié sur son site officiel :

« La Juventus n'a reçu aucune communication d'une démission de la part de Didier Deschamps, indique le club. L'entraîneur sera donc, comme prévu, sur le banc lors du match de ce jour, contre Mantoue. L'administrateur délégué Jean-Claude Blanc poursuivra les discussions déjà commencées au cours de la semaine pour clarifier rapidement la situation avec l'intéressé. »

Vrai ou pas, le départ éventuel de Deschamps relance l'hypothèse de son arrivée à l'Olympique lyonnais. Une hypothèse renforcée par le fait que, la veille, le club français, sextuple champion de France, a officiellement annoncé le départ de son entraîneur, Gérard Houllier.

Ce même jour, les *bianconeri* affrontent donc Mantoue pour le titre de série B, un match qu'ils remportent 2-0.

Deschamps a pris place sur son banc d'entraîneur pour assister à la rencontre. Fidèle à ce qu'avait annoncé Jean-Claude Blanc. Mais, fait étrange, pour la première fois de la saison il ne s'exprime pas à la conférence d'après-match et ne répond pas non plus à la chaîne qui diffuse la série B.

Ensuite, les choses s'accélèrent puisque, par l'intermédiaire de Giovanni Cobolli Gigli, la direction du club fait savoir à l'agence Ansa qu'elle ne retiendra pas Deschamps.

Chronique d'un départ pas franchement annoncé, mais bien réel, ce même soir, la direction du club diffuse un communiqué qui officialise l'événement :

« L'entraîneur et le club, constatant que les conditions ne sont plus réunies pour des rapports procurant une satisfaction réciproque, ont donc décidé de séparer leurs routes de manière amicale. »

Ah, l'amitié ! Quoi de plus beau, de plus fort ?

Cette fois, le divorce, en toute amitié, est consommé entre le Français et la Vieille Dame.

Didier Deschamps a 38 ans, c'est un jeune et talentueux entraîneur et il est à nouveau disponible. Une bonne nouvelle pour ces clubs comme l'Olympique lyonnais qui lorgnent sur les services du technicien.

Arrivé sur un coup de cœur à l'été 2006, il en repartait sur un coup de tête un an plus tard. Pour quelle raison ? Les coups de tête ont ceci de commun avec les coups de cœur qu'ils ne s'expliquent pas toujours et que pour la plupart ils échappent à la raison.

Chapitre 19

La solitude est un cercueil de verre (2007-2008)

C'est extrêmement pénible de se sentir à la fois vivant et seul.

Peter HANDKE

Lorsqu'il quitte la Juve, le 26 mai 2007, Didier Deschamps est enfin libre, à moins qu'il ne soit déjà seul. C'est selon.

La raison voudrait qu'il prenne une année sabbatique, histoire de se reposer et de recharger ses accus, et non qu'il cherche à retrouver tout de suite un club. La suite montrera qu'après son épuisante saison à la Juve il a peut-être la volonté de retrouver un club mais n'a pas, à ce moment, la capacité physiologique, psychique et émotionnelle pour se lancer dans un nouveau défi.

Il ne doit pas, il ne peut pas, mais voilà, Deschamps n'aime pas rester sur un échec. Ce mot résonne à lui seul dans sa tête comme une insulte.

La fin de son histoire avec la Juve est un échec d'autant plus marquant que ses dirigeants ont habilement forcé sa décision en lui manquant de respect, juge-t-il.

Certes, c'est lui qui est parti, sans un sou d'indemnités, alors qu'il lui restait un an de contrat. Mais il n'imaginait pas d'autre solution.

On lui devait au moins de la reconnaissance, et il n'en a pas vu poindre. C'est toujours chez lui la même somme d'émotions diverses et convergentes qui tendent à la même conclusion : on m'a manqué. On ne m'a pas offert ce à quoi j'avais droit. Et le pire, c'est que lorsque j'ai mis mon départ dans la balance, personne ne m'a retenu ! Manque de respect. Ingratitude.

Plus qu'une plainte en bonne et due forme, c'est un constat. Amer.

C'est ce qui explique sans doute que, plus qu'à se reposer, il pense, semble-t-il, à reprendre un club très vite. Quand on tombe de cheval… C'est ce que tout le monde doit croire, lui le premier.

D'ailleurs, s'il n'y avait pas pensé, d'autres l'auraient fait pour lui.

Quelques semaines avant que son divorce avec la Vieille Dame soit officiellement annoncé, les rumeurs de son départ s'accompagnent déjà de pronostics quant à la suite de sa carrière. On le voit notamment comme le successeur idéal de Gérard Houllier à l'Olympique lyonnais, lequel vient de remporter son sixième titre de champion de France consécutif. De quoi attirer un jeune entraîneur ambitieux.

Libéré de ses engagements à Turin, Deschamps, contre toute attente, n'est pas choisi par Jean-Michel Aulas, qui installe pour deux saisons Alain Perrin aux commandes de son équipe.

Pourquoi avoir laissé passer cette occasion ? Comment Aulas a-t-il pu changer d'avis ?

Les commentaires vont bon train mais le choix reste hermétique, c'est ce qui arrive lorsque les commentateurs manquent d'informations. Pour tout le monde, à l'époque, c'est Aulas qui a renoncé à Deschamps. Le contraire n'est même pas envisagé.

Et d'avancer l'hypothèse que le jeune entraîneur s'est grillé en quelques années. Malgré ses bons résultats, il a commencé à se faire une (mauvaise) réputation dans le milieu.

À Turin, comme à Monaco, les choses se sont mal terminées, et comment ne pas remarquer que sa manière de partir brutalement en cours de contrat indique, au mieux, une forme d'instabilité.

Selon Jeannot Werth, son incontournable agent depuis 1989, si Deschamps n'est pas allé alors à l'OL, c'est de son fait[1] : « Avec le départ de Gérard Houllier, Jean-Michel Aulas était coincé. Il lui fallait trouver un très bon entraîneur, digne de son club qui venait de remporter son sixième titre consécutif de champion de France. Didier Deschamps, libre de tout contrat, était bien sûr un choix idéal[2]. » La vérité, c'est que cette place dont il laissera entendre un an plus tard

1. Entretien avec l'auteur.

2. Jeannot Werth : « Le même Aulas avait déjà tenté d'enrôler Didier en juin 2005, alors qu'il était en fin de contrat avec Monaco. Il m'avait approché et j'avais soumis l'idée d'une rencontre à mon client. Réponse : "Je suis bien à Monaco, qu'est-ce que j'irais faire à Lyon ?" En septembre de la même année, il décidait de quitter la principauté, brutalement, et il enchaînait avec un break de dix mois, le premier de sa carrière d'entraîneur... » (entretien avec l'auteur).

qu'elle est la sienne… il n'en veut pas vraiment. Après cette année éprouvante à la Juve, il est dans le même état qu'après ses trois ans et demi à Monaco. Carbonisé.

Comme après Monaco et comme ce sera le cas après Marseille, il a pris sur la fin, au moment où ça se passait mal, une dizaine de kilos, qu'il va perdre, chaque fois, dans une cure coûteuse mais efficace en Italie.

Puis il revient aminci, apparemment en pleine forme et prêt pour de nouvelles aventures.

Au désespoir de son agent, il refuse pourtant tout ce qui se présente. « Nous avions des propositions de partout, Bordeaux, Saint-Étienne, Lens, Lyon… rien que pour la France. Il y avait aussi l'Allemagne, l'Angleterre avec Manchester City… À chaque fois, il trouvait un prétexte pour refuser. Il ne voulait pas aller à Manchester parce qu'il n'y avait pas d'école française pour son fils, en Allemagne parce qu'il refusait d'apprendre une nouvelle langue, quant aux clubs français… il a fini par accepter de rencontrer Gervais Martel, le président de Lens, sans conviction, parce que j'avais insisté, mais il ne s'y voyait pas, et pas plus à Saint-Étienne. Je crois qu'il ne se voyait nulle part ailleurs que dans sa maison de Cap-d'Ail. Sans doute pour des raisons familiales. »

Là-bas, sur la Côte d'Azur, la vie est si douce et la mer si belle. Le président de l'Olympique lyonnais et son glorieux palmarès n'ont donc pas eu plus de succès.

« C'était très dur pour moi, enchaîne Jeannot Werth. Comment travailler avec un client qui, lui, n'a pas envie de travailler ? On prend des contacts, on voit les gens, on étudie leurs demandes, les avantages et les inconvénients et puis, au

dernier moment, rien ne se fait. Votre client n'a pas envie[3]...
» Cette trouble période marque une manière d'éloignement, décidé – inconsciemment ? – par Didier Deschamps. Pas à l'égard d'une personne ou d'un club. Il semble s'éloigner de tout le monde, et même de son milieu naturel.

Insensiblement, il se coupe de tous. Déjà, il a marqué les esprits en filant de la Juventus un peu comme il l'avait fait à Monaco. En alimentant des polémiques, un climat de tension, et en laissant chaque fois son club en crise morale, entre tiraillements et rancœurs.

Dans sa maison de Cap-d'Ail, entouré de sa femme et de son fils, il laisse couler les jours, comme en proie à une douce léthargie.

Il lit, un peu, surtout des journaux. *L'Équipe*, bien sûr, mais la politique l'intéresse et il est à l'écoute de tout ce qui se passe.

Jeannot Werth, son agent, domicilié en Suisse, le voit rarement mais c'est sûr que Didier n'est pas demandeur...

À cette époque, il n'est demandeur de rien. Sa solitude, c'est surtout cela : la liberté de n'avoir plus rien à partager.

Avec qui parle-t-il? Sa femme? son fils? On a du mal à croire qu'avec eux il évoque régulièrement son avenir dans le football, sa stratégie – s'il en a une – pour revenir.

Jean-Pierre Bernès, son ami depuis longtemps, aujourd'hui agent de joueurs et d'entraîneurs, n'est jamais très loin, et pas seulement parce qu'il vit près de Marseille, à deux heures de Cap-d'Ail. Ils ne se sont jamais quittés, restent proches en tout, ça, on le découvrira plus tard.

3. Entretien avec l'auteur.

Avec Perrin aux commandes, l'OL va paradoxalement réaliser le seul doublé coupe-championnat de son histoire et vivre l'une des saisons les plus chaotiques depuis la création du club. Pour des raisons inhérentes au fonctionnement de l'entraîneur, et à son comportement jugé inapproprié, Alain Perrin, qui vient pourtant d'apporter à l'OL son septième titre de champion de France, est licencié à la fin de la saison. En douze mois, Didier Deschamps n'a pas beaucoup évolué pour ce qui concerne ses contacts avec des clubs. Il a passé des accords avec RMC et Canal + pour devenir consultant, mais ça ne fait pas une fin. Surtout dans son cas.

Quand il sent que l'aventure Perrin à Lyon est en train de s'achever, il force quelque peu sa nature pour faire, très finement, des appels du pied à Aulas.

Début mars 2008, sur les ondes de RMC et alors qu'on le questionne sur l'éventualité d'un départ de l'actuel entraîneur lyonnais, qui laisserait ainsi une place vacante, Deschamps commente :

« Qui ne serait pas intéressé ? J'ai eu quelques contacts lorsque j'ai démissionné de la Juventus, mais ça ne s'est pas fait en raison d'un problème de timing. Moi, je ne suis pas entraîneur pour entraîner, mais pour gagner. Il y a donc forcément plus de chances de jouer la gagne avec Lyon. »

Une déclaration très astucieuse qui, tout en donnant un peu plus de lumière au rendez-vous manqué de la saison dernière, laisse entendre que Perrin n'aurait été qu'un choix par défaut. Ce qu'il veut faire passer comme message, c'est qu'il a refusé Lyon – pour une question de mauvais timing (?) – et n'aura donc pas de mal à récupérer cette année une place qui lui revient de droit.

Mais Deschamps n'ira jamais entraîner l'OL. En tout cas jusqu'à une prochaine fois.

Il semble que Jean-Michel Aulas, deux fois éconduit, ait décidé de ne pas remettre ça. Il n'y aura pas de troisième avance. Ni de rencontre.

Les Lyonnais remportent le championnat en mai 2008 et Perrin est licencié le mois suivant, puis remplacé par Claude Puel.

À cette période, on parle également de l'intérêt que les Blues de Chelsea porteraient au technicien français. Mais la piste ne se concrétise pas et Deschamps doit bien se rendre à l'évidence, ses diverses volte-face et autres ruptures de contrat, son manque d'engouement ont fini par inquiéter le monde du football. Il apparaît talentueux, certes, volontaire et gagneur mais peut-on compter sur lui à long terme ? En un mot, est-il fiable ?

Globalement, la réponse doit être « non » puisque Deschamps, l'entraîneur qui montait irrésistiblement il y a encore un an, est confirmé… dans ses fonctions de consultant pour Canal + et de coanimateur radio avec Luis Fernandez dans l'émission *Luis attaque*, sur RMC. Pour ce qui est de son vrai métier, il est au chômage technique.

Quelque peu abasourdi et déprimé par cette situation qui se prolonge au-delà de ce qu'il envisageait, il découvre à quel point l'absence peut bouffer le présent.

Après une année d'inactivité – bien assez pour recharger les batteries – il sait qu'il ne peut pas se permettre de prolonger cette situation déstabilisante.

Sait-il, aussi, qu'il en a découragé plus d'un avec ses atermoiements, ses ruptures de contrat, ses départs précipités, ses récriminations récurrentes, son incapacité à travailler autrement qu'en cellule hermétique, entouré de *happy few* ?

Ce qui ne semblait pas irréversible à l'été 2007 paraît le condamner à l'été 2008 dans l'esprit des décideurs.

Plus que jamais la solitude est un cercueil de verre[4].

Il lui faut désormais attendre une sorte de catastrophe semblable à celle qui avait frappé la Juventus deux ans plus tôt pour espérer retrouver un poste digne de lui.

On ne peut pas dire que ce genre d'espérance soit très glorieux et indique une ambition démesurée. Mais il n'en est plus là…

De toute façon, côté clubs, c'est le calme plat. Et on sait que sa cote est à la baisse.

Durant l'été, il ne se passera rien, il lui faudra alors attendre l'automne, ou le début de l'hiver, quand les clubs qui ont le plus mal démarré commencent à licencier leurs entraîneurs.

Bien sûr, ce sont rarement les plus grosses cylindrées qui cherchent des solutions de secours, mais sait-on jamais…

Plongé dans son malaise, il veut espérer qu'un recours se présente au dernier moment.

En fait de recours, un petit miracle va se produire.

Après 2006, et la finale de Coupe du monde perdue, l'équipe de France n'a cessé de s'enfoncer dans l'à-peu-près d'abord puis dans la contestation permanente de certains joueurs et enfin dans la médiocrité.

À l'Euro 2008, les résultats terrifiants (un nul contre la Roumanie, deux défaites cinglantes face à l'Italie et aux Pays-Bas) l'ont éliminée dès les phases de poules.

---

4. *La solitude est un cercueil de verre* est le titre d'un roman de Ray Bradbury publié en France en 1969 (éditions Albin Michel).

C'est la crise et on sent que quelque chose va se passer. Un changement de sélectionneur par exemple

Jusque-là, Didier Deschamps n'a rien dit. Puis il n'a pas dit grand-chose. Il est adroit, dans ce genre de situation. Ne pas trop en faire, ne pas trop en dire. Il sait que la place de sélectionneur lui tend les bras puisque, bien sûr, Domenech ne restera pas. Il ne peut pas rester. D'ailleurs, si lui-même s'était retrouvé dans une telle posture, il serait parti depuis bien longtemps.

Il ne s'avance pas trop mais laisse passer l'information capitale : si Domenech était démis – et comment imaginer que ce ne soit pas le cas ? –, il ne voit pas qui d'autre que lui pourrait le remplacer.

Tout cela coule de source et l'idée fait son chemin, dans la presse, dans le public, dans le milieu du football. C'était une évidence, ça devient une vérité. Il suffit de ne pas faire d'erreur.

Les jours passent, tout est en place, pourtant rien ne se décide. Domenech est toujours là.

Le 3 juillet 2008 se tient le huis clos du conseil fédéral. Domenech, sommé de s'expliquer sur l'échec de l'Euro, donne sa version, puis réaffirme sa volonté de poursuivre sa mission à la tête de l'équipe de France, avant de s'éclipser pour laisser ses juges deviser de son devenir et de celui des Bleus.

À la surprise générale, il est reconduit dans ses fonctions et cette décision est approuvée presque à l'unanimité avec dix-huit voix pour une seule abstention. Personne n'a voté contre son maintien !

Décidément, dans la vie, tout peut arriver. Et parfois rien.

Si Deschamps avait espéré très fort, c'était en vain.

En cet été 2008, il a la tête lourde et le moral en berne.

À l'horizon, c'est le désert. Avec son client réfugié dans sa maison de Cap-d'Ail, sur la Côte d'Azur, et qui ne semble pas vouloir en sortir, ni de son autarcie, Jeannot Werth pourrait désespérer. Il n'en est rien. Il y croit encore.

Chapitre 20

Deschamps version Jeannot Werth[1]

Chacune de nos vies inassouvies, vois-tu,
Pend flasque, rapiécée, décousue.
Nous n'avons eu ni soupirs profonds, ni rires libres,
Ni faims, festins, désespoirs – ni bonheur.

Robert BROWNING

Un jour, José Anigo, qui « collaborait » depuis trois mois avec Didier, à l'OM, m'a dit : « Comment tu as fait pour passer vingt ans avec lui ? »...

J'ai souri, j'ai même dû rire, je crois. Au fond de moi j'étais un peu triste. C'était vers la fin de l'année 2009. Nous étions séparés depuis un an et nous ne nous étions plus parlé depuis. Plus aucun contact. Rien.

J'ai ri légèrement, parce que c'était vrai. Et ça m'a rendu triste, pour la même raison.

Celui dont José Anigo me parlait était un étranger familier. Je veux dire par là que José évoquait le Didier Deschamps que

1. Entretiens avec l'auteur réalisés les 8 mars, 13 avril et 17 septembre 2013. Toutes les autres citations de Jeannot Werth dans le livre sont issues de ces entretiens.

je connaissais bien, et qu'en même temps, ce Deschamps était devenu un étranger pour moi. Depuis plusieurs années.

J'ai aimé spontanément le jeune homme de 21 ans dont je suis devenu l'agent au début de l'année 1989. Il était ambitieux, mais clair dans sa tête. Je crois qu'il s'est senti en confiance avec moi et c'était réciproque. Il jouait à Nantes, alors, et nous avons entamé rapidement une relation sereine. Quand j'allais le voir, je descendais chez lui, je partageais les repas du couple. Tout était en harmonie. Quand s'est organisé son transfert à Marseille, à l'automne, il a apprécié la façon dont j'ai défendu ses intérêts. Jeune et innocent, il a compris, à l'arrivée, que si je n'avais pas été là, il se serait fait « croquer » par Bernès, l'envoyé spécial de Tapie. L'OM lui proposait de tripler son salaire, s'appuyant sur son désir de les rejoindre, j'ai obtenu le double de ce que proposait Bernès, soit 250 000 francs (40 000 euros). Je connaissais la musique, j'avais déjà traité des transferts de joueurs à l'OM, on ne pouvait pas m'abuser.

En revanche, à la fin de la transaction, il n'y avait pas d'honoraires prévus pour moi. Bernès avait "généreusement" régalé son ami Migliaccio, dont je me demande toujours en quoi il était intervenu. Tout de suite, Didier m'a dit qu'il allait trouver un moyen de compenser. Sur ses propres deniers.

Une fois qu'il a été à Marseille, notre relation harmonieuse a persévéré. Chaque fois qu'il avait un souci, j'étais là pour l'aider. C'est le rôle d'un agent. Il n'hésitait pas à m'appeler pour un conseil. Il avait conscience que je cherchais toujours le mieux pour lui. Dans l'instant, et aussi en regardant plus loin. C'est parce que j'avais fait fixer une clause libératoire assez basse qu'il a pu être transféré dans les meilleures conditions à la Juventus en 1994.

Il jouait en Italie quand son fils, Dylan, est né, en 1996. Notre relation restait bonne, même si je ne le voyais plus aussi souvent. Quand j'allais à Turin, il m'arrivait de dîner chez lui mais je dormais à l'hôtel. Avec l'arrivée d'un enfant au foyer, la vie des Deschamps avait changé. Mais quand je venais à Turin, le couple était toujours ravi de me voir.

Ce n'est que quelques années plus tard, Didier étant devenu entraîneur, que j'ai commencé à sentir une légère différence dans le comportement de Claude à mon égard.

À l'époque, je ne vivais plus maritalement, et quelque part, je pense que ça la gênait. Les temps avaient changé et les Deschamps s'investissaient moins, ils étaient moins prêts à sacrifier des soirées au football. On ne peut pas essayer de comprendre Didier Deschamps si on ne tient pas compte de la personnalité de sa femme. Sans être envahissante, en toute discrétion, elle est présente dans tous les moments de sa vie. Dans tous les domaines. Il ne décide rien sans en parler avant à Claude. Souvent, elle l'amène à changer d'avis. Il lui fait une confiance totale, c'est sûr, mais il y a autre chose. On peut imaginer qu'il va vers elle parce qu'il ne se sent pas sûr de lui. Quand il vous a dit « non », pour telle ou telle chose et qu'il vous rappelle vingt minutes après pour vous dire que, finalement, c'est « oui », vous pouvez être sûr qu'il a parlé à Claude entretemps. Je l'ai vécu souvent.

J'ai ressenti tout au long de ces années qu'il était plus souvent en demande qu'elle ne s'octroyait un droit d'ingérence.

Entre autres, Claude se comporte très régulièrement en attachée de presse. C'est elle qui est chargée de récolter tout ce qui se dit ou s'écrit sur Didier, avant et après chaque match.

Ils y ont toujours été très sensibles, depuis l'époque où il était joueur. Ça n'a pas changé. Après chaque rencontre télévisée, il téléphone à Claude pour savoir ce qu'ont dit les commentateurs. Quand je dis « après le match », c'est vraiment juste après ! Comme s'il n'y avait pas d'autre urgence.

Quand il était entraîneur à l'OM, je sais que ça énervait beaucoup Anigo de le voir téléphoner à sa femme tout de suite après un match diffusé sur Canal +, pour qu'elle lui fasse son rapport sur ce qui avait été dit. Avant même de rejoindre la conférence de presse. Ça prouve qu'il n'a pas changé, du moins là-dessus,

Autant que je me souvienne, notre relation n'a connu ni ombre ni coup de gueule, pendant douze ans. C'est beaucoup.

Pas de moments forts, non plus. C'est peu.

Je ne parle pas de moments inoubliables qui marquent toute une vie – il ne faut pas exagérer – mais de ces quelques instants bénis qui relient les êtres, de gentilles connivences, de ces choses en commun qui font veiller un peu plus tard, de ces partages autour de petits riens. C'est sans doute ça, l'amitié. Et c'est sûrement ce qui nous a manqué. Quand il est allé à Chelsea, je l'ai senti encore plus éloigné, pas seulement géographiquement. Il était mal dans sa nouvelle vie et c'était incompréhensible pour qui ne regarderait les choses qu'en surface.

Un nouveau club, en pleine ascension, dont il était un titulaire indiscutable, un contrat magnifique sur trois ans, ce qui était très avantageux pour un joueur de 31 ans, la ville de Londres comme point de chute... D'autres footballeurs, comme Thierry Henry, Marcel Desailly, Franck Lebœuf, Robert Pirès, entre autres, l'ont vécu comme un privilège.

Je crois que le couple n'était pas enclin à profiter des richesses de la vie londonienne, donc Claude s'ennuyait pendant les fréquentes absences de son mari et ne voyait plus que le côté sombre de Londres. Peu de soleil, un manque de lumière récurent, une autre langue, des habitudes différentes… Quand je parlais à l'un ou l'autre, je n'entendais que de la récrimination alors que Didier, en tout cas, avait toutes les raisons d'être heureux sportivement et donc professionnellement. Il me semblait que ce devait être le plus important. Ç'aurait dû.

À quelques mois de l'Euro 2000, j'aurais compris que Didier soit anxieux : il s'agirait sans doute de sa dernière compétition avec l'équipe de France, et quelques blessures l'avaient handicapé ces derniers temps. Ça, c'était un vrai problème. Plus important que des considérations climatiques. Pourtant, alors qu'il aimait toujours autant son métier, il semblait le faire passer au second plan de ses projets d'avenir…

Il m'a demandé de lui chercher un autre club et je lui ai trouvé Valence, ses plages, son soleil, sa Méditerranée. Quand il s'est présenté pour jouer l'Euro, je crois qu'il avait déjà décidé d'arrêter ensuite avec la sélection. Et que les bonnes et mauvaises critiques n'y étaient pour rien…

Il avait déjà commencé d'arrêter sa carrière de joueur, c'est devenu limpide en juin 2001.

Trois mois après, il était entraîneur. À Monaco. Oui, je sais ce que vous pensez, Monaco, ses plages, son soleil, sa Méditerranée… Il y avait surtout pour lui un projet d'une nouvelle vie qui lui allait comme un gant.

Manquant d'expérience, mais ça, on le savait, il a surtout eu la malchance de tomber dans une pétaudière. Le club était en immense difficulté financière – il devait même être rétrogradé en Ligue 2 avant de se voir maintenu en appel –, les dirigeants se déchiraient, les actionnaires principaux jouaient à la foire d'empoigne, certains joueurs n'obéissaient plus à personne…

Je sais qu'on ne prête qu'aux riches et que beaucoup de gens ont reproché à Didier d'avoir sabordé le club et créé mille problèmes pour finir par le laisser exsangue à son départ au bout de quatre ans, je peux dire que c'est faux. Il a été beaucoup plus victime de la situation que responsable.

Cela dit, ce passage au métier d'entraîneur a aussi marqué l'entrée en scène d'un nouveau Didier Deschamps. Ça a été très sensible dans nos rapports. Je ne l'ai pas compris tout de suite parce que j'étais alors obsédé par l'idée de l'aider à passer au mieux ce cap difficile.

Après une première année déplorable à tous points de vue, j'ai choisi de m'investir à son côté, d'autant qu'il était demandeur. J'ai commencé à chercher ce qui pouvait être le mieux pour Monaco. C'est comme ça que j'ai fait venir Rothen à Monaco, alors qu'il devait signer à Nantes.

La deuxième année a été meilleure : victoire en Coupe de la Ligue et deuxième place en championnat, qui nous offrait une entrée en Ligue des champions. Je m'activais beaucoup, dépassant souvent mon statut d'agent de l'entraîneur, jusqu'au moment où je suis devenu un rouage du club. Aussi, au bout de la deuxième saison, j'ai décidé de basculer, à mon tour, dans une nouvelle vie. Ce n'était que pour un temps, mais le risque était là.

J'ai décidé de mettre ma propre société en sommeil pour ne plus m'occuper que de l'AS Monaco à travers une « consultance ». Je me suis installé à Monaco en juillet 2003 et n'en ai plus bougé pendant huit semaines !

C'est moi qui ai assuré le recrutement dans sa totalité, j'ai travaillé nuit et jour. C'était pour Didier et moi une nouvelle manière de collaborer, tellement plus intense.

Entre autres, j'ai récupéré Adebayor, et surtout obtenu le prêt de Morientes, attaquant du Real Madrid. Lyon voulait l'acheter, j'ai joué sur l'accord du joueur pour être prêté. À quelques heures de la fin du mercato, j'ai fait en avion privé un trajet Mandelieu-Madrid-Mandelieu pour ramener le joueur que le Real nous cédait pour… dix mois. La superbe affaire. Nous étions parés pour une saison qui allait nous emmener en finale de la Ligue des champions.

Ça, c'est pour le côté positif. J'ai par ailleurs eu quelques raisons de déchanter. Plutôt que d'apprécier mon investissement dans le club, afin d'aider mon client, les médias ont commencé à me tirer dessus, à boulets rouges. En cause, un « dangereux mélange des genres », selon eux. Être à la fois l'agent de l'entraîneur et le consultant du club où il officie, tout en traitant des transferts, ce n'était pas moral !

On n'entend pas les mêmes censeurs s'agiter par les temps qui courent, alors que des questions de morale autrement plus graves pourrissent le football français.

Cela dit, ce n'est pas cette levée de boucliers, aussi injuste soit-elle, qui pouvait m'abattre. Je croyais à ce que je faisais, et je savais pour quoi je le faisais. Pas pour l'argent.

Au contraire, mettre ma société en sommeil, c'était me priver de tout revenu provenant de mon métier d'agent. Conséquence directe, je ne me suis plus occupé de mes autres clients pendant un an, ce qui est risqué. Il y a un dicton qui professe « Ne jamais mettre tous ses œufs dans le même panier », c'est pourtant ce que j'ai fait, j'ai mis tous mes œufs dans le panier Deschamps.

S'il avait pu m'en être reconnaissant!

Quand la presse m'est tombée dessus, il n'a pas réagi. Après m'avoir envoyé au charbon pour lui, il me laissait me débrouiller. Comme si ça ne le concernait pas. En fait, ça ne le concernait pas…

J'avais mis du temps à m'en rendre compte, mais Didier avait changé. Le passage de joueur à entraîneur avait porté un coup fatal au jeune homme qu'il était jusque-là. J'ai peu à peu découvert quelqu'un de différent. Je ne sentais ni amitié ni complicité entre nous. J'avais mis mon cœur sur la table pour l'aider et il fixait, peut-être inconsciemment, les limites de nos rapports : en dehors du travail, rien.

Un exemple est très parlant : je suis resté huit semaines à Monaco, non seulement j'ai dû m'installer à l'hôtel, mais j'ai été invité une fois à dîner chez lui. Point final.

En janvier 2004, mon contrat de consultance s'est arrêté. Pour ma société, il était temps. On ne néglige pas ses affaires sans en payer le prix à un moment donné. J'avais perdu des joueurs importants, comme Jérémie Bréchet et Sébastien Squillaci, et il m'avait fallu licencier du personnel… Des moments assez pénibles ont suivi, car ce genre de dégâts apparaît plus tard, au moment où on est reparti à fond.

Ça n'a pas fait ciller Didier. Pas un mot. Pas une proposition pour me venir en aide à son tour. Ça ne le concernait pas.

Sur le plan purement professionnel, il m'a aussi déçu. Il n'écoutait plus mes conseils, mes suggestions, comme lorsqu'il était joueur. Il a pris l'habitude de décider seul dans son coin. C'est tout juste s'il me mettait au courant, une fois que c'était fait.

En 2004, il accepte de prolonger son contrat avec Monaco de deux ans alors qu'il lui reste encore une année à faire. Et que Chelsea lui fait les yeux doux : c'était lui ou José Mourinho, les Anglais ne voulaient pas entendre parler de quelqu'un d'autre !

Ce sera finalement Mourinho, Deschamps préférant prolonger à Monaco... Il n'y gagne rien financièrement et se retrouve un peu plus lié au club auquel il doit désormais trois années.

Résultat, quand il démissionne un an plus tard (« C'est miné de l'intérieur, j'arrête », me dira-t-il), il s'en va sans indemnités... et bien heureux que Monaco ne lui fasse pas payer un dédit.

Après dix mois de chômage, il fonce tête baissée vers la Juventus, qui vient d'être reléguée en série B. Il serait prêt à entraîner la Juventus pour rien ou presque... et les dirigeants le sentent.

Surtout Jean-Claude Blanc, qui lui établit un contrat ridicule, avec un salaire dérisoire par rapport à ce qui se fait en Italie ou ailleurs, pour les entraîneurs. Bien sûr, il obtient une grosse prime en cas de remontée immédiate, mais ça ne compense pas. D'autant que la remontée n'est jamais une formalité dans ce genre de situation.

J'étais opposé à ce départ à la Juve depuis le début. Un champion du monde de football qui a emmené son équipe en finale de Ligue des champions ne se brade pas pour un club de série B ! J'ai d'ailleurs appris qu'en 2004 il avait été en contact avec les Italiens, à mon insu, mais ce n'est pas lui qu'ils avaient retenu. Il ne les a intéressés que lorsqu'ils ont été au fond du trou.

Un an après, lorsque je voudrai renégocier son salaire, je me heurterai à Jean-Claude Blanc. C'est sûr que lorsqu'on a pris tant de retard sur un salaire annuel, on ne peut le rattraper d'un seul coup. Il aurait dû se méfier, dès le départ. Après avoir signé un contrat avec Deschamps en ma présence, Blanc m'avait dit qu'il ne pourrait pas travailler avec moi sur des transferts vers la Juve. « Vous comprenez, avec les histoires Moggi[2]*, nous devons être irréprochables. »*

Là encore, Didier s'était bien gardé d'intervenir, il était tellement prêt à tout pour aller à la Juve !

Ça ne l'a pas empêché de me laisser aller à la négociation avec Blanc, en 2007, puis de me demander d'écrire cet article dans France Football[3]*, pour tenter de faire basculer les choses de son côté. À travers moi, il s'attaquait au futur recrutement de la Juve, à ses relations épouvantables avec Secco, le directeur sportif, surtout, il se plaignait de ne pas être reconnu à sa juste valeur.*

Sous-entendu : « Je ne suis pas assez payé et il faut que ça cesse. »

Sinon…

On retrouvait, plus que jamais, le Deschamps décrit par Tapie et quelques autres : « Tout pour sa gueule. » Et j'ajouterai : en évitant de prendre un minimum de risques. Car m'envoyer au feu à sa place, avec cette interview de France Football *qu'il avait conçue de la première à la dernière ligne, il fallait tout de même le faire.*

Quand vous avez évoqué mon nom dans la conversation que vous avez eue avec lui, il vous a dit, je crois, «… il en a bien profité, lui aussi… » J'aimerais qu'il m'explique en quoi

2. Voir chapitre 18, « Les années erratiques… ».

3. Le 15 mai 2007. 18, « Les années erratiques… ».

j'ai profité de quoi que ce soit, en dix-neuf ans à travailler pour lui. Je peux dire clairement ce que j'ai fait pour lui, qui, quelquefois, m'a amené à dépasser le cadre de ma fonction. Qu'il dise ce qu'il a fait pour moi !

Pour revenir aux douze mois passés à la Juventus, il a encore donné la preuve qu'il était un mauvais stratège. Comme à Monaco, il a fini par partir en abandonnant sa dernière année, et sans un sou d'indemnité puisqu'il démissionnait. Ça commençait à devenir une habitude.

Nous étions en mai 2007 et je sentais que quelque chose avait affecté nos rapports, depuis son arrivée à Turin un an plus tôt.

En fait, il n'avait pas apprécié que je marque mon désaccord sur sa « stratégie ». Ça ne lui avait pas plu. Même s'il ne me l'avait pas dit pour autant. Didier ne dit pas les choses, il s'enferme, et fait sentir plus ou moins que ça ne va pas.

Enfin, partir de Turin, comme ça, alors qu'il avait toutes les cartes en main, c'était ridicule. S'il n'obtenait pas une juste revalorisation de son salaire, il pouvait encore rester un an, puis décider de continuer à la Juve à ses conditions, ou d'aller ailleurs, les demandes ne manqueraient pas. Il aurait été libre. Mais il ne voulait rien entendre. Pour lui la situation se résumait à prolonger dans de mauvaises conditions ou à partir sans dédommagement.

Assez curieusement, je n'attendais plus grand-chose de notre collaboration mais je commençais à la voir comme telle : sans intérêt, dénuée de sens.

Partagions-nous de bons moments ? Avant, peut-être, mais c'était il y a longtemps. Je ne me souvenais plus très bien. En tout cas pas aujourd'hui, et surtout pas depuis qu'il était devenu entraîneur. De quoi pouvions-nous parler en dehors du football? De rien. Il semble ne s'intéresser ni à la politique, la lecture, ni à l'histoire, ni aux arts, ni à la cuisine ou aux autres sports... Je ne dis pas que c'est le cas, c'est l'impression qu'on a parce qu'il n'en parle jamais.

Il ne parle jamais de sa famille, non plus, et pourtant, il y tient énormément. Même là, son amour a un côté rigide, presque coincé. Si vous êtes avec lui et lui faites remarquer que la jeune femme, assise pas loin de là, est assez jolie, vous vous exposez à une réponse sèche comme un coup de trique : « J'ai une femme, elle me suffit, donc je ne regarde pas les autres femmes. »

Alors, oui, il peut parler football pendant des heures, et ne parler que de cela. Mais il lui faut des interlocuteurs.

Quel être humain peut se contenter de parler de football tout le temps, et de rien d'autre?

En regardant en arrière, je ne vois pas de grandes joies, pas d'élans, rien de spontané. Toujours de la retenue. Et un peu de tristesse.

Quand Monaco s'est qualifié pour la finale de la Ligue des champions, en 2004, nous nous sommes retrouvés chez lui le lendemain après-midi. Il y avait Claude et moi. Nous étions rentrés dans la nuit. Je n'ai senti aucune joie particulière. Rien. Pas un mot pour dire que nous avions bien travaillé, que ce qui nous arrivait était fabuleux. Comme si rien de spécial ne s'était passé. Pas même un coup de champagne, entre nous. Ce n'est pas tant pour le champagne que pour marquer l'événement. Il s'agissait d'un exploit majeur dans l'histoire des clubs français. Ce n'était pas n'importe quoi. Alors, oui, on était « seulement » en finale, mais cette qualification était aussi une victoire sur le chemin de la victoire, on aurait pu l'arroser.

Si l'on ne doit hurler de joie que lorsque l'on gagne la Coupe du monde, il y en a pas mal qui ne vont jamais se marrer !

J'aurais bien envie de dire qu'auprès de Didier la vie a finalement un goût assez fade. Mais sait-on jamais. Il est capable de vous réserver une de ces surprises que vous n'oublierez jamais…

Chapitre 21

Une année sous silence

Le malheur, ça s'invente.
Louise DE VILMORIN

À nouveau, il est entré dans une vie qui n'est pas la sienne. Il y a eu les mouvements convenus, juste après l'Euro, quelques semaines d'émoi, de fièvre et d'espérance qu'il fallait dissimuler coûte que coûte. Et puis, plus rien. À l'image de cette dernière année.

L'été 2008 se traîne en longueur. Rien à faire. Sauf à ruminer les raisons de son échec.

D'ailleurs, est-ce vraiment un échec? Et si c'est le cas, est-ce le sien?

Il n'a jamais été officiellement candidat au poste de sélectionneur de l'équipe de France, donc personne ne pourra dire que sa candidature a été rejetée. De toute façon, comme Domenech a été reconduit…

Il lit parfois entre les lignes que si Domenech est encore là, c'est à cause de la mauvaise campagne de France 1998 en faveur de Deschamps. Ça le laisse indifférent.

Ce qui l'agace, en revanche, c'est de lire que, de toute façon, son tour viendra, il a tout son temps… Déjà, quand il avait 20 ans, il ne voulait pas entrer dans ces considérations : « Tu es jeune, tu as le temps », le genre de phrase qui le mettait hors de lui. Il n'avait pas le temps d'attendre et le disait de façon abrupte : « Tout ça, c'est de la connerie, les saisons défilent, il faut en profiter. »

Bien courageux celui qui oserait, à l'entame de sa deuxième saison blanche, le relancer sur son plan de carrière, méticuleusement fixé lorsqu'il venait de commencer à entraîner Monaco.

À l'époque on le comparait à Aimé Jacquet et Marcello Lippi, ses mentors de l'équipe de France et de la Juventus, avec une belle touche d'Arsène Wenger, « en plus nerveux et plus réactif »… N'en jetez plus !

On ne lui parle plus beaucoup de tout ça, désormais. D'ailleurs, peu de monde lui parle puisqu'il ne parle presque à personne. Il aura 40 ans dans quelques semaines et il en serait presque réduit à vivre au milieu de ses souvenirs. 40 ans. C'est peut-être ça, vieillir. Il ne sait pas qu'il n'y a pas d'âge pour ça.

Il y a Claude, heureusement. Et Dylan. Comme toujours. La vie qui s'agite autour de lui. Les deux amours qui font que l'on ne se demande pas pourquoi on se lève le matin.

Ce n'est quand même pas avec eux qu'il va échafauder des projets footballistiques, il ne faut pas exagérer. Claude a suffisamment dit qu'elle appréciait que le Didier de la maison soit très différent de l'autre.

Depuis pas mal de temps, il ne parle plus beaucoup avec Jeannot Werth, son agent depuis bientôt vingt ans. Il faut dire qu'ils ne sont plus tellement d'accord sur grand-chose.

Il a bien senti les réticences de Jeannot à Monaco, à Turin. Un agent, c'est aussi un confident. Il doit vous comprendre.

Pour ça, il y a Jean-Pierre Bernès. Depuis près de vingt ans il est là, lui aussi, plus ou moins visible, plus ou moins présent. Ça avait plutôt mal commencé quand Bernès, directeur général de l'OM, surtout factotum dévoué et envoûté de son président omnipotent, Bernard Tapie, était venu l'acheter à Nantes. Ce n'est pas bien de tenter de rogner sur les émoluments d'un jeune footballeur ignorant des coûts du marché.

Peu importe, dans certains cas Didier Deschamps sait ne pas être rancunier.

Une relation est née à Marseille, en dépit de l'affaire OM-VA, quand Bernès a fait référence – et pas qu'une fois – à la présence de son ami au moment où se nouait le complot. Ce qui s'appelle « mettre quelqu'un dans l'embarras ». Heureusement, beaucoup de gens sont sourds et aveugles, donc personne n'est venu titiller ni même interroger le témoin fébrilement dénoncé par son ami.

Deschamps, qui, décidément, sait ne pas être rancunier – à ce degré-là, ça devient un sacerdoce – a tout oublié en un tour de main.

La justice étant moins charitable que lui, les années suivantes furent assez étouffantes pour l'ami Jean-Pierre, entre prison et dépression, dénonciation et rédemption. Pour avoir dénoncé les pratiques de Tapie (appliquées sur le terrain par lui-même) à son nouveau père spirituel, Noël Le Graët, le président de la Ligue[1], et à la justice sportive de la

1. Président de la ligue professionnelle, de 1991 à 2000. Vice-président de la Fédération française de football de 2005 à 2011. Président de la FFF depuis juin 2011.

Fifa, auxquels il a permis d'éliminer l'encombrant président, il va pouvoir revenir travailler dans le football dont il avait précédemment été banni à vie.

Ah ! les délices de la rédemption élevée au niveau des beaux-arts ! On pourrait même évoquer une forme épanouie de résilience – c'est bon de rire un peu, parfois – puisque, de ses quelques « erreurs », comme il dit, et des trop grands malheurs qui se sont abattus sur lui, il a su tirer assez de force pour se reconstruire et prendre une licence d'agent de joueurs.

Malgré son passé ? ses condamnations ? Oui, oui, on efface l'ardoise, on oublie tout, même que c'est Le Graët et la Fédération française qui l'ont dit. On ne va tout de même pas garder rancune à un type qui a avoué avoir acheté des dizaines de matchs, volé deux titres au moins et corrompu environ 45 joueurs. D'autant que c'était sur ordre de Tapie, et pour le bien de l'OM, ce qui change tout, il faut bien le reconnaître. En plus, il veut être agent de joueurs, donc transmettre son expérience – qui est grande ! – à des footballeurs qui vont aussi profiter de ses compétences – indiscutables !

Jean-Pierre Bernès s'est donc remis au travail avec la sérénité stupéfaite d'un expert-comptable qui retrouverait son cabinet après avoir escroqué des dizaines de clients, ou un banquier qui réintégrerait sa banque bien qu'ayant détourné des fonds par millions.

En vérité, ce n'est pas possible, en tout cas pas dans le monde réel. Ils ont payé pour leur faute, c'est vrai, et ils ont droit à une autre chance, sans doute. Mais ailleurs. Pas là où ils ont sévi. Pas dans le domaine qu'ils ont flétri.

Personne n'imagine que, dans quelques années, Jérôme Cahuzac nous revienne, en ministre des Finances cette fois…

Le football n'est pas la vie. Pas la vie réelle en tout cas, et Jean-Pierre Bernès, l'ennemi intime, peut revenir, habillé de neuf, dans la peau d'un agent, là où de rares contradicteurs le verraient plutôt ouvrir un bar-tabac (dixit le vice-président du syndicat des agents), histoire de se reconstruire ailleurs.

En pleine forme, il monte son écurie avec l'aide d'Alain Migliaccio[2], le vieux compère qu'il emmenait avec lui lorsque, dirigeant de l'OM, il traitait un transfert[3]. En 1991, ils avaient ouvert un restaurant à Cassis ensemble. L'agent et le dirigeant de club. Migliaccio, c'est aussi et surtout le sempiternel agent de Zidane, ce qui peut aider au niveau du carnet d'adresses.

En quelques années, la petite société de Jean-Pierre Bernès, Conseil sport, est devenue à peu de chose près une multinationale. Ribéry, Nasri, Ménez, Alou Diarra, Gourcuff, Matuidi... et mieux encore, une batterie d'entraîneurs, – Blanc, Fernandez, Galtier –, qui sent son OM à plein nez.

Tranquillement, Bernès pose ses pions. De nouveaux joueurs arrivent, d'autres partent. Les rumeurs voltigent autour de l'activité du nouvel agent trouble du football français. On n'aime pas trop qu'il réunisse joueurs et entraîneurs sous une même bannière. Par exemple, Blanc, entraîneur de Bordeaux, peut-il faire venir, chez les Girondins, des joueurs eux aussi clients de Bernès ?

La question est d'importance... mais ne semble pourtant pas affecter une seconde la sérénité de celui-ci. À vrai dire, on est tenté de croire qu'il ne se l'est pas posée.

---

2. Voir chapitre 8, « L'âge d'OM ».

3. *Idem*.

En tout cas, il avance, prudent. Avec Didier Deschamps, il s'est longtemps contenté de parler football. Il aime et il connaît. Plus que l'on ne pense et moins qu'il ne croit.

Un type qui a osé répéter pendant des années que Tapie, Goethals et lui-même, si on leur donnait n'importe quelle équipe, ils en feraient un vainqueur de la Ligue des champions, ne connaît pas si bien le football.

En revanche, le même, reconnaissant qu'en quatre ans il a tout acheté, les matchs, les titres, les joueurs et les arbitres, prouve qu'il a au moins compris une chose dans le football : si l'on veut être sûr de gagner à tous les coups, il faut payer.

On ne sait s'il évoque ce genre de sujets avec son ami. Lui habite Cassis, pas loin de Marseille, Deschamps est installé à Cap-d'Ail, tout près de Monaco, ils se parlent souvent au téléphone, se voient de temps en temps.

Fait-il partie de ceux qui trouvent que Jeannot Werth ne l'a pas beaucoup aidé dans l'affaire de l'équipe de France ?

Il est bien gentil, Jeannot, mais enfin, avec un agent un peu plus offensif, possédant des relations partout et au plus haut niveau, peut-être que Didier serait sélectionneur de l'équipe de France à l'heure actuelle. En tout cas, il ne serait pas au chômage depuis plus d'un an. Un agent, ça sert à ça, pas seulement à préparer des contrats. Un bon agent doit savoir faire du lobbying, aider son client à obtenir les meilleurs postes, les meilleurs clubs, et ensuite négocier les meilleures conditions. Le Graët, que certains continuent d'imaginer comme un grand ennemi de Bernès, n'est plus aussi fâché depuis que l'autre a tout déballé.

C'est amusant comme Didier Deschamps aime écouter raisonner Bernès, lui qui n'écoute plus personne. La petite musique ressemble parfois à une tentation – après tout, pourquoi deux amis qui s'aiment tant et se comprennent d'instinct ne finiraient-ils pas par (re) travailler ensemble...

Ils sont en effet quelques-uns à penser que lorsqu'un entraîneur comme Deschamps reste sur le carreau pendant plus d'un an, il y a forcément un problème de représentation... Ces quelques-uns ne savent pas ou ne veulent pas savoir tous les refus encaissés en quelques années par Jeannot Werth. L'ignorance, c'est plus commode quand on veut dénigrer quelqu'un.

« Au mois d'octobre 2008, raconte Jeannot Werth, j'étais sur la route qui mène de Bâle à Monaco, où j'allais pour un match, quand j'ai appelé Didier. C'était l'occasion de le voir et je n'y manquais jamais, lors de mes passages en principauté pour discuter avec un de mes joueurs. Tout de suite, Didier m'a dit : "Ça tombe bien, je voulais te parler, viens à la maison."

« Quelques minutes plus tard, il me rappelait : "J'ai une course à faire en ville, rejoignons-nous plutôt à l'*Hermitage*[4]." J'ai imaginé que, comme d'habitude, il en avait parlé à sa femme, et qu'elle avait dû juger que, pour ce qu'il avait à me dire, autant aller dans un bar...

« Dès que nous nous sommes retrouvés, il m'a dit sans émotion aucune, comme un passage obligé, que nous allions nous séparer. Il ne voulait plus collaborer avec moi :

« "Pour quelle raison ? Qu'est-ce que tu as à me reprocher ?

— Partir de la Juve, ce n'était pas une bonne idée...

— Je te l'ai dit, je n'étais pas d'accord !

— Oui, mais tu aurais dû me convaincre..." »

4. Célèbre hôtel monégasque.

Le reste de la conversation n'a aucun intérêt. Quelques banalités puis des chemins qui se séparent.

À lire ce dialogue hallucinant, on se dit que la mauvaise foi peut être aussi un art. Un art martial en l'occurrence puisque Jeannot Werth est K.-O. debout.

Plus tard, quand il aura repris ses esprits, il ne se dira pas qu'il vient de perdre un client. Il réalisera seulement que l'on vient de le déposséder d'une part importante de vingt ans de sa vie. Ce qui est somme toute plus gênant.

Il n'est pas triste. Songeur, oui. Retour en arrière, quelques arrêts sur image. Soudain, l'illumination : ce malaise qui s'était emparé de lui depuis quelque temps, c'était peut-être ça, le délitement d'une histoire dont il ne voyait pas la fin.

« Ça m'a filé un coup, un vrai, et puis après, je dois dire que j'ai ressenti un incroyable soulagement. J'ai compris que j'étouffais depuis longtemps dans cette relation. Depuis quelques mois c'était devenu impossible, mais avant ? Rien de bien palpitant. Pas d'émotions, de fous rires, de passions ou simplement d'intérêts partagés. Et même plus de confiance, depuis longtemps. »

Quelque temps après, Didier Deschamps prenait Jean-Pierre Bernès comme agent.

Elle n'est pas belle, la vie ?

Ça ne pouvait pas se terminer autrement, pour Jeannot Werth, comme pour Jean-Pierre Bernès. Ce dénouement brutal menaçait depuis très longtemps. Nous en sommes convaincus, si la fin a tardé, c'est une preuve de la longue fidélité de Deschamps à son égard. Bernès a toujours été dans sa vie, il était devenu agent en 1999, et la tentation était grande – depuis longtemps déjà – de se lier à lui.

Les dés étant pipés, il n'avait plus de raison de rester avec Jeannot Werth. Il l'a fait. Et on se demande bien au nom de quoi, si ce n'est d'une certaine forme de fidélité.

Le bien, c'est ce qui vous rend heureux après, disait Hemingway. Justement, il n'est pas plus heureux, Didier Deschamps, en cet hiver 2008.

Certes, il a changé d'agent mais son nouvel agent n'a rien changé. Il continue à se morfondre dans sa villa de Cap-d'Ail, quand il ne collabore pas à telle ou telle chaîne de télévision ou station de radio. C'est peu quand on possède son énergie, du dynamisme et l'envie de revivre, à la tête d'une équipe, les matchs passionnés d'un championnat et les soirées brûlantes de la Coupe d'Europe. Il traîne sa peine et son ennui. Les matchs qu'il continue d'aller voir sont une piètre consolation : il n'a jamais pris l'habitude d'être un spectateur.

Chapitre 22

L'été meurtrier
(OM 2009)

Ils ne s'aiment pas, ils ne se détestent pas. Ils sont sur terre à la même époque : c'est tout.

Jean GIONO

Ça a commencé comme un beau roman, une belle histoire. L'histoire de gens qui se rencontrent à un moment précis où ils se sentent isolés. Et en manque. Un peu comme une *love story*. Quoi de plus romantique ?

D'un côté Didier Deschamps, qui n'entraîne plus depuis deux ans, et qui commence à trouver le temps long.

À Marseille, c'est un peu comme toujours : tout va bien et tout va mal. C'est une des maladies de cette ville et de ce club, qui lui ressemble tant. À Marseille, le pire est toujours certain, surtout quand le soleil brille. L'équipe vient de terminer à la deuxième place du championnat, seulement distancée par le Bordeaux de Laurent Blanc. La lutte a été âpre, jusqu'au bout. Mieux, le club semble s'être définitivement concilié son public si versatile. Pape Diouf, le président noir et africain – le premier dans l'histoire du football européen –, modeste Sénégalais sorti de la rue et des métiers obscurs, s'est d'abord élevé dans la presse, à la force de son stylo. Puis, il est devenu agent de joueurs, l'un des premiers. Enfin, il a atteint le Graal de tout Marseillais qui se respecte : président de l'OM. Il a fait mieux, en cinq ans il a conquis l'affection des supporters, porté la parole de son club, et tout ce qu'il disait était respecté. Au-dessus de lui, le laissant libre de ses décisions, enfin heureux de vivre en confiance, après bien des déboires, Robert Louis-Dreyfus. L'actionnaire. Le bienfaiteur, pourrait-on préciser.

Pas loin du président, Éric Gerets, l'entraîneur. Aussi belge que Goethals, « Raymond la science », ce qui n'est pas pour rien dans sa popularité. Il fait jouer l'équipe comme on aime ici, gère ses joueurs comme s'ils étaient tous ses enfants chéris, sait pousser des coups de gueule quand il le faut, ne méprise personne, en balance de bonnes, à tout bout de champ, affiche et son chien et son cigare, avec l'air satisfait d'un monsieur Tout-le-Monde qui aurait réussi. Ils aiment tous Gerets, du jardinier du stade au responsable des ballons, du président aux clubs de supporters. Même les journalistes, qu'il ne déçoit jamais. Et il a des résultats. C'est lui qui a transformé une équipe « moyen plus » en cador du championnat. La Ligue des champions se profile, l'an prochain, les premiers titres depuis 1993, c'est sûr. Le soleil brille...

Sauf que l'on est à Marseille. Bénie des cieux, maudite des dieux. Un paradis à deux doigts de l'enfer. Donc, tout ne va pas si bien. L'actionnaire Robert Louis-Dreyfus est malade. Très malade. Il lutte depuis des années, mais cette fois il semble que ce ne soit plus qu'une question de semaines… Autour de son calvaire, ça grenouille et ça s'active. Notamment le dénommé Vincent Labrune, président du conseil de surveillance, et tous ses acolytes. Ces gens bien voudraient un peu plus de pouvoir et la maladie de leur patron est une opportunité en soi. Ce n'est pas sa place qui est visée, on s'en doute, mais celle de Pape Diouf, sorte de pièce rapportée dans l'édifice. On lui cherche des noises, des problèmes de gestion, ce n'est pas une très bonne idée, alors on va faire mieux.

L'entraîneur, Éric Gerets, attend qu'on lui fasse signer une prolongation de contrat. Rien de plus normal, au vu des résultats obtenus. Mais celui-ci aussi énerve. Trop populaire, trop charismatique. Et puis, c'est comme Diouf, il parle un peu trop football, qu'il connaît sur le bout des doigts. À la fin, ça devient gênant.

Le président a donc beau alerter tout le monde depuis le mois de décembre, en insistant pour que l'on prolonge le contrat de Gerets, personne n'y fait attention. On comprend, certes, que Robert Louis-Dreyfus ne soit plus en état de réagir avec vivacité sur ce genre de formalités, mais les autres ? Rien. Labrune fait traîner avec une obstination qui transpire la mauvaise foi. Plus Diouf insiste, agite la peur de voir partir Gerets, qui va finir par se vexer, plus le relais de l'actionnaire se désintéresse de la chose. Et au mois de mars l'entraîneur annonce qu'il va sans doute partir, car on ne lui a rien proposé pour rester. Il évoque un manque de respect à son égard et n'a pas tort. C'est le premier accroc dans la belle voilure de l'OM nouveau. Ce qui va se passer ensuite est digne d'une mauvaise série noire.

À la colère des supporters, indignés du traitement infligé à Gerets, il faut bien répondre quelque chose. Le conseil de surveillance répond donc, sans ciller, que le président de l'OM ne lui a rien proposé, donc c'est lui qui ne voulait pas prolonger Gerets.

Colère du président en question, qui commence à comprendre la manœuvre : puisque l'on n'a pas réussi à le déstabiliser avec la gestion du club, on va lui faire porter le chapeau du départ de Gerets. Et par là même se débarrasser de deux importuns.

En Suisse, où il est soigné, Robert Louis-Dreyfus voit son état empirer de jour en jour. Il n'est plus apte à suivre les diverses étapes de la guerre entre Diouf et le conseil de surveillance. Il est en tout cas assez lucide pour garder sa confiance au président, qui s'est mis en quête d'un nouvel entraîneur.

Dans un climat meurtrier, le printemps s'écoule, raide et sans joie. Fin avril, Gerets confirme officiellement son départ ; fin mai, Pape Diouf annonce que Didier Deschamps sera le prochain entraîneur de l'OM[1] ; fin juin, le même Pape Diouf, qui n'en peut décidément plus de la guerre larvée, annonce à Robert Louis-Dreyfus qu'il va quitter le club.

Quelques jours plus tard, RLD meurt. Le jeu de massacre peut s'arrêter.

Déstabilisé par le renoncement de l'homme qui l'a engagé, et auquel il fait entièrement confiance, Deschamps, qui n'a pas encore signé, hésite. Pendant huit jours, il va flotter entre deux eaux, entre deux décisions.

1. Après avoir obtenu l'accord de Robert Louis-Dreyfus. Voir chapitre 29, « Deschamps version Pape Diouf ».

Au bord de l'été, il n'a encore rien arrêté. En vérité, il a un choix étriqué : celui de passer une troisième saison sans banc de touche, et ce serait cruel. Ou de s'engager à l'OM, dans un club marqué par les dissensions à tous les niveaux, dont on ne sait pas trop ce qu'il va devenir depuis qu'il a perdu son actionnaire tout-puissant, et n'arrive même pas à se trouver un nouveau président.

Jean-Claude Dassier, l'ancien patron des sports de TF1, récupère finalement le poste dont on se demande pourquoi il ne revient pas directement à Labrune, l'homme qui a orchestré le départ de Pape Diouf.

Patience, patience… Son tour viendra. Aujourd'hui, le risque est trop grand. Dans un an, quand l'OM de Deschamps et Dassier (il faut bien le dire) aura été sacré champion de France, il sera bien temps de blackbouler le président venu de Paris, trop dépensier, paraît-il, et de s'autoproclamer à sa place. Avec la bénédiction de la reine Margarita, veuve de RLD, et nouvelle actionnaire toute-puissante. Celle dont Pape Diouf, qui en parle toujours avec beaucoup de respect, dit : « La différence entre elle et son mari, c'est que RLD écoutait tout le monde au club, pour s'informer. Elle n'écoute que Labrune. »

On ne peut pas être plus clair.

L'OM. Après tout, c'est quand même mieux que l'oisiveté.

Quelques jours après, une première bombe explose, qui secoue Marseille, assoupie dans la torpeur estivale.

Chapitre 23

Règlements de comptes

Se débarrasser de Jean-Claude Dassier en lui reprochant une gestion hasardeuse et mirifique, et même mirifiquement hasardeuse, ce n'était pas le plus gros challenge de Vincent Labrune. Certes, nous avons le droit de nous étonner de ce que le reproche principal adressé par Labrune à chacun des présidents qui l'ont précédé se résume à déplorer une mauvaise gestion.

En fait de reproche principal, il serait sans doute plus juste de parler de reproche avoué.

Pape Diouf, en cinq ans, avait remis le club sur les rails de la Ligue des champions, s'était rapproché à le frôler du titre, et avait comblé Robert Louis-Dreyfus par une gestion assez saine pour remettre les comptes de l'OM à l'endroit. Ce qui n'était pas gagné d'avance.

Jean-Claude Dassier a eu le mérite de gérer autant que possible le conflit latent Deschamps-Anigo, de veiller à ce que son entraîneur ne ressente pas trop son isolement au sein du club, enfin, il a été le premier président à gagner des trophées pour l'OM, depuis Bernard Tapie. Dont le titre de champion de France, dix-huit ans après celui de 1992.

Certes, il a dépensé pas mal d'argent, et pas toujours à bon escient, mais c'était généralement sur les demandes pressantes de son entraîneur. Surtout, ses achats étaient entérinés par le conseil de surveillance – dont on se demande bien à quoi il sert s'il n'est pas capable de prévenir des dépenses trop importantes plutôt que de s'en formaliser longtemps après. Un conseil de surveillance n'est pas la Cour des comptes, après tout.

Ce qui apparaît, c'est que Pape Diouf était trop populaire et que Jean-Claude Dassier était forcément associé à la réussite de l'OM depuis le début de son mandat. Et cela gênait les hommes de l'ombre. Diouf parti, il eût été périlleux de briguer sa place tout de suite tant les vents semblaient alors contraires. La saison 2009-2010 risquait d'être catastrophique, entre la disparition de l'actionnaire, le changement d'entraîneur, un recrutement sans éclat... Mieux valait laisser « Dassier-le-Parisien » se casser les dents sur le chantier improbable, et mieux ramasser les morceaux ensuite, sans s'être sali les mains.

Les choses s'étant passées autrement, avec un titre de champion de France et une Coupe de la Ligue, il fallait trouver d'autres prétextes pour se débarrasser de Dassier. Ce qui fut fait sans bavures.

Seul maître à bord, désormais, Vincent Labrune va donner la pleine mesure de son sens de la désorganisation.

C'est sous son règne que va éclater la guerre Deschamps-Anigo. Elle aura couvé pendant deux ans, jusqu'au jour où le couvercle a explosé.

Pendant ces deux ans, Didier Deschamps ne s'est certes pas fait que des amis à l'OM. À tort ou à raison. Au fur et à mesure des mois, il n'a même plus eu que des ennemis.

Problème de caractère, dit-on du côté de la Commanderie. On le juge trop complexe, embrouillé dans ses rapports avec les uns et les autres, susceptible et finalement assez froid.

Et s'il était tout simplement aussi paranoïaque que le disent les uns et les autres ?

En même temps que nous posons la question, la réponse tombe sous le sens : en tout cas, s'il ne l'était pas, il aurait eu plein d'occasions de le devenir, à l'OM.

C'est vrai qu'il a vite cherché à obtenir un semblant de pleins pouvoirs qui l'aurait délesté de José Anigo et lui aurait laissé les mains libres sur les transferts. Il est vrai aussi que le départ de Diouf conjugué au rejet de Bernès, c'était beaucoup. D'autant qu'il a vite compris que Dassier était un président sans poids – il était surtout là pour prendre les coups –, et que le vrai patron était déjà Labrune. Refusant cet isolement, il aurait voulu créer un contact privilégié avec l'actionnaire, au moins avec Labrune. Ce qui lui a toujours été refusé, Anigo restant une sorte d'*alter ego*. Le directeur sportif, incontournable responsable du recrutement.

Le recrutement, on sait que ce n'est pas une science exacte. Anigo a fait des erreurs, il a aussi déniché quelques perles. Deschamps a voulu des joueurs sur lesquels il ne s'est pas trompé, et d'autres qui ont été de lourdes erreurs.

Les ratés de l'un ou de l'autre n'auraient pas posé problème s'il y avait eu un minimum de synergie. Et sans doute y aurait-il eu moins de ratés, l'addition de deux expériences étant toujours profitable.

Mais bon, ces deux-là avaient appris à se détester en silence, à se méfier l'un de l'autre, à se reprocher par insinuations toujours très indirectes tel ou tel comportement, ils n'allaient quand même pas travailler ensemble !

« C'était impossible », dit Jean-Claude Dassier. Labrune n'a pas essayé, surtout pas, tendant l'oreille vers l'un puis vers l'autre, donnant raison aux deux, ne tranchant surtout pas, même quand le conflit interne explosa en direct live, dans les couloirs du Stade Vélodrome, un samedi d'octobre 2011, après une… victoire, 2-0, contre la lanterne rouge, Ajaccio.

Déjà, avant le match, ça chauffait vraiment. Pas seulement parce que l'OM, de match nul en défaite, de performances médiocres en résultats affligeants, naviguait dans la deuxième partie du classement de Ligue 1.

Les supporters avaient choisi de faire la grève des encouragements, puis de tourner le dos à leur équipe.

Ah ! ce merveilleux public marseillais, si chaleureux, si connaisseur, que le monde entier, de Barcelone à Liverpool, de Munich à Turin, de Rio à Buenos Aires, nous envie !

Certains faisaient grève tout court en ne venant plus au stade, d'autres arboraient des banderoles vindicatives contre l'équipe qui ne mouillait pas le maillot (toujours le même refrain) et surtout l'entraîneur, coupable de tous les maux. Comme d'habitude. En attendant de lui enjoindre de ficher le camp, les « supporters » commençaient de prendre à partie Didier Deschamps. Le même Deschamps qui leur avait offert un titre de champion de France un an et demi plus tôt. Comprenne qui pourra.

Évidemment, ces événements se vivent mal quand on en est la cible. Et que l'on ne comprend pas. Après tout, puisque personne de sensé ne peut donner une explication rationnelle à ces déchaînements, Deschamps ne le pouvait pas non plus.

Comme tout être humain acculé, il cherchait une raison, au moins une, mais une bonne, pour expliquer ce jeu de massacre. Qu'on la lui ait soufflée ou qu'il ait cru la deviner tout seul, comme un grand, il lâcha à plusieurs reprises autour de lui le nom d'Anigo.

Le directeur sportif, tant aimé des supporters, aurait fait de ceux-ci son bras armé. C'est pour obéir à Anigo qu'ils s'en prenaient à Deschamps.

Celui-ci ne s'est jamais privé, tout au long de sa carrière, d'envoyer quelques piques, ou réflexions peu amènes, quand ça le tentait, y compris dans les moments calmes. Que ce soit à travers des pseudo-confidences à des journalistes ou des réflexions un peu ambiguës faites sur ce mode humoristique qu'il goûte tant. Certains de ses anciens coéquipiers de l'équipe de France ou de l'OM en ont un souvenir chatouilleux.

Là, tout allait mal, la tempête soufflait et on lui tapait dessus avec une violence telle que tout son tempérament le poussait à réagir.

Puisque José Anigo ne se gênait pas… Il revint aux oreilles de celui-ci que Deschamps laissait entendre, aussi, qu'il n'était pas étranger aux cambriolages et autres saucissonnages dont étaient victimes les joueurs de l'OM, notamment les frères Ayew et l'Argentin Lucho. Les fameux liens supposés du directeur sportif avec le milieu continuaient à servir.

À ce stade-là, on croyait avoir tout vu. Le meilleur était à venir, disponible pour tous publics, à visionner autant de fois qu'on le voudrait sur le Web. Parce que, jusque-là, le conflit restait confiné à quelques *happy few*. Ce samedi d'octobre, il y en aurait pour tout le monde.

Avant même que le match, l'autre, ne commence, Deschamps profite d'une question – à la fois pertinente et très perverse – d'un journaliste, qui lui demande s'il pensait que tout le monde faisait corps au sein du club :

« Je ne veux pas en rajouter. Il y a assez de choses compliquées. Je n'ai pas envie de rentrer dans les choses que vous savez, que je sais, que beaucoup de personnes savent. J'y reviendrai prochainement, peut-être. »

L'attaque n'est pas frontale, c'est le moins que l'on puisse dire. C'est du Deschamps dans le texte. Un Deschamps à bout de nerfs, qui vient encore de se faire siffler par les supporters, et qui est convaincu de savoir qui les manipule. Un Deschamps qui ne sait plus quoi faire pour sortir de la crise traversée par son équipe. Jusqu'où vont-ils s'enfoncer ? Bien sûr, il ignore alors que deux buts d'André Ayew vont donner, deux heures plus tard, la précieuse victoire à l'OM.

Celle qui va ramener le calme ?

Pas vraiment. Car, après le coup de sifflet final, c'est Anigo qui monte sur le ring, et, contrairement à son adversaire, il ne prend pas de gants. Ayant bien enregistré les propos de Deschamps, qu'il a pris pour lui – ce qu'on ne lui reprochera pas –, il balance du lourd à tous les micros et stylos tendus :

« Des fois, il vaut mieux tourner sa langue dans sa bouche, sept fois, plutôt que de dire de telles bêtises. C'est de l'irresponsabilité, de la connerie [...]. J'en ai plein les couilles, ça suffit de toujours dire “C'est la faute à Untel”, de se prendre pour Calimero [...]. Quand il y a quelque chose à dire, j'ai plutôt tendance à le dire en face. Je ne suis pas un pleureur. Moi, je peux me regarder en face. »

Envoyez, c'est pesé !

Chapitre 24

La fin d'une liaison

Quelles que soient tes fautes, j'espère que tu n'en viendras jamais à essayer de les justifier à tes propres yeux.

Francis Scott FITZGERALD[1]

Ce devait être un mariage plein de bonheur et de passion. C'est devenu une liaison misérable, achevée dans l'aigreur.

Pour essayer de comprendre comment on avait pu en arriver là, il fallait essayer de rencontrer aussi Vincent Labrune. Président de l'OM depuis qu'il avait lui-même organisé l'éviction de Jean-Claude Dassier, le jeune homme avait déjà bien travaillé pour pousser Pape Diouf à s'en aller.

Aujourd'hui, grand maître à bord sous le regard attendri de la reine Margarita, il continue à lui glisser régulièrement toutes les informations qu'il estime importantes sur l'OM, afin de lui permettre de prendre sereinement les grandes décisions.

1. Cette citation est tirée d'une lettre à sa fille, Scottie.

Évidemment, on trouverait plus normal qu'elle écoute aussi d'autres rouages importants du club, comme le faisait son mari, mais ça, il n'en est pas question.

Donc, rencontrer Labrune. Un vrai défi. Non que le président s'y refuse, dès votre premier coup de téléphone, il vous rappelle, complice, attentif. La conversation va durer vingt-cinq minutes, c'est formidable pour un premier échange qui en promet d'autres. Qui promet surtout un rendez-vous à Marseille, très rapidement.

« Bien sûr, j'ai beaucoup à dire sur ces trois ans de vie partagée avec Didier Deschamps mais je dois faire attention et obtenir le feu vert des avocats du club.

« Nous avons, lors de son départ, signé un accord de confidentialité, chacun conservant pour lui les moments clés de la collaboration, et ne les livrant pas en public...

« Je fais donc attention, encore que lui ne se soit pas gêné, à l'occasion, pour donner un coup de canif dans le contrat... » Neuf mois plus tard, il ne m'en avait pas dit beaucoup plus, sauf à l'occasion d'une conversation téléphonique, fin mai. Chez certains hommes de « communication », il y a toujours cette faculté à ne jamais dire « non », mais à repousser aux calendes grecques les engagements. Dans le genre, Vincent Labrune est un artiste. Si vous insistez un peu trop, si vous lui rappelez ses promesses non tenues, il s'énerve, vous raconte qu'il travaille dix-huit heures par jour et qu'il est quand même débordé. Bref, il le prend de haut, entrant à merveille dans la peau du personnage méprisant, décrit un peu plus avant par Nathalie Paoli.

On comprend que l'homme n'aime pas recevoir des leçons de politesse, ou même de simple courtoisie, puisqu'il ne les retient pas.

Ce n'est rien de dire qu'il est noyé sous la tâche – on se demande comment faisaient les Tapie, Diouf, Dassier –, à essayer de piquer de façon déloyale des joueurs à ses concurrents, ou à jouer les gros bras quand il devrait se faire tout petit. Alors, débordé, oui, mais surtout débordé par lui-même.

Être un homme de lobby, un homme de l'ombre qui s'agite en coulisses, c'est plus facile que d'être un grand communicant parlant de son entreprise avec humanité et justesse, parce qu'il en est l'âme.

Labrune, lunettes de soleil sur le front, rouflaquettes et chemise ouverte sur le poitrail, aborde un look assez bling-bling pour faire passer n'importe quel autre président d'un club de Ligue 1 pour le directeur d'une entreprise de pompes funèbres. Ce ne serait pas grave s'il y avait un peu de caractère derrière toutes ces fioritures. Hélas, le président est aussi débraillé dans sa tête. Apparemment, il est plus aisé de comploter dans son coin que de faire régner la paix en entreprise. Ça, il ne sait pas. Trois ans d'embrouilles entre Deschamps, Anigo, Bernès, Dassier, des évictions, des licenciements, et rien qui ne soit de son fait. Drôle à en pleurer.

La faute des autres, toujours, comme un leitmotiv. Sans se douter qu'il fait ainsi, chaque fois, un terrible aveu de faiblesse. Quel est ce dirigeant qui n'agit sur rien ? Qui subit en permanence ?

Comme beaucoup, à force d'être suffisant, il en est très insuffisant. De fait, on a désormais la sensation qu'à l'OM ce sont les malades qui dirigent l'asile.

Quand il parle de Deschamps, il est dans le même registre. Tout au moins au début. De l'eau tiède, de la bonne entente, bien sûr, gâchée par quelques trublions. Pas de problèmes avec Deschamps, encore qu'il aurait des choses à dire (tiens, tiens !), si ses avocats lui donnent l'autorisation.

Mais écoutons-le plutôt, puisqu'il a bien voulu distiller quelques bonnes paroles.

« Je m'entendais bien avec lui. Personnellement je n'ai jamais eu de problèmes avec Didier. Il faut reconnaître qu'avec lui l'OM s'est remis à gagner des titres, ce que toute la ville attendait depuis très longtemps.

« Ce qui a été très dommage, c'est que son conflit avec Anigo, d'abord latent puis explosif, a fini par tout gâcher.

« La vérité est qu'Anigo était tout à fait prêt à travailler avec le nouvel entraîneur. Jamais il n'a émis la moindre opposition à sa venue. De la même façon, Deschamps ne semblait pas gêné par l'idée de travailler avec José. Il connaissait ses fonctions au sein du club, savait que c'était un rouage important et qu'il jouait un rôle déterminant dans les transferts. Il a paru accepter cette situation avec beaucoup de sérénité. »

Évidemment, on lui demande par quelle malédiction la situation a pu virer ainsi à l'affrontement puis au cauchemar. Sa réponse est étonnante, dans la mesure où il est le premier, et restera le seul, de nos interlocuteurs à mettre directement en cause son ex-entraîneur :

« L'atmosphère a brusquement, et même brutalement, changé quand Didier a décrété qu'il voulait travailler avec Bernès. Je dois dire que l'on s'attendait à tout sauf à ça. Au vu du passé de Jean-Pierre Bernès, qui est par ailleurs un homme compétent, des souvenirs qu'il a laissés à l'OM – toujours vivaces chez d'anciens salariés du club, comme Anigo –, il ne pouvait pas être question de le faire revenir. »

On lui rappelle qu'il n'a pas eu, semble-t-il, une position aussi ferme lors du dîner au restaurant parisien *Le San Francisco*, et nous suggérons qu'il ait plutôt cédé à une levée de boucliers à l'intérieur du club :

« Même si José n'avait pas mis sa démission dans la balance, il était hors de question de se livrer à une telle provocation.

« L'autre aspect catastrophique de cette éventualité, c'est que dans l'esprit de Deschamps Bernès serait venu à l'OM pour remplir les fonctions d'Anigo, à la place d'Anigo.

« Évidemment, nous avons dit "non", fermement. Et Deschamps n'en a plus reparlé. Mais le mal était fait. Anigo ne pouvait pas oublier que Deschamps avait voulu faire installer Bernès à sa place. Quant à Deschamps, il a encaissé notre refus comme une défiance vis-à-vis de lui. C'est un garçon très susceptible et, très vite, il s'est enfermé dans une tour de verre, avec son staff, à l'abri des autres, tous les autres, qu'il percevait désormais comme des ennemis. »

Si ce n'était pas le cas, il faut reconnaître que, par moments, ça y ressemblait fortement. Pourtant, Labrune n'en démord pas, tout est né de la « faute » de Didier Deschamps :

« Je crois que, à partir de ce début raté, la situation n'a fait que se dégrader. Une certaine froideur s'est vite installée. Anigo et Deschamps se disaient "bonjour" le matin, mais pour le reste…

« La première saison a été formidable, avec le titre de champion et une Coupe de la Ligue. Évidemment, ça masque les problèmes. Mais ça ne les élimine pas. Quand Didier a commencé à faire des réflexions sur des erreurs de recrutement, estimait-il, forcément attribuées au directeur sportif, qui n'était jamais désigné nommément, la température est montée d'un cran.

« Tout ce qui venait de Deschamps, Anigo le recevait comme une attaque personnelle et déloyale destinée à prouver qu'il n'était pas à la hauteur et que Bernès aurait fait bien mieux… Il n'y avait aucune chance pour que ça s'arrange. »

Afin de ne pas être en reste avec qui que ce soit, le président de l'OM charge aussi l'entourage de son ex-entraîneur :

« Je pense que l'environnement a été très néfaste. Pour moi, le problème de Deschamps, ce n'est pas son caractère, en tout cas pas directement. Là où son caractère le pousse parfois à la faute, c'est qu'il a tendance à écouter un peu trop son proche entourage. Ça lui fait faire des erreurs, et adopter des comportements qu'il n'aurait pas naturellement. Ça a été flagrant dans ses années à l'OM. Dans son renfermement qui était surtout une coupure avec les autres. Le monde extérieur. Que Bernès puisse avoir de l'influence – quelquefois néfaste – sur lui est une évidence. Mais il n'y a pas que lui.

« Je crois que Guy Stéphan, son adjoint, pèse beaucoup sur ses prises de décision, et dans son rapport avec les autres. Personne ne parle de Guy Stéphan, il ne se met pas en avant, sait rester discret, mais c'est un acteur majeur du système Deschamps. »

Le président-psychologue en revient toujours au même point, ça ne pouvait pas se terminer bien : « Chercher à introduire son propre agent dans l'organigramme d'un club, c'est périlleux. Vivre en autarcie, c'est encore plus dangereux.

« On savait que Deschamps n'était pas forcément un personnage facile à gérer. À Monaco et Turin, il y a eu beaucoup de succès, il y a eu aussi beaucoup de problèmes. Ça s'est mal terminé. Ce serait d'ailleurs intéressant pour vous de rencontrer Jean-Claude Blanc, qui était le directeur général de la Juventus Turin l'année où Didier en était l'entraîneur : il en a beaucoup à raconter... »

Question de diplomatie, je m'empêche de soumettre mon interlocuteur à la question fatale : et lui, qu'a-t-il fait pour dénouer la situation ? S'est-il investi ? A-t-il cherché des solutions ? organisé des réunions avec les deux hommes pour essayer de les rapprocher ?

S'il a fait quelque chose, il n'aura pas trouvé le temps de me le dire. C'est dommage. Pape Diouf affirme que s'il était resté il n'y aurait jamais eu de problème, parce que la question de la venue de Bernès n'aurait même pas été évoquée. Il avait tout prévu et cadenassé avant, lors de ses entretiens « secrets » avec Deschamps.

Jean-Claude Dassier, tout en reconnaissant ses erreurs, peut se flatter d'avoir conservé, pendant sa présidence, un *statu quo*. Il a su, à sa manière, jouer les tampons.

Les incidents violents ont éclaté après son départ. Labrune reconnaît qu'il ne fut pas simple de régler les formalités de la séparation inéluctable :

« Il a eu une attitude un peu ambiguë. On sentait qu'il ne voulait pas rester mais qu'il ne voulait pas non plus partir à l'aventure. Apparemment, il n'avait pas un flot de propositions, non plus. C'était au moment de l'Euro et il semblait de plus en plus crédible, vu le contexte des rapports Blanc-Le Graët, qu'une place de sélectionneur soit bientôt à prendre.

« De toute façon, il ne voulait certainement pas s'en aller sans indemnités. De notre côté, nous n'étions pas disposés à attendre trop longtemps qu'il se décide. Soit il restait – il avait encore une année de contrat –, soit il partait suffisamment tôt pour que nous puissions recruter un nouvel entraîneur qui devrait rapidement préparer la nouvelle saison.

« Pendant plusieurs semaines, nous avons joué au chat et à la souris, chacun de son côté ne voulant pas risquer de se mettre à la faute, et se retrouver en position désavantageuse.

« J'ai commencé par dire que je me suis toujours bien entendu avec lui. C'est vrai, nous n'avons jamais connu de *clash*. Par moments, je comprenais son malaise et ce sentiment d'injustice à son égard, qui ne le quittait pas.

« Mais il faut savoir que lorsque vous présidez un club, vous avez le devoir de vous pencher sur les problèmes de tous vos collaborateurs. Pas d'un seul.

« C'était d'autant plus nécessaire d'assumer ce rôle tant que Deschamps était notre entraîneur, qu'il est lui-même très rigide, avec les joueurs notamment.

« C'est vrai, Deschamps considère que des professionnels achetés très cher, et bénéficiant de salaires élevés, doivent être à même de se gérer parfaitement. Savoir éviter les excès, s'alimenter sainement, respecter une parfaite hygiène de vie pour ne pas risquer la blessure, travailler leurs points faibles et leurs points forts… Il considère que l'entraîneur d'une équipe professionnelle n'est pas là pour apprendre à jouer au foot à son effectif ni pour lui dire combien de temps il doit dormir ou comment il doit manger.

« Il lui était reproché d'appliquer ses principes avec beaucoup de rigueur, et trop de fermeté. Certains joueurs vivaient mal sa façon de se fermer dès qu'il en voulait à l'un ou à l'autre. Ou de fonctionner avec de l'ironie et des piques qui pouvaient vite être blessantes. C'est aussi une façon de se couper des autres. »

En revanche, Labrune, sans doute un brin jaloux, lui reconnaît une qualité supérieure :

« Ce qui m'a fasciné pendant ces trois années, c'est son sens de la communication et sa capacité à tenir la presse complètement à son avantage. Il a vraiment créé avec l'ensemble des journalistes un rapport très particulier. Au point que l'on pouvait se demander si, quand il s'agissait de Deschamps, ils n'abandonnaient pas tout sens critique. Je me souviens de la série catastrophique de l'OM, lors de la dernière saison, pas une victoire pendant plusieurs mois, un jeu catastrophique et, à l'arrivée, pas une critique sur l'entraîneur. Vous pouvez reprendre les journaux de l'époque : tout y passe, les joueurs, les dirigeants, le préparateur physique, le directeur sportif... Et pas un article, même pas trois lignes pour dire que si l'équipe joue mal, l'entraîneur y est peut-être pour quelque chose, lui aussi.

« Ça, c'est le miracle Deschamps ! Vous aurez remarqué que le phénomène perdure depuis qu'il est sélectionneur. »

Il n'était pas si facile de réduire l'intervention de Vincent Labrune à ces morceaux de souvenirs. Une mémoire édulcorée ne vous aide pas à esquisser le portrait véridique d'un homme. Nous savons tous à quel point les hommes importants sont avares de leur temps. Le rendez-vous promis n'est jamais venu. Au moins nous ne nous verrons pas reprocher de ne pas avoir essayé. Au-delà du raisonnable.

Chapitre 25

La proie et l'ombre

À quoi peut bien penser Didier Deschamps en ce mois de juin 2012 ?

Il est épuisé, à bout de nerfs, navigue au bord de la déprime et sent peser dans tout son corps les kilos en trop qui écrasent un peu plus son énergie. Il en a beaucoup supporté en trois saisons, là il n'en peut plus.

Selon les heures, il se sent comme une statue qui marcherait. Ou comme un mort. L'insouciance en moins. À chacune de ses interventions, il rappelle les trophées rapportés, serine, sur un ton las, « J'ai la conscience tranquille », s'abstient de trop en dire. Et pourtant, il aurait beaucoup à raconter. À quoi bon ? Il cherche une porte de sortie qui serait une entrée sur quelque chose. C'est plus important que de vouloir prouver qu'il a raison.

Ce dont on ne peut pas parler, il faut le taire, c'est sa conviction depuis toujours. Et ça, il sait faire.

Quand il n'a pas envie de parler, c'est comme s'il inventait le silence. Chaque fois qu'il a voulu déverser ses états d'âme, ça ne lui a pas vraiment réussi.

Désormais, il voudrait préférer ses souffrances à ses plaintes et rassemble toutes ses forces mentales pour ne pas commettre la moindre erreur de stratégie dans les semaines qui viennent. C'est là que la partie va se jouer et il faudra être solide.

L'équation est claire : il ne partira de l'OM – quoi qu'il lui en coûte – que s'il a retrouvé un poste à sa convenance, ailleurs. Et il n'abandonnera pas les indemnités dues sur sa dernière année de contrat. Après tout, ce n'est pas pour rien qu'il est amené à partir : les critiques, les insultes, le manque de soutien à l'intérieur du club... Trop, c'est trop.

Dans un premier temps, parce que tout était devenu insupportable et insurmontable, on dit qu'il aurait remis une lettre de démission à Vincent Labrune. Qu'elle dormirait au fond d'un tiroir. Ça, ç'aurait été sous la pression, avant que soit élaborée une stratégie.

Si elle existe, qu'est devenue cette lettre dont Labrune ne semble pas vouloir se servir, dont il ne se servira pas ? On peut imaginer que Deschamps et ses conseillers ont des arguments pour tenir l'adversaire en respect. Le silence a un prix.

L'essentiel est quand même que tout le monde soit d'accord sur une idée de rupture consentie. Après, chacun fait des mines, c'est de bonne guerre. On ne se découvre pas, on dit, officiellement, de part et d'autre, que l'on ira au bout du contrat et on pense le contraire.

Pendant que l'OM s'escrime à cibler un nouvel entraîneur et commence à nouer des contacts avec Élie Baup, Deschamps se reprend à rêver d'équipe de France.

Pourquoi l'équipe de France ? Il n'y a pas si longtemps, on aurait dit que tout y allait bien, sous le règne de Laurent Blanc. Une qualification solide à l'Euro, des joueurs brillants, à l'image de Benzema, retrouvé, et de Lloris, désormais considéré, à 25 ans, comme l'un des meilleurs gardiens du monde. De Ribéry, repentant, cherchant à exorciser ses propres fantômes plutôt que ceux de Knysna. Cette équipe est partie disputer l'Euro en Ukraine le cœur léger, se promettant pour bientôt un parfum d'épopée.

Une grande ombre plane pourtant sur l'avenir de cette équipe : Laurent Blanc n'a toujours pas prolongé son contrat, qui s'achève quelques jours après la fin de l'Euro.

Difficile de savoir qui est responsable de cette situation bancale. Blanc, qui estime avoir satisfait à ses obligations en qualifiant l'équipe pour l'Euro et en lui redonnant une âme, regrette que son président, Noël Le Graët, veuille attendre la fin de la compétition en Ukraine pour parler d'éventuelle prolongation. Il prend cette attitude pour de la défiance. Il n'a pas tort.

Le sélectionneur laisse entendre que si rien ne lui est proposé dans les temps, il sera libre de reprendre sa liberté. Blanc rappelle aussi que le président de la FFF voulait lui offrir une prolongation au bout d'un an d'exercice et que c'est lui qui avait refusé, préférant d'abord qualifier les Bleus avant de penser à son avenir.

Une telle attitude l'honore... sans lui porter bonheur pour autant. La gratitude n'est pas un sentiment très en vogue dans certains milieux.

Désormais, Le Graët, roué comme pas deux, maniant la langue de bois avec componction, avance, dès que l'on évoque la question du sélectionneur, qu'il faut voir ce qui se passera à l'Euro. On essaie de le pousser à fixer des repères : une qualification pour le deuxième tour serait-elle un très bon point pour l'entraîneur? Il répond, tel un matou grisâtre et assez peu emballant, que ça ne veut rien dire, que si l'équipe est éliminée au premier tour en jouant bien, ça signifiera plus pour lui que si elle se qualifie en jouant mal…

À cet instant, il faudrait être totalement sourd pour ne pas comprendre que, pour rester en place, Blanc devra gagner l'Euro, au moins. Et avec la manière en plus.

Bref, il n'a plus aucune chance, tant Le Graët a pipé les dés, imposant que, peu importeront les résultats, c'est lui et lui seul qui décidera de la suite.

C'est une catastrophe, du point de vue de la crédibilité de Blanc face aux joueurs, du moral de l'équipe, de la vision que les médias peuvent avoir de ce groupe France qu'on leur promettait plus sain, moins tourmenté.

Comme Domenech en Afrique du Sud, Blanc se retrouve déstabilisé par son nouveau statut : celui du type qui ne restera pas, quoi qu'il arrive…

Nasri, Ben Arfa, Ménez, M'Vila montreront tour à tour l'estime qu'ils peuvent porter à un sélectionneur qui ne sera bientôt plus là.

Évidemment, on peut se demander pourquoi Le Graët a voulu expédier aux oubliettes un sélectionneur qui n'avait pas si mal réussi.

D'abord, parce qu'il ne l'avait pas choisi. C'est sans doute une raison un peu futile, mais elle existe. Fernand Duchaussoy, le prédécesseur de Noël Le Graët, avait été tout heureux de recruter un sélectionneur immaculé pour ranimer la flamme. Élu à son tour, Le Graët avait dû faire avec.

On ne fait pas la fine bouche devant un sélectionneur qui aligne dix-neuf matchs sans défaite avec une équipe qui, deux ans avant, n'arrivait même pas à descendre du bus toute seule.

Mais on sentait qu'il n'était pas son genre et qu'il en faudrait beaucoup pour qu'il le devienne. Il est comme ça, Le Graët.

Cela dit, Laurent Blanc n'est pas extrêmement facile à gérer. Cévenol entêté, peu loquace, humain mais rude, imprégné de règles de vie qui l'empêchent souvent de se remettre en question.

« Le Président » veut être normal et vivre normalement, sans subir les contraintes inhérentes à sa fonction. On lui en veut un peu d'avoir lancé la mode du « président » normal, qui a fait bien des dégâts par la suite. À lui comme à d'autres, on reprochera de ne pas avoir compris que dans une situation extraordinaire, on ne peut pas se comporter comme un homme ordinaire.

C'est une accumulation de détails qui va, apparemment, effriter sa relation avec Le Graët. Blanc ne répond pas souvent sur son portable, et rappelle rarement, au point que l'on se demande pourquoi il possède un téléphone. « Il faut que je lui laisse deux ou trois messages avant qu'il me contacte », se plaint Le Graët.

En dehors des périodes de rassemblement d'avant-match, quand les joueurs sont convoqués quelques jours plus tôt, il ne vient jamais à Clairefontaine, ne passe pas à Paris pour s'entretenir avec son président. Il préfère rester cantonné à Bordeaux. Son adjoint assume une grande partie du travail, dit-on, même si Blanc se déplace aussi dans les stades pour superviser des internationaux.

La rumeur court qu'il préfère jouer au golf en Gironde plutôt que de participer à des réunions de travail à la fédération… Pas mal de choses se disent sur son comportement, pas toujours très professionnel, mais elles ne s'écrivent pas. Ou peu.

On évoque son dilettantisme – le mot est juste si on le prend dans toute son acception – et on chuchote que Noël Le Graët en est de plus en plus irrité.

Il y a aussi la densité du staff dont il s'entoure. Les collaborateurs du sélectionneur sont très nombreux – plus que ça n'est nécessaire, estime Le Graët – et il n'hésite pas à offrir des piges fructueuses et des notes de frais somptueuses à ses copains, tel Fabien Barthez. Pour venir de temps en temps donner quelques conseils aux gardiens lors des rassemblements de Clairefontaine, l'ancien portier des Bleus reçoit des cachets en or.

Le comble est atteint lorsque, interrogé sur un match au sommet de la Ligue 1 retransmis la veille sur une chaîne câblée, Blanc répond, le plus naturellement du monde : « Je ne l'ai pas vu, parce que je ne suis pas abonné à Orange. » Publiée dans la presse, sa réponse laisse tout le monde rêveur. C'est vrai qu'il y a de quoi.

Il y a aussi chez le sélectionneur une inclination à négliger tous les problèmes bas de gamme qui peuvent surgir dans la vie d'un groupe. Quand Nasri insulte un journaliste, à deux reprises, pendant l'Euro, on attend évidemment une réaction du sélectionneur. Interrogé, il répond *grosso modo* que ça ne le concerne pas. Gérer ce genre de choses ne fait pas partie de son boulot.

C'est là qu'il se trompe. Lourdement. Pour tous ces points de détail, plus ou moins importants, dans l'esprit de Le Graët, son sort est scellé.

Nous voulons bien croire qu'il l'était depuis longtemps. Et que Laurent Blanc a très vite ressenti la défiance de son président, son manque d'empathie. S'il s'était senti apprécié, nul doute qu'il aurait été plus facilement joignable au téléphone. Et qu'il aurait pris plaisir à aller échanger plus souvent avec Le Graët, à Paris.

Reste à lui trouver un successeur avant d'en finir. C'est le moment où Deschamps est en train de négocier son départ de l'OM. Deschamps, c'est le profil parfait de l'entraîneur talentueux, travailleur et suffisamment autoritaire, qui plaît à Le Graët. C'est un vrai communicant, très adroit, capable de se soumettre à une autorité qu'il respecte, pour peu que les règles aient été fixées avec clarté.

Il a connu suffisamment de moments durs, entre son départ de la Juve, ses deux ans de chômage, son ambition déçue de devenir sélectionneur en 2008, parce qu'il faisait peur, et ses trois années tourmentées à Marseille.

Pour Le Graët, ce Deschamps, qui s'approche des 45 ans, a mis pas mal d'eau dans son vin, et il est mûr pour le poste. Reste à acquérir la certitude qu'il vienne, en cas de départ de Laurent Blanc.

Pas question de lâcher la proie pour l'ombre. La fédération ne risquera pas de se retrouver une fois de plus dans une position grotesque, et d'être moquée pour son incompétence. Le problème est que Deschamps se trouve dans la même situation, et surtout dans le même état d'esprit : il ne rompra avec l'OM que s'il a la certitude de rejoindre les Bleus.

Qui sait? Si l'équipe de France réalise un grand Euro, en jouant parfaitement bien et en se comportant remarquablement (on peut toujours rêver), il sera difficile pour Le Graët de ne pas prolonger Blanc jusqu'à la Coupe du monde 2014. Il n'est plus question pour Deschamps d'être à nouveau réduit à meubler ses week-ends en jouant les consultants pour la radio et la télé.

Il en a assez de l'OM, pour autant il ne fera pas n'importe quoi, et attend donc des certitudes, pas seulement des promesses.

Lui non plus ne lâchera pas la proie pour l'ombre.

L'affaire, déjà délicate, se corse délicieusement quand on sait que Laurent Blanc et Didier Deschamps bénéficient des services du même agent. On est alors très curieux de savoir comment le très habile Bernès peut gérer l'affaire en essayant de satisfaire ses deux clients, sachant qu'*a priori* le bonheur de l'un passera forcément par la désillusion de l'autre. On imagine les contorsions éthiques que cela implique, on sait aussi que Bernès, dans ce domaine, n'est jamais dépourvu de solutions.

L'Euro commence alors que chacun est campé sur ses positions. Un match nul contre l'Angleterre (avec déjà les premiers débordements de Nasri), puis une victoire sur l'Ukraine promettent la qualification aux quarts de finale. Blanc a retrouvé du tonus.

Et puis, tout s'écroule : la déroutante défaite contre la Suède et l'élimination logique en quarts face à l'Espagne s'ajoutent aux comportements désastreux de Ben Arfa, Ménez, M'Vila. Le tour est dans le sac.

Quelques jours plus tard, Le Graët et Blanc se rencontrent à Paris et annoncent qu'ils ne continueront pas l'aventure ensemble. D'un commun accord, cela va de soi.

Il nous étonnerait pourtant que le sélectionneur ait décidé, sans qu'on le pousse fermement vers la sortie, de ne pas poursuivre l'aventure avec son équipe à deux ans du mondial. Il nous revient aussi que lorsqu'il a récupéré cette équipe, elle était en ruine et que sa mission était de la reconstruire – ce qui a été fait – avant de s'élancer vers d'autres défis plus glorieux. Ce sera sans lui.

Dans le même temps, Deschamps signe l'accord de son départ de l'OM. Quelques jours plus tard, il signe son contrat avec la FFF, et succède à Laurent Blanc comme sélectionneur national.

Pour l'anecdote, on notera que les deux anciens coéquipiers de 1998 n'ont surtout pas communiqué durant cette période. Ils ne communiqueront pas plus après, si ce n'est par sous-entendus. On finit par apprendre – c'était jusque-là un secret de polichinelle – qu'ils n'ont jamais vraiment échangé, même aux plus belles heures.

« On n'ira pas passer nos vacances ensemble », dira l'un, l'autre renchérissant : « De toute façon, nous ne sommes jamais partis en vacances ensemble. »

Ils n'étaient donc pas les meilleurs amis du monde... Le tempo du *switch* sur le poste de sélectionneur n'a rien fait pour arranger les choses.

Laurent Blanc se sent le dindon de la farce. Il n'a pas complètement tort puisqu'il restera au chômage un an, ne retrouvant un banc – certes prestigieux – qu'*in extremis*, et grâce à un concours de circonstances.

Est-ce la faute de Deschamps ? Laurent Blanc le pense, même s'il ne le claironne pas. Ce qu'il ressent comme une certitude, c'est que Le Graët ne lui aurait jamais fermé brutalement la porte au nez si, à un moment donné, Deschamps n'avait pas donné son accord pour reprendre le poste. Ce n'est pas très correct, certes, d'agir ainsi avec un ami. Mais comme les deux hommes reconnaissent ne jamais avoir été amis...

Plus contestable est l'attitude de Le Graët, qui se sert de l'un pour exclure l'autre. Il n'a sans doute pas compris, en devenant président de la Fédération française de football, que, dans le mot « fédération », il y a l'idée de rassembler. Il a sacrifié froidement Blanc pour satisfaire son désir de travailler avec quelqu'un qui lui convient mieux. Est-ce pour cela qu'il a été élu ?

Le Graët est un mystère. Il y a une telle distorsion entre l'image qu'il donne de lui et ce qu'il est réellement. On le dit travailleur intelligent, honnête, rude, tout d'un bloc. C'est un « tueur » qui n'hésite devant aucune manœuvre pour atteindre ses objectifs, il est manipulateur, peu fiable, très politique, dans le mauvais sens du terme, et, plus qu'ambigu, très flou.

« Quand c'est flou, il y a un loup », disait la grand-mère de Martine Aubry. Avec Le Graët, il y a des loups partout.

Il était le président de la Ligue, il y a vingt ans, lorsque éclata l'affaire OM-VA. Il est aujourd'hui acquis qu'il s'est servi de Bernès et de l'affaire OM-VA pour faire tomber Tapie. En échange, Bernès a bénéficié d'une amnistie inattendue ; interdit à vie de toute fonction dans le football, il pourra quelques années plus tard obtenir une licence d'agent de joueurs… et d'entraîneurs.

Des années après, demeure entre Le Graët et Bernès une relation étrange et plus qu'ambiguë. De celles qui peuvent exister entre flics et voyous. Je te donne, tu me donnes… On n'en sort plus. À ne plus savoir s'il y a vraiment un flic là-dedans.

Ce qui est indéniable, ce sont les faits : « Comment un homme qui a commis ce qu'il y a de pire dans le football, et qui en a été chassé pour ça, peut-il revenir ? » s'indignait en 1999 Bruno Satin, vice-président du syndicat des agents français. La FFF venait de remettre dans le jeu Bernès, dont la sanction à vie avait été levée trois ans plus tôt par la Fédération internationale.

Il lui avait alors été répondu qu'il était le seul à se plaindre. Ce n'était pas tout à fait vrai, mais peu importe, puisque ceux qui se plaignaient n'étaient pas entendus. C'est pareil aujourd'hui. Un silence pesant.

Qui s'élève contre le fait qu'un agent puisse avoir comme clients des joueurs habitués ou postulants à la sélection, et aussi des entraîneurs, voire des sélectionneurs de la même équipe nationale ?

En tout cas pas le président de la FFF, qui n'y voit aucun inconvénient. La loi est ainsi faite, et la loi, n'est-ce pas, c'est la loi.

En 2008, après l'Euro catastrophique, il a fait partie de ceux qui militaient pour le maintien en poste de Domenech, contre toute logique. Alors, il n'était pas le président tout-puissant de la FFF et attendait son heure. Curieusement, elle est venue après le désastre de Knysna, la démission d'Escalettes et la première élection qui a suivi l'intérim du trop naïf Fernand Duchaussoy. Le rusé Le Graët ne pouvait que triompher de l'intérimaire, après avoir soigneusement placé ses pions pendant que son adversaire était occupé à gérer l'ingérable.

Dans la tristement célèbre affaire des quotas, il n'a pas défendu comme il l'aurait dû Laurent Blanc, pris dans la tourmente, accusé de propos racistes (!) et entraîné dans un mauvais procès en sorcellerie.

Ce qu'il faut savoir, quand on observe cet homme qui se veut simple et débonnaire, c'est qu'il applique sans cesse un plan. Peu importent les intérêts du football français, c'est sa trajectoire qui compte.

Aujourd'hui, il a le pouvoir. Et les hommes qui lui conviennent.

Laurent Blanc n'en faisait pas partie. Il est l'homme qui aura fait renaître une équipe de France sur les cendres de Knysna, a aligné en deux ans une série de dix-neuf matchs sans défaite (éliminatoires de l'Euro compris), et a permis à son équipe de jouer un quart de finale de l'Euro 2012, perdu face à l'Espagne, championne du monde et tenante du titre, qu'elle allait conserver.

Apparemment, ce n'était pas suffisant.

C'est le même Le Graët qui, après que l'équipe de France version Deschamps venait de perdre un match d'éliminatoires à Paris contre l'Espagne puis trois matchs amicaux contre l'Allemagne, le Brésil et l'Uruguay, sans marquer un but, déclarait qu'il était satisfait du football pratiqué par la sélection…

Une manière de dire qu'il avait raison, et avait choisi la bonne solution, quoi qu'il arrive.

Si le pire arrivait – une non-qualification pour la Coupe du monde au Brésil –, le bon président aurait sans doute préparé une pirouette qui lui permettrait d'être le seul à ne pas descendre de l'avion pour Rio. Mais il n'est pas certain que son sélectionneur ait prévu de jouer les victimes expiatoires.

Chapitre 26

La gueule du loup

Cette fois, il y est. Sélectionneur de l'équipe de France. C'était un rêve raisonnable. Rien d'une quête éperdue qui mobilise votre volonté, vos pensées et vos actions à longueur de jour et de nuit.

Quelque chose qui devait arriver, forcément. Sans que l'on puisse dire quand. L'équipe de France, il y pensait de temps en temps, comme on caresse de douces mélancolies. Elle reviendrait forcément puisqu'elle n'était jamais tout à fait partie.

Comme toujours, il saura, dès sa première conférence, séduire la presse. Quand il est comme ça, presque heureux, détendu, à l'aise, il pourrait séduire n'importe qui. Même lui, et Dieu sait que ce n'est pas facile. Didier Deschamps ne s'aime pas trop, et ça se voit. Bien sûr, il n'y a que les imbéciles qui se pâment d'admiration devant leur glace, mais chez lui, le sentiment est assez marqué : il n'aime pas son image. Trop comme ci, pas assez comme ça. Il donne parfois l'impression d'être à l'étroit dans un corps qui ne lui va pas. Il a peut-être raison mais ne devrait pas oublier que c'est l'esprit qui compte. Et permet la victoire.

Dans son numéro de charme, il est à l'opposé de Laurent Blanc. Il sait cajoler, piquer à l'occasion, faire de l'humour, et surtout il a de la repartie, ce qui compte beaucoup quand on fait face à une centaine de journalistes.

Tout le monde a pu constater, six années durant, l'affligeante bêtise des reparties de Domenech. Laurent Blanc a fait mieux, certes, mais ce n'était pas encore ça. Trop de phrases volontairement entortillées, d'idées confuses, noyées par un trait d'esprit plus ou moins lourd. Tout le monde n'a pas la capacité de parler, comme pourrait dire Pape Diouf, une envoûtante langue de bois.

Humilité et ambition, rigueur aussi, sur le terrain et en dehors, son programme tient en quelques mots simples, longtemps oubliés à Clairefontaine.

D'emblée, il sait que son crédit résistera un bon bout de temps aux inévitables coups durs.

Il est quand même attendu comme un sauveur, quand Blanc se devait d'être d'abord un rédempteur. Pas tant pour les résultats sur le terrain que pour le comportement de ces Bleus que la France ne supporte plus. Que certains aient pu, deux ans après Knysna, montrer à nouveau leur vulgarité, leur méchante bêtise et leur absence de respect pour le maillot qu'ils portaient et le pays qu'ils représentaient, cela dépasse l'entendement.

On demandait récemment à un ancien sélectionneur si l'émergence du PSG au niveau européen, l'arrivée de Monaco et de très grands joueurs dans ces deux clubs pouvaient rehausser le standing du football français. « Non, répondait-il, il n'y aura plus de bonne perception de notre football tant que le monde entier aura encore en tête les images du bus de Knysna. »

Alors, recommencer deux ans après !

C'est là que tout le monde attend Didier Deschamps. On le sait rigoureux et surtout pas laxiste dans ses comportements. Le travail de Blanc a été énorme, c'est indéniable. Mais il faut reconnaître qu'il n'a pas réussi à obtenir le comportement respectable que l'on attendait de son équipe.

Deschamps ne pourra pas échouer dans ce domaine. Deux ans après Blanc, il devient sélectionneur d'une équipe dont les Français continuent à se détourner. Comme son prédécesseur, il hérite de joueurs suspendus pour mauvais comportement. La différence, c'est qu'il annonce clairement ce que va être son fonctionnement : une fois les matchs de suspension purgés, on repartira de zéro. Mais à la première incartade, au premier manquement à la discipline et à un comportement exemplaire, c'en sera fini.

Et c'est bien sûr valable pour les récidivistes comme pour les autres, tous les autres. C'est le groupe qui est averti parce que c'est au groupe dans son ensemble qu'il donne une deuxième chance. Il n'y en aura pas de troisième…

Ménez va revenir très vite, contrairement à M'Vila, tombé dans une médiocrité désolante, à Ben Arfa, qui ne semble manquer à personne, et surtout pas au sélectionneur, et à Nasri enfin, qui réapparaîtra seulement en août 2013, quatorze mois après l'Euro. Du point de vue du comportement, le sélectionneur a donné l'impression de gagner son pari. Il réussit aussi un très bon début d'éliminatoires. On l'attend là aussi sur le chemin qui mène au Brésil 2014.

L'équipe gagne sans briller mais sans coup férir ses premiers matchs contre des adversaires modestes. Quand vous êtes dans le groupe de l'ogre espagnol, il faut vous battre pour la deuxième place, celle qui offre la possibilité d'un match de barrage. Et ne pas faire la moindre faute.

Deux coups de tonnerre vont changer la donne. D'abord, les Bleus, impeccables de volonté et de courage, bien que dominés pendant une première mi-temps éprouvante, réussissent l'exploit d'égaliser en deuxième mi-temps et d'obtenir un match nul inespéré. Bien sûr, Lloris, plus vertigineux que jamais, a réalisé deux ou trois arrêts sublimes et même stoppé un penalty. Mais les Français ont eu aussi leurs occasions et le nul paraît équitable. En tout cas, c'est un exploit de taille.

Au-delà de la qualité démontrée individuellement par les joueurs français, ce qui épate, c'est l'organisation, le schéma tactique, l'intelligence du jeu proposé collectivement. Il y a une force et une sérénité nouvelles dans cette équipe. On oserait même dire un « esprit ». Et Deschamps en est le grand responsable. Depuis ses années de joueur, il a manifesté des qualités de stratège hors du commun. Devenu entraîneur, il les a confirmées, que ce soit à Monaco ou à la Juventus. Déjà, cette équipe de France porte la marque de son intelligence.

Deuxième coup de tonnerre quelque temps plus tard quand la modeste Finlande vient, à son tour, faire match nul en Espagne. Désormais, les Français sont, à égalité de matchs, premiers de leur groupe, avec 2 points d'avance sur l'Espagne. Insensé. En assurant un match nul contre l'Espagne, au Stade de France, et en réalisant un sans-faute par ailleurs, les Français seront assurés d'aller au Brésil.

Le pays se reprend à rêver avec son équipe. En tout cas, il en a envie. La renaissance de Ribéry, les prouesses de Lloris, conforté par Deschamps dans son rôle de capitaine, l'éclosion de Matuidi, les promesses de Giroud, buteur *in extremis* pour arracher le nul en Espagne, sont autant de nouvelles rassurantes. Et puis, à l'image de Varane, le Madrilène, et de Pogba, le Turinois, la nouvelle génération s'affirme.

Il est des aspects plus moroses. Benzema perd peu à peu le sens du but, sous le maillot bleu, au point de rester stérile, match après match, mois après mois. Son entente avec Giroud reste très peu convaincante. Quand on lui pose la question du feeling qui n'existe peut-être pas entre les deux, Deschamps répond, à sa manière, doucement ironique : « C'est quoi, un feeling ? »

Malgré tous ses efforts, il n'arrive pas à s'appuyer sur une charnière centrale homogène et performante sur la durée. Blessures, méformes, absence de temps de jeu dans leur club… Le chantier reste en chantier. Au poste d'arrière latéral, c'est plutôt bien pourvu à droite, avec Sagna, Debuchy ou éventuellement Jallet. À gauche, entre Évra, qui n'approche jamais, même de loin, son niveau de Manchester, Clichy, qui reste un joueur moyen au niveau international, on en est réduit à attendre impatiemment l'avènement de Lucas Digne, 20 ans.

Au printemps, l'espoir recule : l'Espagne vient gagner au Stade de France (1-0) un match que les Bleus ont parfois donné l'impression de jouer comme s'ils étaient assis entre deux chaises. Attaquer à fond pour battre cette équipe qui ne fait plus figure d'épouvantail, et s'envoler définitivement avec 5 points d'avance ? ou rester prudent pour préserver la possibilité d'un match nul qui la laisserait en pole position ?

Pour ne pas avoir vraiment choisi, et s'être heurtés, il faut le reconnaître, à quelques arrêts de classe du gardien espagnol, Valdes, ils encaissent un but très malheureux, les voilà deuxièmes, 1 point derrière l'Espagne.

C'est bien dommage, ce n'est pas pour autant une catastrophe. Sauf nouveau faux pas de l'Espagne et un sans-faute français, l'équipe finira deuxième de son groupe et disputera un match de barrage… C'est exactement ce qui était annoncé au vu du tirage au sort.

Ce qui est plus inquiétant, c'est la stérilité devenue chronique de Karim Benzema, ses errements, ses absences d'implication. Il semble lourd sur le terrain, peu mobile, perdu. Pour tout dire, il donne vraiment l'impression de se moquer de ce qui se passe autour de lui. Les minutes passent, plus de mille à l'été 2013, et il ne marque toujours pas, sans vraiment s'en soucier. Quand on lui demande des explications, il répond qu'il ne peut pas tout faire (*sic*), que ce n'est pas de sa faute s'il est trop peu et mal servi… C'est tout juste s'il ne déclare pas qu'il est plus facile de jouer avec Ronaldo, Özil et Di Maria au Real Madrid qu'avec des chèvres en équipe de France. Il est vrai que sa saison au Real fut à peine plus satisfaisante. La concurrence de Higuain, de plus en plus rude, lui a fait de l'ombre et l'a remisé un match sur deux sur le banc. Là aussi, il trouvera le moyen, une fois Higuain parti à Naples, de confesser son peu de goût pour la mise en concurrence, qui l'étouffait au lieu d'être une émulation.

En vérité, ce qui manque à ce garçon émollient, ce sont les coups de pied au c… de José Mourinho, ceux-là même qui lui avaient permis, la saison précédente, de donner son meilleur. Mourinho était, cette fois, sur le départ et moins enclin à remuer son attaquant.

On ne sait pas si Didier Deschamps, qui a bien sûr pris la mesure du problème, finira par trouver la solution. C'est que l'affaire est complexe. Le joueur qui n'aime pas la concurrence est impuissant dans le rôle d'avant-centre indétrônable de l'équipe de France. On ne remplace pas Benzema, parce que personne, en France, ne peut postuler à sa place. Quand on évoque Giroud, ça fait sourire. Vingt minutes en fin de match, pourquoi pas ? Ou alors associé à Benzema… On y revient. Même si cette solution n'a apporté que des déceptions. Les autres, de Gignac à Rémy, sont plutôt des seconds couteaux.

On tourne en rond, et comme le sélectionneur n'a manifestement pas encore décidé de donner de la voix, « Karim le Magnifique » reste muet.

Une pluie de cartons jaunes s'étant abattue sur le milieu de terrain français, Pogba, Cabaye et Matuidi, suspendus, ne joueront pas le prochain match qualificatif en septembre. Ça commence bien…

Chapitre 27

Le redressement

Il aura suffi d'une défaite gênante, au Stade de France, face à une Espagne désormais loin de ses belles années, pour que la France se retrouve dans des barrages on ne peut plus inquiétants. C'est l'Ukraine qu'il faudra absolument battre, le prix à payer pour aller au Brésil. À la mi-novembre 2013 (novembre, un mois qui, 20 ans après, rappelle de terribles souvenirs) : les Français, hors de leur sujet, baladés pendant 90 minutes par une équipe ukrainienne certes très motivée, essuient une défaite honteuse et qui prend des proportions d'échec irrémédiable. 2-0, c'est beaucoup à remonter quelques jours plus tard au Stade de France. Ce score de 2-0, on a l'habitude de dire que c'est le score idéal. Les Ukrainiens l'ont obtenu et maintenant, les Bleus vont voir la vie en noir. Il suffit de regarder le visage de Didier Deschamps juste après la défaite pour comprendre que l'heure est grave. Le sélectionneur n'a pas l'habitude d'afficher ses émotions. En tout cas pas à ce point-là. Mais cette fois, il ne peut cacher ses angoisses. Deschamps a quelques jours pour trouver l'idée géniale qui fera basculer le match retour dans un autre monde. 90 minutes pour retrouver une équipe de

France conquérante, ou même l'inventer. Il lui faut trouver les mots, faire les bons choix et c'est ce qu'il va faire. Ce soir-là, au Stade de France, les Bleus n'ont plus rien à voir avec la pâle équipe qui n'avait pas existé face à l'Ukraine quelques jours plus tôt. Ils sont furieux, revanchards, arqués tous ensemble vers un seul but : gagner et créer l'écart suffisant pour se qualifier. Grâce à un Sakho lumineux en guerrier inarrêtable, ils forcent leur destin : le défenseur central se révèle buteur pour un troisième but synonyme de qualification. Cette fois Deschamps peut exulter, il n'a pas laissé passer sa chance. Surtout, il a su recomposer en quelques jours une équipe de guerriers assoiffés de victoires... Ce n'était pas gagné.

Au mois de juin, tout ce petit monde se retrouvera au Brésil, avec un objectif majeur même s'il n'est jamais formulé : faire oublier la honte de Knysna et cette Coupe du monde 2010 dont tout le monde du football français porte encore la désolation. Noël Le Graët, le président de la fédération, a choisi de ne pas fixer d'objectif à son sélectionneur... Curieux. Deschamps, en revanche, a décidé de s'en imposer lui-même. Ce n'est pas très clair, mais ça a l'avantage d'exister : le premier objectif est de gagner le premier match afin de sortir vainqueur de la poule. C'est d'autant plus hasardeux qu'on peut très bien gagner le premier match et perdre les deux suivants, mais bon...

Le 13 mai 2014, Deschamps dévoile sa liste des joueurs retenus pour la Coupe du monde, au journal de 20 h 00 sur TF1. On apprécie pour l'occasion la clarté de ses explications, la rectitude de ses annonces. Cela change... Avec lui, on sait où on va, on sait ce qu'on veut. La liste ne comporte pas de grandes surprises, hormis deux absences qui surprennent :

Samir Nasri, pourtant sacré champion d'Angleterre, avec Manchester City, et Éric Abidal, sans doute pas pour les mêmes raisons. Nasri a beaucoup fauté avec l'équipe de France, souvent mis une mauvaise ambiance et Deschamps, très attentif à l'ambiance qui règne à l'intérieur et autour de son équipe, ne veut plus prendre de risques avec certains comportements. Quant à Abidal, il semble surtout arriver au bout du chemin et ne mérite désormais plus une place de titulaire dans cette équipe de France. Il doit en être d'accord puisque dans la foulée de cette non-sélection, il déclare mettre un terme à sa carrière internationale.

Après une bonne série de matchs de préparation, les Bleus marquent leur entrée en Coupe du monde le 15 juin 2014, par une victoire aisée face au Honduras, réduit il est vrai à dix dès la quarante-troisième minute. 3-0 à l'arrivée, ça ne pouvait pas commencer mieux. Cinq jours plus tard, c'est une formidable victoire face à la Suisse, avec deux équipes très offensives. La joie de la victoire et de la qualification désormais assurée, fait un peu oublier que les Suisses ont été eux aussi rapidement affaiblis par des blessures. Face à l'Équateur, à l'occasion du troisième match de poule, une équipe de France très remaniée se contente d'un ennuyeux 0-0 sans avoir montré grand-chose.

C'est désormais le Nigeria, grande nation d'Afrique qui attend l'équipe de France en huitième de finale.

Comme prévu, le Nigéria se révèle un adversaire redoutable et il faut attendre la fin du match pour que l'équipe de France s'impose. L'essentiel est acquis, les Bleus ont retrouvé leur rang, leur dignité, le respect de leurs supporters. Avec cette Coupe du monde qui les a menés jusque-là en quart de finale, ils ont effacé en partie le souvenir de ce qui s'était passé en Afrique du Sud quatre ans plus tôt. Leur reste maintenant à affronter l'ogre allemand. Intraitables depuis le début de la compétition, les coéquipiers de Manuel Neuer sont devenus peu à peu les favoris de ce mondial. C'est malheureusement cette équipe d'Allemagne qui est opposée aux Français en quart de finale. Le match est équilibré, les Bleus ne déméritent jamais, ils se créent même quelques petites occasions, mais c'est l'Allemagne qui va remporter *in extremis* ce match, en profitant d'une légère erreur de marquage de Varane. 1-0, cela va suffire pour une qualification que Benzema aura eu l'occasion dans les dernières minutes de remettre en question, sa frappe étant sereinement captée par Manuel Neuer.

Le bilan de cette Coupe du monde est largement positif pour une équipe très jeune, et qui échoue encore en quart de finale face au futur vainqueur. Deux ans plus tôt, à l'Euro, l'équipe de France de Laurent Blanc avait été elle aussi éliminée en quart de finale par le futur vainqueur, l'Espagne, championne du monde en titre.

Le temps du redressement est arrivé, les nuages des dernières années sont loin. Il va falloir maintenant trouver à s'occuper intelligemment puisque l'Euro 2016, la prochaine compétition qui attend l'équipe de France, se déroulera sur son sol. Donc elle est qualifiée d'office et va devoir se livrer à des matchs de préparation dont on connaît l'importance lorsqu'il y a un manque de compétition évident. Dès le mois de septembre, elle entame cette préparation par une victoire sur l'Espagne, 1-0 au Stade de France. Suivent un match nul en Serbie (1-1), une victoire sur le Portugal de Cristiano Ronaldo au Stade de France (2-1), une victoire en Arménie

(3-0), un match nul face à l'Albanie (1-1) et une victoire face à la Suède (1-0). Ainsi s'achève l'année 2014.

2015 sera encore une année de matchs de préparation pendant que les autres équipes s'escrimeront à se qualifier pour l'Euro qui commencera en juin 2016 en France.

Une nation est née à nouveau cinq ans après Knysna.

Chapitre 28

Valbuena *vs* Benzema : *Sex tape*

Cette nouvelle équipe de France fonçant vers son Euro à domicile a de plus en plus belle allure. Elle est jeune, presque trop jeune, dirait-on parfois. Elle est ambitieuse, sans arrogance.

Il s'en trouve peu pour regretter la dislocation d'un trio (Benzema, Ribéry, Nasri) qui affiche depuis des années une morgue insupportable et son refus de jouer avec un tel ou un tel. Giroud, par exemple, n'a pas l'heur de plaire à Benzema, comme Ribéry ne voulait pas combiner avec Gourcuff, ni Nasri avec Valbuena. Ces messieurs ont leurs têtes, mais ils n'observent pas le monde qui change, l'arrivée de jeunes talentueux comme Pogba, Griezmann, Martial, bientôt Kante, Coman, qui les rendent déjà de moins en moins indispensables. La preuve, ils se retrouvent à la casse, à l'exception de Benzema pour lequel l'heure des gros ennuis va sonner…

Pour le groupe de France, aussi, dont l'élan va se cogner à une nouvelle affaire honteuse…

C'est un vilain roman, c'est une sale histoire, chanterait Michel Fugain s'il s'était posé sur les cimes du désespoir…

L'affaire de la *sextape*, commence à l'été 2014, lorsque Mathieu Valbuena, sur le point de s'installer en Russie où il s'est engagé avec le Dynamo de Moscou, confie son téléphone portable à une de ses relations.

Axel Angot est un de ces personnages débrouillards qui fréquentent le milieu des footballeurs, rendant très souvent toutes sortes de services, y compris informatiques, à l'un ou à l'autre. Les joueurs, soucieux de toujours avoir le dernier modèle d'iPhone, d'ordinateur, de tablette ou autre, mais qui n'y connaissent pas grand-chose, ont besoin d'être secourus régulièrement. Valbuena l'a rencontré par son ami Djibril Cissé, ancien attaquant de l'équipe de France avec lequel il a joué à Marseille.

En juin 2014, Valbuena qui vient donc d'acheter un nouveau téléphone portable, demande à Axel Angot de réaliser le transfert de ses données d'un téléphone à l'autre en passant par son ordinateur. Une opération simple pour qui s'y connaît.

Quand on demandera plus tard à Valbuena son degré de confiance en Axel Angot, il répondra qu'il ne lui laisserait pas les clés de sa maison. Sans doute, mais il lui a confié sans problème son mobile, avec ses petits secrets, ses *selfies*, son carnet d'adresses et donc sa ou ses *sextapes*[1]… C'est un choix. Instinctif sans doute, car il n'y a là rien de rationnel, c'est le moins que l'on puisse dire. Le footballeur aura l'occasion de le regretter amèrement.

1. Une *sextape* est une vidéo érotique ou pornographique amateur destinée à un visionnage privé et que l'on fait soi-même, se filmant avec son ou sa partenaire voire seul. Un certain nombre de célébrités en sont friands. L'affaire Benjamin Griveaux a montré que les hommes politiques aussi…

Au mois de mai 2015, soit à peu près un an plus tard, Mathieu Valbuena reçoit un appel assez étonnant de la part de son ami Djibril Cissé. Celui-ci l'informe qu'il existe une vidéo de lui assez compromettante, dans laquelle il apparaît, scènes de sexe à l'appui. Cissé ajoute aussi qu'il n'a personnellement rien vu.

Valbuena s'inquiète, ce qui peut se comprendre, et pose la question de confiance à Cissé, sachant que lui-même s'est trouvé par le passé confronté à ce genre de situation : « Qu'est-ce que tu ferais à ma place ? ».

La réponse de Cissé est claire. S'il n'a rien à se reprocher, s'il n'a rien fait de compromettant qui puisse le mettre dans une situation délicate vis-à-vis de sa famille, il n'a pas de souci à se faire. Cissé ajoute que pour ce qui était de son cas, les choses étaient sans ambiguïté : ayant fauté, il s'était senti pris au piège.

L'intervention de Djibril Cissé s'arrêtera là, et quelques mois plus tard, lorsque l'affaire prendra les proportions que l'on connaît, Mathieu Valbuena sera le premier à dédouaner son ami : « Il m'a prévenu pour me rendre service. Il n'y avait aucune ambiguïté dans ses propos. »

À noter tout de même que Djibril Cissé, quelque temps après, reviendra sur l'affaire de la vidéo, affirmant cette fois qu'il a vu la vidéo… tout en maintenant que si son copain avait prévenu sa famille, il n'avait aucune raison de s'inquiéter.

Ayant en effet averti sa compagne et ses parents qu'on essayait de le faire chanter à partir d'une vidéo dont il ne savait rien, le joueur avait ajouté que, de toute façon, il ne cèderait à aucune pression.

Le deuxième tournant de l'affaire se situe au mois de juin 2015, lorsque Mathieu Valbuena, en rassemblement avec sa sélection nationale à Clairefontaine, reçoit un appel masqué sur l'un de ses nombreux téléphones portables. Il commence par ne pas répondre mais la personne insistant à plusieurs reprises, il finit par décrocher.

Il a alors au téléphone un individu qui lui affirme clairement posséder une vidéo de lui et de sa compagne, assez osée, et qu'il serait prêt à la négocier. L'idée de l'individu à l'autre bout du fil est d'organiser un rendez-vous à Dubaï (*sic*).

Par principe, le joueur va d'abord alerter l'homme de sécurité chargé de protéger l'équipe de France lorsqu'elle est en stage à Clairefontaine, puis demande au mystérieux correspondant de lui envoyer une preuve qu'il possède bien une vidéo compromettante. Valbuena n'est pas du tout certain, en vérité, qu'un document de ce genre existe.

Deux jours plus tard, il dépose plainte à la police qui prend l'affaire en charge. Les policiers proposent au footballeur de s'abriter désormais derrière un intermédiaire qu'il présentera à son maître chanteur comme quelqu'un de confiance, un certain Lukas, qui est en fait un commissaire de police.

C'est bien volontiers que Valbuena accepte cette solution car il commence à en avoir assez d'être harcelé régulièrement au téléphone par le même individu, qui le presse d'agir mais continue de ne lui apporter aucune preuve. Une somme de 100 000 euros est évoquée.

Au mois de septembre 2015, un déjeuner à Madrid réunit Karim Benzema et son ami Karim Zenati. Une troisième personne assiste à ce déjeuner, et c'est elle qui parle de la *sextape* de Valbuena à Karim Benzema. Les convives ne savent pas que deux d'entre eux sont sur écoute...

Le dimanche 4 octobre, veille d'un nouveau rassemblement avec l'équipe de France, le commissaire chargé de l'enquête prévient Valbuena :

« Nous avons de nouveaux éléments, nous avons pratiqué des écoutes, nous avons fait notre enquête, aussi si pendant votre stage quelqu'un vient vous voir pour vous parler de cette affaire, ne soyez pas surpris. Nous vous donnerons les explications plus tard. »

Tout cela est bien mystérieux pour le joueur, très loin de se douter de la vérité...

La scène se passe donc le dimanche. Le lundi, Karim Benzema entre en scène.

Entre un entraînement et un jogging, il demande à Valbuena s'ils peuvent se parler, en particulier. Sans plus de précisions. Ça n'a pas l'air plus pressé que ça. Ce ne sera en tout cas pas possible dans la journée et il faudra attendre le lendemain matin pour que les deux hommes se voient en tête à tête dans la chambre de l'avant-centre de l'équipe de France.

D'emblée, Karim Benzema évoque une vidéo. Il n'en faut pas plus pour que cela fasse tilt dans la tête de Mathieu Valbuena.

Il ne montre rien, mais intérieurement il est bouleversé. Il n'avait rien déduit des avertissements du commissaire, en tout cas rien qui puisse lui faire penser qu'un de ses coéquipiers, un de ses copains de l'équipe de France, pouvait être le complice de ses maîtres chanteurs.

Que dit Benzema exactement au cours de cette conversation ?

Il semble ennuyé, prêt à rendre service à son pote, dont il trouve qu'il s'est mis dans un sacré pétrin, et lui propose d'organiser une rencontre avec l'un de ses amis dont la fiabilité ne fait aucun doute, afin que toute cette affaire puisse s'arranger vite pour le bien de tout le monde.

Une longue discussion faite de non-dits s'engage entre les deux partenaires. D'un côté, Valbuena, qui en sait plus qu'il ne veut bien le dire puisqu'il connaît l'intervention de la police, sa surveillance, et sait que quelque part il est protégé, de l'autre Benzema, qui exprime sans exprimer, lâche des choses sans trop les dire, ne parlera jamais précisément d'argent mais tourne autour du pot assez précisément.

Ce qui semble l'écœurer plus que tout, c'est que son partenaire en équipe de France, pour l'inciter à rencontrer un maître chanteur, ait menti en disant qu'il avait vu la vidéo. On sait aujourd'hui que ce n'était pas vrai. Et ça, Valbuena ne le digère pas. Jouer les intermédiaires pour tenter d'arranger les choses, ça peut se comprendre. Mentir sciemment pour mettre un peu plus de pression sur les épaules de son prétendu copain, c'est autre chose.

Sachant que la police contrôle la situation, il cache sa stupéfaction et fait semblant d'entrer dans le jeu de Benzema :

« Moi j'aimerais bien payer pour ma liberté, mais on sait tous que si l'on paye, c'est interminable, il y aura toujours des copies, etc.[2] »

Et l'autre répond, rassurant : « T'inquiète pas, j'ai une totale confiance en mon ami, il n'y aura plus de doubles, ils seront détruits… »[3]

---

2. *Le Monde*, 28 novembre 2015.

3. *Idem.*

Dans sa longue interview au *Monde*[4], Mathieu Valbuena confie des éléments beaucoup plus graves encore aux deux journalistes, Gérard Davet et Fabrice Lhomme, qui sont allés l'interviewer à Lyon :

«… après il m'a répété plusieurs fois que j'avais affaire à "de gros voyous". Il m'a dit : "C'est quand même chaud la vidéo, je sais que moi, la famille et tout… faut être costaud." Bon, il m'a dit aussi : "Si tu veux pas, laisse-les filer, y'a pas de souci. Après, je peux te présenter mon ami…" »

Le 13 octobre, Djibril Cissé et trois autres personnes sont placées en garde à vue. Cissé est libéré dans la journée, dédouané par Valbuena.

Le 20 octobre, Karim Benzema contacte Valbuena pour lui demander un démenti que celui-ci refuse de faire. Karim Benzema, qui utilise le téléphone d'un membre du staff de l'OL pour appeler, vient d'apprendre que son nom figure sur des rapports de police et d'écoutes qui tournent autour de cette affaire de la *sextape*. Et il n'est pas content. Il en voudrait presque à Mathieu Valbuena, se plaignant d'être soudainement mêlé à une affaire dans laquelle il n'est selon lui pas impliqué. Il évoque sa petite fille, son honneur, et demande à Valbuena de faire un démenti, dans la mesure où l'affaire prend des proportions inattendues.

Valbuena est à la fois gêné et serein. Il répond calmement que ce n'est pas lui qui l'a impliqué. Il n'y est pour rien, lui s'est contenté de porter plainte, comme tout citoyen honnête aurait pu le faire.

Pour ce qui est d'un démenti, Valbuena indique tout de suite à Benzema qu'il n'est pas prêt à le faire dans

4. 28 novembre 2015.

l'immédiat, il veut voir comment les choses vont évoluer. Il l'a fait, précise-t-il, pour Djibril Cissé parce qu'il n'avait aucun doute. Manifestement, ce n'est pas le cas en ce qui concerne Benzema.

Il faut dire que les choses ont vite évolué depuis que le 5 octobre, Benzema avait évoqué l'affaire avec Valbuena à Clairefontaine, avant les matchs amicaux face à l'Arménie (4-0) et au Danemark (2-1).

Dans la foulée, l'attaquant français a appelé son ami Karim Zenati, pour le tenir informé. Le 2 novembre, Karim Zenati est placé en garde à vue à Lyon. Il aurait été chargé par les maîtres chanteurs de contacter Benzema afin qu'il parle à Valbuena.

Les 4 et 5 novembre, Karim Benzema est placé en garde à vue. Puis après avoir passé la nuit sur place, mis en examen pour « complicité de tentative de chantage et participation à une association de malfaiteurs », et placé sous contrôle judiciaire.

À la suite de cette mise en examen, Didier Deschamps, le sélectionneur de l'équipe de France, ne convoque ni Benzema ni Valbuena pour les matchs France-Allemagne et Angleterre-France.

Pour Benzema, la question ne se pose pas. Pour Valbuena, le sélectionneur estime qu'il faut le laisser en paix, à l'abri de toute réaction populaire qui pourrait lui nuire.

Le 6 novembre, le président de la Fédération Française de Football, l'inénarrable Noël Le Graet, intervient dans les colonnes de *L'Équipe*.

Considérant sans doute que la meilleure défense, c'est l'attaque, il attaque tout de suite très fort, en l'occurrence en affirmant que l'on condamne trop vite Benzema (*sic*).

Vite, trop vite, ou pas assez vite… le fait est que personne ne condamne qui que ce soit, tout le monde essayant surtout de se faire une idée la plus juste possible de l'affaire, ce qui n'est pas chose facile.

La réaction de Noël Le Graet est donc tout à fait stupide et malhonnête, d'autant que si quelqu'un veut absolument aller plus vite que la musique, c'est bien lui, le président de la FFF qui se pose en défenseur de l'avant-centre du Real Madrid sans rien connaître du dossier ! Dans l'ignorance, on ne s'exprime pas d'une manière aussi vindicative, péremptoire et définitive.

D'ailleurs, pour montrer à quel point le président de la FFF a encore une fois débordé de son rôle, le 10 novembre, Europe 1 révèle une partie de la conversation téléphonique entre Benzema et Zenati, qui stupéfie tous ceux qui entendent les propos tenus par l'avant-centre de l'Équipe de France.

On y découvre à quel point Benzema est mêlé à ce chantage, et accessoirement le peu d'estime qu'il porte à son coéquipier.

Certains s'insurgent, et notamment les avocats de Karim Benzema, du fait qu'Europe 1 n'ait publié que des extraits de ces écoutes. Bien mal leur en prend puisque le lendemain, *L'Équipe* publie intégralement la conversation entre les deux amis d'enfance. Ce n'est plus une conversation secrète, tout le monde pouvant se la procurer. Et c'est accablant.

Lorsqu'il découvre la conversation des deux Karim, Mathieu Valbuena est effondré. Il est surtout blessé jusqu'au plus profond de lui-même par le manque de respect à son égard qu'impliquent les propos de son coéquipier.

Depuis sa première audition, les temps a passé, les événements se sont enchaînés, les révélations aussi. Il y a eu la mise en examen de l'avant-centre du Real, et l'assurance donnée par les policiers à Valbuena que son témoignage ne serait pas nécessaire pour aller jusqu'au bout de l'affaire.

Ce n'est pas ce qui le préoccupe, à vrai dire. Aujourd'hui, s'il est anéanti et très en colère, c'est qu'il a perçu tant de mépris dans la façon dont Benzema parle de lui sur cet enregistrement.

Reste à ce moment précis, donc à la fin du mois de novembre 2015, à savoir comment vont évoluer les choses d'un point de vue sportif.

Valbuena est alors très mesuré sur l'avenir d'une cohabitation avec Benzema en équipe de France. Les choses, lui semble-t-il, sont allées trop loin. Il ne ferme pas la porte mais tout de même, regrette amèrement de ne pas avoir été sélectionné pour les matchs du mois de novembre, sous le prétexte d'être laissé au repos psychologiquement… Il commence à craindre de passer bientôt du statut de victime à celui de pestiféré.

Surtout, il pressent que si la question ne se pose pas encore en ces termes au mois de novembre, elle se posera plus précisément à un moment donné : les deux joueurs peuvent-ils coexister en équipe de France ?

Quand on connaît la longueur du temps judiciaire, il n'est pas vraisemblable que tout cela soit réglé dans les six mois. Il faudra donc trancher autrement. Pour l'heure, le contrôle judiciaire de Benzema lui interdit d'approcher Valbuena. Mais après…

Le 20 novembre, Mathieu Valbuena est auditionné par la juge d'instruction du tribunal de Versailles, Nathalie Boutard.

Le 27 novembre, il donne donc cette interview au *Monde,* dans laquelle il met en cause gravement Benzema.

Le 28 novembre, la FFF se porte partie civile.

Le 2 décembre, *Le Monde* publie le PV de l'audition de Benzema par la juge d'instruction.

Le 3 décembre, Benzema est interviewé sur TF1, interview au cours de laquelle il affirme vouloir jouer l'Euro avec son ami Valbuena. La prestation est catastrophique, on le sent à la fois mal à l'aise et totalement à côté de la plaque. Apparemment, il ne mesure pas la gravité de sa situation et il n'y a eu personne dans son entourage pour l'aider à la mesurer. À l'écouter, il n'a commis aucun délit, a juste voulu rendre service à Valbuena. Quant à ses propos au cours de sa conversation avec Karim Zenati, il s'agit d'une manière de parler entre eux, qui ne prête pas à conséquence...

Au mois de décembre, Noël Le Graët, l'homme qui avait volé au secours de l'attaquant français en disant tout le bien qu'il pensait de l'homme et du joueur, finit par céder aux pressions externes venues de toutes parts.

Il est vrai que l'on peut s'étonner des montées au créneau du Premier ministre, s'agissant de Benzema – tout juste mis en examen – quand il s'est contenté d'un silence assourdissant dans d'autres cas. Voilà qui renforce l'idée que le football est une cible privilégiée. Et il l'est bien sûr, parce qu'il est le "sport star", celui qui focalise l'attention des foules, des médias, donc des politiques.

Ce qui étonne aussi, c'est que ceux-là même qui grognent devant les interventions des politiques, ne se manifestent pas face au laxisme des dirigeants sportifs. S'il existait une ligne dure pour guider chaque fédération dans son action, les politiques n'auraient aucun motif pour se mêler de quoi que ce soit.

Noël Le Graët finit par céder devant les pressions répétées, d'autant que l'interview de Valbuena dans *Le Monde* et la piteuse intervention de Benzema sur TF1, apportaient de l'eau au moulin de ceux qui voulaient un peu de vérité avec un zeste de vertu.

Il annonce donc que l'avant-centre de l'équipe de France n'est plus sélectionnable, jusqu'à nouvel ordre. Ce qui signifie, en fait que la FFF ne prend aucune décision, elle s'abrite derrière la Justice. La juge ayant placé Benzema sous contrôle judiciaire, il ne peut plus être sélectionné.

Et sinon ? Le sentiment de la Fédération ? Il n'y en a pas, ou plutôt si : on comprend que si la juge lève le contrôle judiciaire, il n'y aura plus beaucoup de soucis pour Benzema. Après tout, mise en examen ne veut pas dire culpabilité… Deschamps, fidèle à lui-même, soutient son président, réaffirme qu'il a besoin des meilleurs, et Benzema en fait partie, pour aller jouer l'Euro, et que de toute façon il se pliera à la décision de son président, lorsque le contrôle judicaire de Karim Benzema sera levé, s'il doit être levé.

C'est évidemment un secret de polichinelle que ce contrôle judicaire va être levé un jour ou l'autre. Et que cela mettra le président et son sélectionneur au pied d'un mur immense : leur responsabilité.

On peut être inquiet, tant la question morale – différente de la question judiciaire – ne semble émouvoir ni Le Graët, ni Deschamps. Le sélectionneur nous gratifie même d'un « Nous avons tous fait des bêtises », qui voudrait clore un débat pas très intéressant. La seule chose intéressante, c'est que Deschamps veut Benzema à l'Euro.

On ne parle pourtant pas d'une bêtise, en l'occurrence, mais d'une complicité de chantage, en bande organisée. Le tout commis sur un coéquipier de l'équipe de France, dans le cadre de Clairefontaine, lieu de rassemblement officiel de la sélection !

Le 11 mars, le contrôle judiciaire de Karim Benzema est définitivement levé, la cour d'appel de Versailles ayant décidé de suivre la juge d'instruction dans ses conclusions. Cela permet aux médias d'envisager l'avenir international de l'attaquant du Real Madrid avec un certain optimisme : « L'horizon en bleu de Benzema se dégage », titre même *Le Monde* le lendemain.

Dans un communiqué publié quelques jours plus tard, la Fédération française de football « prend acte de la levée du contrôle judiciaire de Karim Benzema. C'est une première étape ».

Ayant obtenu d'être reconnue comme partie civile, la Fédération précise qu'elle « pourra désormais appréhender tous les éléments de ce dossier qui peut encore évoluer. »

On le voit, la prudence est tout de même de mise. Elle contraste d'ailleurs avec l'engagement de Noël Le Graët et de Didier Deschamps en faveur de Benzema quelques jours plus tôt encore.

On ne peut pas dire que les deux hommes aient changé d'avis. Ni dans leur estime pour Karim Benzema ni dans leurs convictions qu'il représente un atout presque indispensable pour l'équipe de France en vue de l'Euro qui se jouera à partir du 10 juin en France.

Il n'empêche que Deschamps comme Le Graët ont entendu, même s'ils prétendent ne pas en tenir compte, les réserves acides des politiques, et notamment du gouvernement. François Hollande ne s'est pas privé, lors d'un déjeuner avec les journalistes, pour dire que selon lui Benzema n'était pas sélectionnable en l'état de la situation. Manuel Valls a rappelé, avec toute l'inflexibilité qui le caractérise, qu'un sportif doit être exemplaire et que ce n'est manifestement pas le cas de Benzema. Patrick Kanner, le ministre des Sports, a également émis un avis défavorable à une future sélection de Benzema tant que l'affaire de la *sextape* ne serait pas réglée.

Cela fait beaucoup et peut-être trop si l'on y ajoute un sondage qui affirme que 73 %, voire plus de 80 % des Français (selon les sondages et les époques) ne souhaitent pas le retour de Karim Benzema en équipe de France.

On sait ce qu'il faut penser des sondages, surtout ce genre de sondages, et on comprend très bien qu'un président de fédération puisse agir et décider sans tenir compte de l'avis de la population française.

Même si on s'orientait donc vers une mise hors de cause de Benzema, pour Le Graët comme pour Deschamps, c'était un peu le coup de trop : ils étaient l'un et l'autre furieux que le joueur, qui avait déjà été interrogé deux mois plus tôt, ne leur ait rien dit. Ils estimaient que la moindre des choses aurait été de les tenir au courant afin qu'ils ne se retrouvent pas démunis, face aux questions des médias.

L'autre élément qui, peu à peu, allait faire pencher la balance, ce sont les deux matchs amicaux joués par l'équipe de France aux Pays-Bas et au Stade de France contre la Russie, deux matchs gagnés dans une formidable atmosphère, avec l'explosion de jeunes joueurs comme N'Golo Kanté ou Kingsley Coman, sans compter ceux que l'on connaissait mieux, comme Anthony Martial ou Antoine Griezmann, confirmant chaque jour leurs progrès. L'équipe de France avait donc gagné ces matchs dans une ambiance de fête au Stade de France, avec un public qui semblait réconcilié avec sa sélection, dans un climat euphorique qui, pour tout dire, rappelait les meilleurs moments du match de barrage contre l'Ukraine, en novembre 2013.

À partir de ces promesses et de ce constat, il devenait plus difficile sans doute pour le président de la Fédération française de réintégrer Benzema.

Dans les premiers jours d'avril, nous sentions que quelque chose était en train de changer, qu'une décision nouvelle avait été prise, et que, pour tout dire, Le Graët, comme Deschamps – toujours soudés comme un seul homme – étaient en train de lâcher l'avant-centre du Real Madrid.

On savait que la décision finale de la Fédération et du sélectionneur était attendue à la mi-avril, et elle était finalement rendue publique le mercredi 13 avril : Karim Benzema n'irait pas à l'Euro.

Pour être plus précis, c'est en fait Karim Benzema qui, quelques minutes avant la Fédération, avait annoncé par *tweet* : « Malheureusement pour moi et pour tous ceux qui m'ont toujours soutenu et supporté, je ne serai pas sélectionné pour notre Euro en France… » Évidemment, Benzema avait été prévenu par Didier Deschamps en personne. Le communiqué de la Fédération française de football était à la fois très détaillé et quelque peu incompréhensible :

« La Fédération française de football a eu accès en sa qualité de partie civile dans l'affaire de la tentative de chantage à l'encontre de Mathieu Valbuena au contenu du dossier d'instruction.

« Les éléments actuellement disponibles dans ce dossier ne permettent pas d'établir clairement l'implication des différents acteurs, notamment celle de Karim Benzema, et il reviendra à la justice d'établir les responsabilités des protagonistes.

« À la lumière de ces éléments et de la levée partielle du contrôle judiciaire de Karim Benzema, qui rend à nouveau possible sa convocation en équipe de France, il n'existe aucun obstacle, sur le plan juridique, au fait qu'il soit sélectionné.

« Forts de cette analyse, Noël Le Graët et Didier Deschamps se sont rencontrés pour évoquer la situation de Karim Benzema. Le président de la Fédération et le sélectionneur tiennent à rappeler que la performance sportive est un critère important mais pas exclusif pour décider de la sélection au sein de l'équipe de France de football. La capacité des joueurs à œuvrer dans le sens de l'unité, au sein et autour du groupe, l'exemplarité et la préservation du groupe sont également prises en compte par l'ensemble des sélectionneurs de la Fédération.

« Il en résulte que Noël Le Graët et Didier Deschamps ont décidé que Karim Benzema ne pourra pas participer à l'Euro 2016. »

Tout le monde aura retenu l'incohérence de ce communiqué, qui tout au long de sa première partie explique qu'il n'est rien que l'on puisse reprocher à Karim Benzema, évoque la levée partielle de son contrôle judiciaire, évoque le fait qu'il est à nouveau possible de le convoquer, qu'il n'existe aucun obstacle sur le plan juridique à sa sélection, que le dossier ne permet pas d'établir l'implication de qui que ce soit dans cette affaire, et vient ensuite dire qu'en conclusion de tout cela, Benzema n'est pas sélectionné !

Au lendemain de cette annonce, Noël Le Graët, qui normalement ne souhaitait pas s'exprimer, a dû penser que c'était nécessaire, et l'a fait sur le site internet de *L'Équipe* : « J'ai dit et je redis que j'ai de l'affection pour ce garçon. Mais l'intérêt général était de préserver les intérêts de l'équipe de France, du collectif. [...] Ce qui a surtout été décisif, c'est le comportement du groupe pendant le rassemblement de juin. On a senti une grande harmonie. Sur le terrain, les joueurs se sont tellement bien comportés qu'on a estimé qu'il ne fallait pas prendre le risque de compromettre cet élan. » Et le président ajoutait, comme si cela n'était pas évident, que cette décision n'avait pas été facile à prendre.

Un communiqué qui était fait sans doute pour contrer à l'avance les velléités des avocats de Karim Benzema, dans le cas où celui-ci serait totalement innocenté dans l'affaire de la *sextape*. Benzema pourrait alors demander à ses avocats d'exiger réparation du préjudice qui lui a été causé. En exprimant que la décision avait été prise sur le plan sportif, la Fédération française a en tout cas la sensation de se protéger. Elle élimine les motifs qui pourraient prêter à polémique, à savoir les pressions politiques ou populaires.

Encore que nous ne voyons pas clairement en quoi cette décision est purement sportive... C'est notre avis.

Les derniers résultats de l'équipe de France, la naissance et l'affirmation de nouveaux talents, avaient énormément joué sur la décision finale. Si l'équipe de France avait encaissé deux défaites lors de ses matchs amicaux et qu'elle n'ait pas marqué de but, nous ne sommes pas certains que la décision aurait été la même. Mais l'avouer, ce serait reconnaître un cynisme incroyable. Et inadmissible.

Chapitre 29

Le scandale Cantona

Benzema a donc été définitivement éliminé de la liste des joueurs qui pourront jouer l'Euro. C'est une sanction que l'on peut trouver logique, et une punition méritée pour Karim Benzema, lequel n'est pas innocent de tout ce qui est arrivé.

On a tendance à penser alors que cela lui servira de leçon. Garder ses amis d'enfance, continuer de les côtoyer, et même leur donner du travail, c'est bien. Se laisser contaminer par leurs mauvaises habitudes, leur donner un coup de main à l'occasion, c'est moins bien. C'est oublier aussi qu'on est devenu un personnage public.

Benzema paiera pour sa faute, et on ne doute pas qu'à partir du mois de septembre ou octobre prochain, il retrouvera sa place en équipe de France.

C'est compter sans Éric Cantona. La grande gueule du football français, l'incontrôlable OVNI, va encore faire des siennes.

En mai 2016, à quelques semaines du début de l'Euro, il accorde une interview au quotidien anglais *The Guardian*, dans lequel il donne sa version assez originale, il faut bien le dire, de l'affaire de la sextape, et surtout de ses conséquences. La non-sélection de Benzema ? Pour lui, il y a une seule raison : « Deschamps, il a un nom très français. Peut-être qu'il est le seul en France à avoir un nom français. Personne dans sa famille n'est mélangé avec quelqu'un, vous savez, vous savez. Comme les Mormons en Amérique… »

Des propos pour le moins déconcertants. Deschamps qui serait le seul Français avec un nom français, c'est plutôt comique. La famille Deschamps qui ne se serait jamais mélangée avec qui que ce soit, c'est du *nonsense humour*. La comparaison avec les Mormons est à la fois drôle et absurde. On balance entre Monty Python, Woody Allen et Gaspard Proust. On sait que Cantona a depuis longtemps quelques dossiers en souffrance avec Deschamps, là il a surtout saisi l'occasion de s'amuser. Connaissant le personnage, sa susceptibilité, il se délecte à l'idée de le faire grimper aux rideaux.

De peur que le quotidien britannique ne comprenne pas suffisamment là où il veut en venir, et surtout que le message ne passe pas en force de l'autre côté de la Manche, il en rajoute : « Une chose est sûre, Benzema et Ben Arfa sont deux des meilleurs joueurs français et ne seront pas à l'Euro. Et pour sûr, Benzema et Ben Arfa ont des origines nord-africaines, donc le débat est ouvert. »

Pour débattre, il faut être au moins deux. Un autre que Deschamps, un peu plus dialectique, aurait tourné les galéjades de Cantona en ridicule et mis les rieurs de son côté. Et l'affaire se serait arrêtée là. Aujourd'hui on n'en parlerait plus. Mais ça, Deschamps ne peut pas. Passer à autre chose n'est pas dans sa nature. Il choisit donc de porter plainte pour diffamation contre Éric Cantona. Après tout, c'est son temps, son argent, et sa santé, il en fait ce qu'il en veut. On peut juste trouver cela déplacé et vain. D'autant que la notion de racisme ne l'a sans doute jamais effleuré, tout le monde en convient. Qu'il ait ses têtes, cela va de soi, il n'est d'ailleurs pas le seul.

D'ailleurs, Benzema a toujours fait partie de ses bonnes têtes. Le sélectionneur Deschamps a fait preuve d'une patience et d'une bienveillance qui en ont étonné plus d'un, notamment lorsque l'avant-centre est resté stérile onze matchs durant avec les Bleus.

Toujours prudent, le président de la FFF, Noël Le Graët, se contentera d'un frileux communiqué : « Les accusations ou plutôt les sous-entendus d'Éric m'attristent un peu. Il nous avait habitués à plus d'élégance. » Dire ça ou rien…

Mais Karim Benzema, sans doute réchauffé par les saillies de l'ancien international, devait y aller de sa petite phrase qui tue, assurant dans un communiqué que le sélectionneur, en le privant de l'Euro, avait « cédé sous la pression d'une partie raciste de la France ».

Là encore, c'était très aventureux. Et moins drôle, on ne taxait plus Deschamps de racisme mais de faiblesse. Le sélectionneur n'était pas armé pour faire la différence. En tout cas, c'était la phrase de trop.

On remarquera que cinq ans après, Deschamps continue de mélanger Cantona et Benzema lorsqu'il se donne l'occasion de revenir sur cette affaire et d'affirmer à quel point il a été blessé quand il a été traité de raciste.

Or Benzema ne l'a jamais traité de raciste, cela aurait été très mal venu de sa part.

En tout cas, le mal était fait, et cette fois, c'est comme une chape de plomb qui sera tombée sur l'avenir en sélection de Karim Benzema. D'autant que, début juin, à quelques jours de l'Euro, une maison que Didier Deschamps possède à Concarneau, la ville natale de sa femme, avait été taguée. Certes, le mot raciste écrit au stylo n'était pas très visible, mais on le voyait tout de même. Et puis, c'est l'intention qui compte…

Que ce soit dit ou pas, on sait que ce jour a marqué l'arrêt de mort de Karim Benzema, joueur de l'équipe de France.

En tout cas, tant que Didier Deschamps en serait le sélectionneur et Noël Le Graët président de la fédération française de football.

Chapitre 30

Les yeux pour pleurer

À l'approche de l'Euro 2016 qui doit se dérouler en France du 10 juin au 10 juillet, le psychodrame de la *sextape* s'essouffle un peu. Heureusement. Plus personne ne discute vraiment la non-sélection de Benzema. Quant à Valbuena, ses maigres performances des derniers mois interdisent toute polémique sur sa mise à l'écart. Quelques interrogations concernent les doublures des deux défenseurs latéraux titulaires, Bakary Sagna et Patrice Évra. Ce seront Christophe Jallet, qui profite de la blessure de Mathieu Debuchy, à droite, et à gauche, Lucas Digne, préféré à Kurzawa. Une absence marquante, mais elle était attendue : Ben Arfa ne fait pas partie du groupe des vingt-trois, alors qu'il vient de réaliser la meilleure saison de sa carrière sous les couleurs de l'OGC Nice. Il semble que cela n'ait pas suffi à convaincre Deschamps d'oublier le passé.

Dans les cas conflictuels, l'amnésie n'est pas sa caractéristique principale.

Ben Arfa a été placé sur une liste des réservistes dans laquelle on trouve le Parisien Adrien Rabiot… Deux ans plus tard, à l'approche de la Coupe du monde 2018, on sait comment Rabiot réagira au moment où il sera désigné pour prendre place à nouveau sur une liste d'attente !

Le tirage au sort de la phase préliminaire a été clément pour l'équipe de France, lui réservant un groupe dont elle peut sortir sans trop de problème si elle joue un football digne de ses qualités. Roumanie, Albanie et Suisse, ce sont de bonnes nations, sans plus. « Ça pouvait être pire… », reconnaît Deschamps avec une prudence qui est sa marque de fabrique.

C'est vrai que l'on souhaiterait un peu plus d'enthousiasme, d'ambition, mais c'est ainsi. L'audace n'est pas son fort.

En match d'ouverture, les Français affrontent la Roumanie et ils vont souffrir jusqu'au bout, donnant des signes de fébrilité inquiétants. Après avoir ouvert le score par Giroud, sur une passe de Payet, et avoir encaissé un penalty huit minutes plus tard, l'équipe de France finit par l'emporter *in extremis* grâce à Payet, encore lui, décidément l'homme du match.

Certes les Français se sont battus jusqu'au bout, ils ont essayé de surmonter leur stress pour atteindre l'objectif et ils l'on fait. C'est le seul bon point de la soirée, avec la performance explosive d'un Payet acclamé à sa sortie. Le Stade de France lui réserve une ovation… L'émotion est forte, au point qu'il verse de bonnes larmes.

Le 15 juin, c'est à Marseille que les Bleus affrontent leur deuxième adversaire, l'Albanie. Là aussi, le match est dur, peu technique, très heurté et en tout cas viril. Il y a près de 64 000 spectateurs au stade Vélodrome qui portent les Français, mais cela ne sert pas à grand-chose : à la quatre-vingt-dixième minute, les deux équipes sont toujours à égalité. Mais voilà que surgit Griezmann, servi par Rami, pour ouvrir le score. Six minutes plus tard c'est Payet, toujours lui, qui ajoute un deuxième but. Cette fois, les Français ont joué avec le feu. Cela n'est pas rassurant hormis le bon esprit qui semble régner dans cette équipe. Deschamps avait fait un certain nombre de changements importants par rapport au premier match. Laissant notamment Pogba et Griezman sur le banc des remplaçants, il a fait entrer Anthony Martial et Kingsley Coman. Cela n'a pas suffi. Il va falloir trouver d'autres solutions, si ce n'est face à la Suisse, pour le troisième match, au moins pour les huitièmes de finale, quand commenceront les matchs couperets.

Le 19 juin, quand les joueurs de Didier Deschamps entrent sur la pelouse du stade Mauroy à Lille, ils sont déjà qualifiés grâce à leurs deux victoires, c'est seulement la première place du groupe qui va se jouer dans ce match. Ce Suisse-France en rappelle un autre lors de la Coupe du monde 2014, qui s'était soldé par une victoire fleuve des Français (5-2), ce qui arrive rarement dans les confrontations franco-suisses. Cette fois, on revient aux bonnes habitudes ou plutôt aux mauvaises, un triste 0-0, qui offre la première place du groupe aux Français. L'essentiel est acquis.

En huitième de finale, c'est l'Irlande qui attend l'équipe de France, au Parc olympique à Lyon. Et surtout un glacial coup du sort : dès la deuxième minute, Brady transforme un penalty et l'équipe de France est condamnée à courir après le score. En vain, jusqu'à l'heure de jeu, avant que Griezmann par deux fois et en trois minutes seulement, n'arrache la qualification. Un nouveau pas, mais que d'approximations, que d'erreurs techniques ! La volonté de cette équipe n'est pas en cause, certes, mais son manque de capacité à élever son niveau, à dominer son adversaire, à faire peser le danger devant le but adverse, sont évidents. Il y a beaucoup de grands joueurs dans cette équipe : Kante, Griezmann, Payet, Giroud, Matuidi, Pogba, Sagna, Koscielny… Seul le gardien et capitaine Hugo Lloris semble en permanence à la hauteur de sa réputation et de ce que l'on attend de lui. Les autres brillent un jour sur deux ou deux jours sur cinq selon les cas. Les Martial, Koman, Gignac, Sissoko, assignés au banc des remplaçants la plupart du temps, ne donnent pas envie de les voir jouer plus lorsqu'ils sont sur le terrain…

C'est maintenant l'Islande qui se présente, le 3 juillet. On peut remarquer que jusque-là, le tirage au sort a été plus que favorable à cette équipe de France qui joue à domicile. Cela reste vrai avec ce quart de finale contre une Islande que personne n'attendait à ce stade de la compétition. C'est l'équipe surprise du tableau final et on se doute bien qu'à un moment, la belle aventure va s'arrêter.

L'arrêt est brutal. L'équipe de France retrouve son Stade de France, et en même temps ses ailes. En une mi-temps à peine, Giroud, Pogba, Payet et Griezmann mettent l'Islande à terre : 4-0. Face à une équipe au bout du rouleau, les Français s'en donnent à cœur joie et laissent parler leur talent. Giroud ajoutera un cinquième but et la France finit par l'emporter 5-2. Le plus important, c'est qu'enfin, cette équipe s'est trouvée. Il ne reste qu'à confirmer et ce sera un peu plus difficile dans quelques jours, face aux champions du monde allemands qui attendent les Bleus à Marseille.

Ce fut un de ces matchs à l'envers dont on sort furieux et avec le sentiment d'une immense injustice, lorsqu'on en est victime. Cette situation, les Français l'ont parfois vécue à leurs dépens par le passé. Quoi de pire que cette défaite aux tirs au but, face à l'Allemagne, à Séville, en demi-finale de la Coupe du monde 1982, après avoir mené 3-1 à dix-sept minutes de la fin de la prolongation.

Là, ce fut tout autre chose, une Allemagne dominatrice imposant son football et ses qualités, une Allemagne championne du monde, une Allemagne sereine et dynamique imposant sa loi. Sauf que, en face, les Français sont tout sauf soumis. Ils ont décidé de se battre jusqu'au bout et avec leurs armes. Ils sont obligés de défendre, certes, de sauver les meubles par moments, mais ils peuvent compter sur un Hugo Lloris plus brillant que jamais. En état de grâce, le gardien français multiplie les exploits et empêche les Allemands de marquer. Le premier miracle se trouve là. Après – c'était sans doute le signe du destin – les Français vont bénéficier de ce petit supplément d'âme qui fait que, ce jour-là, vous sentez que rien ne peut vous arrêter. Deux minutes d'arrêts de jeu étaient déjà jouées à la fin de la première mi-temps lorsque Griezmann ouvrait le score sur un penalty indiscutable. Lloris allait encore multiplier les arrêts pour préserver cet avantage et à la soixante-douzième minute, le même Griezmann enfonçait le clou. Les champions du monde allemands étaient mis à la porte de l'Euro et l'équipe de France qualifiée pour la finale. Qu'elle jouerait évidemment à domicile dans son Stade de France. Face à un Portugal miraculé qui n'en revenait pas d'être encore vivant à l'heure de jouer le titre.

Lorsque Cristiano Ronaldo quitta ses coéquipiers portugais à la vingt-cinquième minute de la finale, on eut la sensation que le sort venait encore d'envoyer un signe favorable aux Bleus. Le meilleur joueur du monde abandonnant les siens à plus d'une heure de la fin du match, c'était un évènement considérable. Mais il était dit aussi que ce match devait ressembler trait pour trait à celui qui avait vu les Français vaincre l'Allemagne quelques jours plus tôt… à l'envers. Dominateurs, prenant le jeu à leur compte face à une équipe très défensive, mais aussi sans grande imagination, les Français n'allaient que rarement mettre en danger le gardien Rui Patricio. Plus le temps passait, plus ils se procuraient d'occasions, sans jamais en convertir une seule. Le pire finit par arriver. À la cent neuvième minute, alors qu'on jouait la deuxième mi-temps des prolongations, Eder trompait Hugo Lloris.

Le Portugal si médiocre tout au long de cette compétition, le Portugal miraculé qui aurait dû être éliminé dès les phases de groupe devenait champion d'Europe. Il ne restait aux Français que les yeux pour pleurer.

Même si les mots de Didier Deschamps n'étaient pas si violents à l'issue de cette défaite, on sentait la rage contenue qui s'était emparée de lui.

Confronté à l'échec, ce qui peut arriver, il était surtout placé face à des questions et des doutes sur l'évolution de son équipe. Trop de lacunes encore, d'imprécision, de manque de percussion. C'était un refrain qui commençait à être connu. Ces Bleus gagnaient trop souvent sans convaincre et ne généraient que peu d'enthousiasme. Et quand ils perdaient, il ne restait même pas l'illusion.

Chapitre 31

Remarcher sur la Lune

Il fallait d'abord digérer la déception de l'Euro. Ce n'était pas facile. Plus peut-être pour les joueurs repartis après de courtes vacances, avec leurs clubs respectifs, dans de nouvelles aventures, de nouvelles compétitions.

Pour Didier Deschamps et son staff, l'amertume devait stagner encore. C'est le point faible de tout sélectionneur : les grandes compétitions, celles qui réquisitionnent un maximum d'adrénaline, n'arrivent environ que tous les deux ans. Et encore. À condition de se qualifier à chaque fois.

Se qualifier, c'était le nouvel objectif de Deschamps avec cette fois, en vue, la phase finale de la Coupe du monde 2018 qui aurait lieu en Russie. Deux ans après la finale cruellement perdue de l'Euro, ce Mondial pourrait donner bien des consolations à une équipe désormais mature.

Dans les quatre derniers mois de l'année 2016, l'équipe de France se comporta implacablement, gagnant la première place de son groupe, notamment grâce à des victoires à Amsterdam contre les Pays-Bas et au Stade de France face à la Suède, ses deux principaux rivaux. Même scénario au début 2017, avec une victoire importante au Luxembourg. On avait la sensation que quelque chose avait changé dans cette équipe, une nouvelle forme de maturité, de sérénité. Les jeunes Français avaient pris conscience quelques mois plus tôt que la moindre défaillance peut coûter très cher. La douleur est la meilleure des expériences, hélas.

Mais comme rien n'est jamais définitivement acquis, cette même équipe allait faire un non-match en Suède, au mois de juin, et s'incliner à Stockholm, ce qui jetait un froid. Avait-on rêvé, seulement rêvé, d'un réel changement ?

À nouveau, les éloges battaient de l'aile. Les commentaires les plus fébriles, les plus suspicieux, sur la capacité de cette équipe à maintenir régulièrement un bon niveau de jeu, fleurissaient dans la presse sportive. Comme au bon vieux temps. On s'interrogeait sur le rôle de tel joueur ou de tel autre, on remarquait tout d'un coup ce qui ne fonctionnait pas, et que l'on n'avait pas semblé remarquer jusque-là. En tout cas, pas depuis longtemps.

On reparlait de Benzema, on remettait en cause Olivier Giroud pour la énième fois, au point que le malheureux, pourtant loin d'être le point faible de cette équipe, se retrouvait dans la situation d'une brebis galeuse, au moins aux yeux d'une partie du public qui prenait désormais plaisir à le siffler à chacune de ses actions ratées, comme s'il était le seul avant-centre au monde à ne pas conclure chaque occasion par un but ! Ça en devenait gênant. Au point que l'on percevait une sorte de malaise, un sentiment de gêne que finalement nous étions beaucoup à partager : que penser de cette équipe, parfois très sympathique, parfois terriblement irritante ?

Didier Deschamps le sélectionneur, recevait sa part de critiques, même si, comme toujours dans son cas, elles étaient très feutrées. L'entraîneur peut paraître affable, l'homme fait peur tant il reçoit chaque critique comme une agression. Aussi, lorsque vous êtes journaliste football et suiveur de l'équipe de France, la prudence est de raison…

Ces questions à peine émises étaient pourtant raisonnables. N'avait-il pas les moyens de faire mieux jouer cette équipe ? Ne pouvait-il pas s'organiser pour mettre mieux en valeur les talents divers de certains joueurs qui évoluent dans les meilleurs clubs du monde ? Cet assemblage de grands talents ne pouvait-il pas donner autre chose qu'un jeu assez restrictif et finalement peu emballant ?

Les doutes étaient légitimes, d'autant qu'au talent déjà connu de Griezmann, Pogba, Varane, Kante… étaient venus s'ajouter de nouveaux sélectionnés en cette année 2017 : Corentin Tolisso, Benjamin Mendy, Tiémoné Bakayoko, Benjamin Pavard, Lucas Hernandez, et surtout, une pépite de moins de vingt ans, un pur génie en herbe, mais l'herbe avait déjà poussé bien haut : Kylian M'Bappé. M'Bappé, on en reparlerait bien sûr, mais en attendant, il lui avait suffi de quelques minutes de jeu pour montrer qu'il allait devenir un élément indispensable de cette équipe de France, au moins pour les dix ans à venir.

Tant de talents réunis ne pouvaient donner qu'une qualification somme toute aisée, devant la Suède, sans Ibrahimović, désormais, et les Pays-Bas, éliminés.

Les matchs amicaux des premiers mois de 2018 allaient-ils confirmer cette bonne impression ?

Hélas, dès le 23 mars, au Stade de France, la Colombie venait s'imposer 3-2 devant une équipe de France qui avait quand même mené 2 à 0 ! Une sorte de gifle, même s'il ne faut pas accorder à ces matchs de préparation plus d'importance qu'ils n'en ont. Mais, commencer par une défaite chez soi, en laissant apparaître des défauts de concentration et de réactivité importants, ça n'est jamais extraordinaire. Quelques jours plus tard, les Français ramenaient une victoire de Saint-Pétersbourg, en Russie, face aux représentants du pays organisateur, 3-1. C'était mieux pour le moral. Dans le cadre de ces matchs de préparation, il fallait encore affronter l'Irlande, l'Italie et les États-Unis, et le bilan global – deux victoires et un nul – devait rasséréner un peu plus les supporters.

Il n'empêche, cette équipe avait du mal à développer ce qu'on attendait d'elle. Les imperfections restaient. Les journalistes spécialisés continuaient de s'interroger sur la présence de Giroud et aussi sur celle de Matuidi, jugé désormais trop vieux. Adrien Rabiot placé par Didier Deschamps sur la liste d'attente, comme en 2016, avait cette fois refusé de patienter et déclaré qu'il se refusait à jouer les substituts une fois de plus. En fait, il avait surtout claqué une porte que personne ne lui avait ouverte… Comme toujours, dans les moments un peu critiques, on reparlait de Benzema, l'éclosion de M'Bappé n'ayant fait que renforcer le problème. Tout le monde voyait bien que M'Bappé pouvait très bien jouer avant-centre aux côtés de Griezman, et que faire du talent d'un Dembelé ?

Tout le monde ou presque s'attardait à regretter la présence de Giroud au détriment d'un Dembelé, d'un Benzema évidemment et aussi du détriment du placement de M'Bappé. Haro sur le Giroud. Et aussi d'une certaine façon, haro sur le Matuidi.

Pour le premier match de poule, face à l'Australie, Deschamps allait faire ce qu'il n'a pas l'habitude de faire :

changer son système, laisser Giroud et Matuidi sur le banc, pour leur préférer Dembelé et Corentin Tolisso. Le résultat fut assez calamiteux : une équipe sans grâce, empêtrée, maladroite et laborieuse, finit par venir à bout de la modeste Australie. Lloris, au prix d'un arrêt prodigieux, avait sauvé les meubles, avant que Griezmann ne marque, sur penalty, après une heure de jeu. Quatre minutes plus tard, l'Australie bénéficiait à son tour d'un penalty et égalisait ! Il faudra à dix minutes de la fin, un but contre son camp de Behich, le défenseur australien, pour que cette équipe de France très inquiétante finisse par l'emporter.

Que de mauvaises impressions laissait ce match ! Il y avait des leçons en nombre à en tirer. La plus importante : Giroud, entré à la soixante-dixième minute à la place de Dembélé, et Matuidi, entré un peu plus tard à la place de Tolisso, s'étaient montrés tout à fait indispensables. Et peu importe leur âge et leur temps de jeu !

Cette correction faite, Didier Deschamps n'allait plus changer grand-chose à son équipe, alignant systématiquement à chaque match les mêmes titulaires, sauf lorsqu'une blessure devait l'en priver.

À l'exception bien sûr du troisième match contre le Danemark, où se jouait seulement la première place du groupe, ce qui devait permettre à Mandanda, Sidibé, Kimpembe, Lemar, d'être alignés d'entrée. On appelle généralement ce troisième match, lorsqu'il compte pour du beurre, le match des coiffeurs. En l'occurrence, celui-là en fut un, terminé par un soporifique 0-0. Un vrai match rasoir.

À l'issue de ce premier tour, aisément passé, si l'on se fie aux résultats bruts, mais dans une extrême douleur si l'on songe à la manière, l'optimisme n'était pas de rigueur. Cette équipe, toujours pleine de promesses à n'en plus finir, mais qui semblait avoir vraiment du mal à les tenir, était encore loin de l'objectif fixé : une place dans le dernier carré.

Que ferait-elle lorsqu'elle aurait à affronter au fil des tours, si elle les passait, des adversaires comme le Brésil, l'Uruguay, l'Allemagne, l'Espagne, l'Angleterre, l'Argentine ?

L'Argentine, justement, l'adversaire offert en huitième de finale. Une Argentine riche de ses Messi, Di Maria, Agüero, entre autres, mais toujours dans le doute. Finaliste malheureuse de la Coupe du monde 2014, l'équipe du roi Messi tarde elle aussi, et au fil des années, à montrer ce qu'elle vaut vraiment. Son début de Mondial avait été poussif, définissant ses limites. Cela pouvait être la chance de cette équipe de France. Après une mi-temps plutôt équilibrée, même si les Argentins semblaient être plus aguerris, les deux équipes en étaient à un partout.

Personne n'a oublié ce que fut la seconde mi-temps, un moment de folie, un emballement, une sorte d'hystérie collective comme il en arrive hélas trop peu en football. Les mises en place tactiques, la stratégie, tout cela n'avait plus cours. Après que Mercado avait donné l'avantage aux Argentins – et là on n'accordait plus beaucoup de chances à l'équipe de France – un but venu d'ailleurs, marqué par Benjamin Pavard, relançait les Bleus.

Et puis, M'Bappé. Le petit génie entrait en action et en quatre minutes, il assommait les coéquipiers de Messi. L'équipe de France s'envolait vers une folle victoire, inoubliable, le genre de victoire qui soude un groupe à tout jamais. Et ce n'est pas le but d'Agüero, marqué tout au bout du match, qui pouvait y changer quoi que ce soit.

L'équipe de France était enfin entrée dans sa Coupe du monde par la plus belle des portes, celle de la folie pure. Rien à voir avec un schéma tactique, ou avec la volonté de Deschamps, à sa méthode de travail. Qu'importe…

En quart de finale, il allait falloir affronter l'Uruguay et on se doutait bien que ce ne serait pas la même folie. L'emportement n'est en effet pas la première caractéristique de la céleste, sauf lorsqu'il s'agit d'aller chatouiller avec un rien de brutalité les chevilles adverses. Ce serait un tout autre combat face à une équipe aguerrie qui, elle, avait tenu ses promesses dès le début de la compétition, une équipe solide dans toutes ses lignes. Le redoutable Suárez, l'homme du Barça, était bien là, toutes dents dehors, décidé à emmener son équipe toujours plus loin. Et aussi Godín, le capitaine, l'ami intime de Griezmann, son partenaire de l'Atlético Madrid. Un seul absent dans cette équipe uruguayenne, mais il était de taille : Cavani, l'avant-centre du Paris Saint-Germain, blessé, et c'était peut-être un coup de chance pour les Bleus.

Au bout d'un match enfin maîtrisé de bout en bout, avec encore une fois un arrêt fantastique de Lloris, alors que le score était à 0-0, les Français l'emportaient en n'ayant tremblé qu'une seule fois. Varane et Griezmann, les buteurs, et leurs partenaires, avaient dominé ces Uruguayens et imposé un football de plus en plus construit.

Le premier objectif était atteint, cette équipe de France était en demi-finale de la Coupe du monde et elle allait devoir affronter une équipe de Belgique qui, après avoir sorti le Brésil en quart de finale, devenait l'une des vraies favorites et, pourquoi ne pas le dire, la grande favorite de cette Coupe du monde. Ce n'était peut-être pas l'avis de tout le monde, c'était en tout cas l'avis des Belges, des supporters comme des joueurs.

Ces joueurs, pétris de talent, c'est certain, mais qui, de Courtois à Hazard, en passant par de Bruyne, Vertonghen ou encore Witsel, ne pratiquent pas l'humilité tous les jours. Il y a bien longtemps qu'ils se considèrent comme la meilleure équipe du monde et cette fois, après avoir miraculeusement éliminé le Brésil qui les avaient archi-dominés, les Belges se voyaient déjà en finale, en attendant mieux.

Il est amusant – à condition d'être du bon côté de la réussite – de constater à quel point le football offre des retournements de situation comme la vie n'en donne pas souvent l'occasion. France-Belgique, devait ressembler comme une goutte d'eau au match Brésil-Belgique, mais cette fois, avec les Français, plus que dominés, dans le rôle des vainqueurs très heureux. C'est vrai que le football imposé par les Belges était supérieur. Pendant quatre-vingt-dix minutes, ils ont dominé cette équipe de France, montré sans doute un football supérieur, mais à l'arrivée, il faut bien constater que Lloris, remarquable comme toujours, a tout de même eu moins de travail que Courtois. Que les meilleures occasions ont été françaises et que le petit but d'Umtiti n'était pas immérité. À qui la faute si ces Belges qui s'y voyaient déjà, n'ont jamais su trouver la faille dans la défense française ?

Leur restait une grande amertume et quelques propos ridicules. Un sportif battu qui revendique avoir été le meilleur, ce n'est jamais drôle mais c'est toujours ridicule.

Quittant Saint-Pétersbourg, l'équipe de France s'envolait vers Moscou pour le rendez-vous historique du 15 juillet à 17 h 00, face à une surprenante Croatie.

Un rendez-vous qui allait lui permettre de marcher à nouveau sur la Lune, vingt ans après.

Chapitre 32

Lendemains de fête

Si on pouvait se voir avec les yeux des autres, on disparaitrait sur le champ.

Jean-Paul Dubois

Il y avait eu une belle émotion sur la pelouse et sous la pluie moscovite, dans les minutes suivant la finale. Tout le monde était trempé, les vainqueurs et les vaincus, les officiels costumés, tout cela faisait une belle confusion. Allez donc savoir, au cœur de cette tornade, où étaient les larmes de joie et celles de la déception. C'était un moment de folie, du bon côté du bonheur, rien d'étonnant après tout.

Il y eut aussi le retour des héros, triomphal certes, mais déjà plus maîtrisé. La folie s'était estompée. Comme gommée du parcours. Le bus descendait trop vite les Champs-Élysées pour ne pas faire attendre le Président de la République... Exactement comme on vous le dit. Il faut dire qu'Alexandre Benalla, dont on allait bientôt entendre parler, était à la manœuvre. C'était lui, l'homme de confiance du Président de la République, qui poussait le chauffeur à accélérer, quitte à frustrer les milliers de fans qui avaient patienté des heures durant sur le parcours.

Elle était belle à voir, encore, la joie de ces jeunes hommes rapportant la Coupe du monde dans leur pays avec l'air d'avoir réussi une belle blague.

Il y avait pourtant comme un manque. Ce n'était pas le délire de 1998, pas même l'adulation pour les Stéphanois vaincus de 1976. Il manquait quelque chose…

Était-ce le sentiment que les Bleus avaient fini par battre la Croatie en finale, la Belgique en demi-finale, comme la médiocre Argentine en huitième, sans jamais s'être montrés très supérieurs ? Il y avait sans doute un peu de cela. Et aussi le sentiment partagé avec tous les observateurs ou presque que cette Coupe du monde n'avait pas été un grand cru. L'avoir gagnée, c'était très bien, mais que resterait-il de cette victoire ? Une étoile certes. En tout cas pas le souvenir d'une équipe qui avait dominé son sujet.

Trop de talents éparpillés pour ne pas dire gaspillés, un système de jeu peu ambitieux, un manque d'idées nouvelles, de remise en question… Tout ce que l'on reproche à Deschamps – pour ceux qui l'osent – depuis près de vingt ans.

La victoire et rien d'autre… Il faut le savoir !

Le constat n'est pas nouveau, il n'en est pas moins teinté d'amertume. Il s'enrichissait désormais d'une nouvelle donnée : Deschamps avait eu raison contre tout le monde (sous-entendu, une fois de plus) et il serait plus compliqué encore de parler avec lui. Sans évoquer la possibilité de lui apporter la contestation…

Quarante-huit heures après la finale, son sourire n'était déjà plus le même. Plus crispé, moins hilare. Déjà, la somme des critiques entendues au fil des mois s'allongeait dans sa tête. Depuis le 15 juillet, on ne les entendait plus trop, ces commentaires peu amènes.

Il tenait sa victoire, il pouvait s'en contenter. Pas besoin d'ajouter une couche d'amertume, mais quand même... trop de choses avaient du mal à passer.

Aimé Jacquet avait ses raisons, en 1998, et elles étaient très compréhensibles. Sa colère et sa rancœur étaient d'un homme blessé trop souvent et trop injustement. Et qui avait été frappé dans sa sphère privée. On avait tout moqué chez lui, y compris son accent, son allure, ses maladresses d'expression. Il y avait de quoi en faire une maladie.

Rien de tel dans le cas de Deschamps. Pour ce qui concerne les commentateurs sportifs, les critiques les plus dures – Dugarry, Petit – n'avaient jamais fait que s'adresser au sélectionneur. Pas à l'homme. On ne tient pas compte bien sûr des propos d'un Cantona dont nous avons dit ce qu'il fallait en penser. Les évoquer au chapitre des critiques, serait déjà leur donner une importance démesurée par rapport à leur navrante absurdité.

Les insultes ne sont pas des critiques, on le vérifiera plus loin. Il était évident quand même que Deschamps trouverait un jour ou l'autre l'occasion de laisser paraître son aigreur et son humeur chafouine.

On ne s'attendait certes pas à des commentaires sur le vif. Ce n'est pas le genre du personnage. Cela viendrait un jour.

En attendant, il part se reposer, se ressourcer en famille et, déjà, envisager la suite avec la première Ligue des nations qui commence dès septembre.

À partir du mois de mars se joueront les premiers matchs de qualification des nouveaux champions du monde pour l'Euro 2020.

Il y a au moins trois semaines qu'on ne lui a pas parlé de Benzema.

Ensuite, il prend des vacances suffisamment longues pour consacrer du temps et un peu de souffrance, sans doute, à ses dents.

Quand il réapparaît début janvier, il est bronzé, aminci et surtout, il arbore une dentition parfaite, le travail qui attendait depuis longtemps a été fait et bien fait. D'ailleurs, dans cet évènement on ne peut plus minime (le diable est dans les détails, n'est-ce pas), on va relever un aspect curieux mais récurrent de sa cauteleuse personnalité.

Il est à ce moment-là en pleine opération pièces jaunes, puisqu'il soutient Bernadette Chirac dans cette opération caritative. Et il se donne du mal, arpentant les médias, répondant volontiers à toutes les questions. À Europe 1, l'animateur fait une remarque sympathique sur sa nouvelle dentition. Immédiatement, Deschamps se cabre, marmonne que c'est du domaine de sa vie privée. Soit. Sauf que dans l'enchaînement, il va consacrer à peu près quatre-vingt-dix secondes à expliquer pourquoi il a fait cette opération, pourquoi il ne l'a pas faite plus tôt et plein de petites choses auxquelles manifestement personne n'avait pensé. On le reconnaît : d'abord il met en avant la protection de sa vie privée, son droit absolu de se taire sur ce sujet, avant de disserter beaucoup plus longuement que l'on aurait pu s'y attendre.

Mais l'affaire des nouvelles dents du sélectionneur n'est sans doute pas ce qui marque le plus ses apparitions de janvier.

Le 9 janvier 2019, il est l'invité de Nagui dans son émission du matin, *La Bande Originale*, sur France Inter.

Cette émission, nous allons y participer, ayant été nous-mêmes vivement et chaleureusement sollicités par l'assistant de Nagui, Denis Dayras. D'abord, un premier SMS, dès le 24 décembre (!) nous proposait de le rappeler rapidement. Ensuite, nous avons échangé un certain nombre de mails pour l'organisation de notre venue.

Nous étions l'auteur d'un livre, *La Face cachée de Didier Deschamps*, paru en 2013, apprécié du public et des médias et dont la publication n'avait donné lieu à aucune polémique.

Précisons que ni Nagui ni ses collaborateurs ne connaissaient ce livre, déjà ancien, et que, selon l'assistant, c'est Didier Deschamps qui avait souhaité être interrogé par son auteur. Nous avons même dû les aider à se procurer ce texte (!). Dans les jours qui suivent, l'assistant de Nagui nous propose un questionnaire basique sur Deschamps et notre travail. Ce sont les questions auxquelles nous devons nous préparer. Exemple : « Qu'est-ce qui vous a amené à écrire sur Didier Deschamps ? » ou « Avez-vous changé d'avis sur Deschamps après votre livre ? » etc. Rien que du convenu… Aucune de ces questions ne sera posée. Il nous décrit par mail le déroulé de l'émission[1]. Le jour dit, rien ne sera conforme. Un traquenard organisé avec minutie.

Plus que Didier Deschamps lui-même, Nagui et sa chroniqueuse Leïla Kaddour-Boudadi ont entamé leur travail de démolition d'un livre, paru cinq ans plus tôt, qui n'était plus d'actualité et plus en vente, et dont ils ne savaient presque rien. Elle, insultante, pseudo-moraliste, diffamatoire, maniait l'agressivité et la violence verbale, et

1. Tout ce qui y est de ces évènements ayant précédé l'émission du 9 janvier, et après, est matérialisé par des mails et des SMS échangés avec Denis Dayras, assistant de Nagui.

criait pour ne jamais laisser l'invité s'exprimer. Et s'il tentait de le faire, le coupait avec une nouvelle agression. Si possible en parlant par-dessus lui. On se serait cru chez Medrano et les autres chroniqueurs, muets, semblaient tétanisés.

Quant à Nagui… Lui, il n'avait rien lu mais ce n'est pas étonnant. Donc, il se servait de pseudo-déclarations pour manier à son tour l'insulte. Plus vulgaire encore que sa camarade – il faut le faire – il nous accusait, en toute simplicité, de remuer la merde, et quand il n'y en avait pas, de la créer… À propos de quoi ? Sur quelle base ? Mystère.

Nous reprocher d'avoir reproduit fidèlement les confessions de personnes auxquelles nous avions demandé leur ressenti sur leur vie en commun avec Deschamps à une époque ou à une autre, il fallait l'oser. Comme s'il était du devoir d'un auteur de corriger les souvenirs ou le vécu d'un personnage dont il recueille les impressions[2] !

Et Deschamps, demanderez-vous ? Plus retenu dans l'agressivité. Ce qui n'était pas difficile. Il n'était pas le plus virulent, moins vulgaire que les deux comparses, il dispersait quelques contre-vérités, restait dans le flou le plus absolu. Aucune précision, rien que des plaintes comme des jérémiades…

---

2. La dame Kaddour-Boudadi qui confond tout nous a reproché entre autres de ne pas avoir vérifié nos informations ! C'est un non-sens. Quand nous demandons à Jean-Claude Dassier, Jeannot Werth, Bernard Tapie ou un autre, son ressenti sur sa relation avec Deschamps, nous n'avons pas à vérifier ce qu'il nous dit. C'est sa vérité sur un moment précis. Notre devoir est de veiller à ce que les propos ne soient jamais diffamatoires (contrairement à ce qui se fait chez Nagui), et de ne pas trahir la pensée de ceux qui nous ont fait confiance. Nous leur avons donc donné à relire à chacun leurs déclarations et ils ont pu, éventuellement, apporter une correction. Ainsi, personne n'a été diffamé, ça se serait su, et tous se sont reconnus dans leurs propos tels que publiés.

« Est-ce que vous vous rendez compte du mal que vous faites ? » Non, pas vraiment, et nous attendons toujours que l'on nous dise où se trouve le mal dans l'exercice qui consiste à tenter de décrypter la personnalité d'un personnage public.

« Vous avez une famille ? » Oui, et nous ne voyons pas en quoi cela intervient. Pas un mot de notre part ou de nos interlocuteurs n'est dirigé contre la famille de Deschamps. Même si certains ne portent pas le sélectionneur dans leur cœur, et c'est leur droit, ça s'arrête là.

D'ailleurs, mettre ainsi en avant sa famille, de façon systématique, comme pour s'en protéger, finit par être dérangeant. Et pose un certain nombre d'interrogations.

Et puis, le meilleur pour la fin : « Je ne vous souhaite pas qu'on écrive un livre sur vous ! » Et bien nous, si. Cela révèle l'importance que le monde extérieur vous accorde. Et accorde à votre travail. À votre éventuelle réussite professionnelle. Politique, artiste, footballeur, écrivain, scientifique ou industriel... Un livre sur vous, c'est une sorte de consécration. Même si tout ce qui est écrit ne vous est pas forcément favorable. Et parfois contestable. Michel Houellebecq, Bernard-Henry Lévy, François Pinault, Bernard Tapie, Carlos Ghosn (avant l'affaire), le commandant Cousteau, Picasso, l'abbé Pierre... se sont vu consacrer un livre ou même plusieurs selon les cas. Certains étaient loin d'être tendres. Nous ne nous souvenons pas d'avoir entendu de quelconques couinements pour autant.

Nous n'allons pas poursuivre plus longtemps sur ce traquenard du 9 janvier 2019 froidement organisé par Nagui et son équipe. Nous en avons déjà dit plus que ce que ce genre de procédé mérite. D'ailleurs, si Nagui avait répondu – d'une manière ou d'une autre – au courrier électronique

que nous lui avons adressé par l'intermédiaire de son assistant[3], une explication aurait eu lieu et nous n'aurions pas seulement évoqué cette émission dans ce livre. Mais le cran n'est pas son fort. Puisque nous n'avons obtenu ni droit à la parole, ni droit de réponse[4] pour avoir été diffamés dans le cadre de ce moment de télé-copinage, nous avons choisi de répondre sur notre terrain.

Presque un an plus tard, nous apprenions que Nagui produisait et animait un documentaire sur son ami. Un grand moment de plus à la gloire de Deschamps et du télé-copinage. Mais attention ! À grands renforts de publicité, on nous apprenait qu'il y aurait des contradicteurs ! Du vrai journalisme ! Mais nous n'avons pas été invités cette fois… Il ne faut quand même pas exagérer !

Quelques jours plus tard, Jean-Claude Dassier qui donnait sa version de Deschamps dans le livre de 2013, commentait la séquence France Inter en quelques mots désabusés : « Je m'étais dit qu'avec la victoire à la Coupe du monde, il changerait peut-être… eh bien ce n'est pas pour cette fois. »

Nous nous sommes dit alors qu'il serait amusant de demander à Jean-Claude Dassier, six ans plus tard, sa nouvelle *interprétation* de celui qu'il n'a plus jamais croisé depuis l'OM.

3. En retour de mon mail, celui-ci m'a répondu qu'il avait transmis à Nagui qui allait me répondre… C'était le 10 janvier 2019. À suivre…

4. Le CSA a été alerté par des plaintes et des signalements d'auditeurs scandalisés par ce qu'ils avaient entendu et révoltés que cela ait pu se produire sur une antenne du service public. Le CSA n'a pas cru bon de réagir. Si le dossier complet n'est plus disponible sur le site, il sera fourni en écrivant à bp.auteur.2020@gmail.com

Chapitre 33

Deschamps version Dassier

Six ans après[1], le regard de Jean-Claude Dassier reste lucide et aussi dépassionné que possible. Il a été à Marseille le président de Deschamps, entraîneur, et ensemble ils ont remporté, entre autres, le titre de champion de France 2010.

Son expérience aidant, Jean-Claude Dassier sait voir les qualités de l'homme, les vertus de l'entraîneur mais aussi aussi ses failles et tous ces petits détails qui dérangent. Cette fois il va même plus loin : il évoque les alentours du personnage Deschamps, une certaine mollesse pour ne pas dire une certaine lâcheté, quand il s'agit pour les observateurs de parler d'un sélectionneur certes critiquable, comme tout être humain, mais qui a, tel un bouclier, un titre de champion du monde 2018 à arborer. Le genre de pare-feu qui, pour beaucoup, interdit la plus petite réserve.

---

1. En 2013, Jean-Claude Dassier donnait déjà sa version de Didier Deschamps à l'occasion du livre *La Face cachée*. Son ressenti portait alors, principalement, sur leur expérience commune à Marseille.

Ce qui me gêne beaucoup[2]*, c'est le positionnement des journalistes sportifs, lesquels dans leur grande majorité n'osent pas toucher à Deschamps. Il faut bien en convenir, c'est une icône. Et tu ne touches pas à un entraîneur champion du monde, surtout à un champion du monde qui fait le boulot. La Coupe du monde, ce n'était peut-être pas un grand cru, mais le fait est que Deschamps était confronté à une compétition au cours de laquelle tout peut arriver et qu'il en est sorti vainqueur. Après, les détails, les matchs, les grands ou les petits moments… J'ai déjà oublié. Franchement je n'ai pas vibré lors cette Coupe du monde comme j'avais vibré lors des précédentes. Ça n'a d'ailleurs pas déclenché le même enthousiasme général qu'en 1998, loin de là. Ce petit quelque chose qui manque se trouve sans doute dans la façon dont Didier Deschamps fait jouer son équipe. Je lui reconnais d'incontestables qualités de réalisme, de pragmatisme et surtout, c'est quelqu'un qui ne lâche rien, jamais. Dans tous les domaines. Cela fait partie des quelques défauts de ses qualités qui peuvent agacer. Ne jamais rien lâcher sur le terrain, dans l'esprit de la compétition, c'est formidable. Ne jamais rien lâcher au cours des conférences de presse auxquelles on a l'obligation de se prêter, c'est moins formidable. C'est pourtant le cas et l'exercice se renouvelle avec une régularité vertigineuse. Au cours de toutes les conférences qui précèdent ou suivent les matchs, Didier Deschamps ne dit jamais rien, ne lâche jamais rien de concret, c'est évidemment plus qu'irritant pour n'importe qui connaissant le sport et le football en particulier.*

Ce qui est encore plus irritant, c'est l'absence de réaction de tous ces journalistes, ne disant jamais rien, ne s'offusquant pas

2. Entretien avec l'auteur le 12 novembre 2019 à Paris.

de ces non-dits accumulés et qui, dans leur torpeur, apparaissent presque comme des complices de ce foutage de gueule.

Ce serait tellement mieux si, à son incontestable talent et son professionnalisme dans le football, il ajoutait une personnalité ouverte, chatoyante et bienveillante. Là, cette espèce de personnage fermé…

out le monde en rigole d'ailleurs, les conférences de presse, la presse n'arrête pas d'en ricaner. Je ne sais même pas pourquoi il continue d'y aller pour faire ce show pathétique. Sans doute parce qu'il est obligé. Et le spectacle qu'il donne, c'est un style. Mais je sais pourquoi il fait ça : dans son raisonnement, moins il en dit, moins il aura d'emmerdes. Sans doute s'est-il fait des journalistes et des journalistes sportifs en particulier une image peu flatteuse… Sans doute considère-t-il aussi que dans le monde des médias d'aujourd'hui, il faut être prudent. Une petite flammèche allumée dans un coin de la prairie peut déclencher des feux importants voire très vite incontrôlables, au point de prendre des dimensions irraisonnables. Il pense cela et il n'a pas complètement tort. Moi aussi je suis dubitatif, pour ne pas dire critique quand j'examine les réseaux sociaux – que je ne fréquente pas – que je considère comme un recul de notre pratique démocratique, bien loin du progrès annoncé.

Je pense que Deschamps a lui aussi cette modeste réflexion sur ce qu'est devenu notre système d'information. Dépassés les médias classiques, submergés même par ces nouveaux moyens qui influencent la manière de penser, manipulent le moindre début d'information, le transforment, le faussent et l'utilisent toujours aux mêmes fins de scandale. Je comprends qu'un homme comme Deschamps si exposé se méfie et cherche à leur donner le moins de prise possible. Dans cette optique, cela justifie sans doute le parti pris qui est le sien d'en dire le minimum. Après, lorsqu'on est assis devant sa télé et qu'on le regarde faire ou lorsqu'on l'écoute à la radio, sa façon de répondre est devenue un gag, un style et une manière de faire.

Que ça lui plaise ou non, tant que les critiques restent dans le cadre de l'action du personnage, à l'intérieur de ses responsabilités, elles sont tout à fait acceptables. Ne pas les accepter, les rejeter violemment comme des attaques inadmissibles qui pourraient atteindre sa sphère privée, c'est discutable.

À son niveau de responsabilité, il a une façon de dire et de faire que je peux comprendre, mais qui n'est pas compatible avec le job qui est le sien. Il doit se dispenser de jeter de l'huile sur le feu comme il le fait ou d'en rajouter par des sottises ou des confidences excessives, ou des prises de position qui au fond ne sont pas les bienvenues dans la dialectique d'un homme qui s'occupe de football.

Il le fait rarement et on ne le prend pas en faute sur ce terrain-là. Néanmoins il est vrai, c'est peut-être l'explication de l'affaire Benzema : il a du mal à accepter les critiques et à les encaisser. Il est vrai que ne pas sélectionner le meilleur buteur français année après année et le meilleur buteur du Real Madrid, l'une des trois meilleures équipes du monde, c'est quelque chose qui interroge. On a le droit de poser des questions. On a le droit de chercher à savoir pourquoi ce footballeur n'est jamais sélectionné en équipe de France. Tenter de poser la question et d'y répondre, ce n'est pas dire que Deschamps a tort ou raison, simplement, c'est poser un problème qui existe et ne pas faire comme s'il n'existait pas.

À sa décharge – je ne suis pas son avocat - il n'a pas non plus été aidé par les autorités politiques de l'époque, ça ne l'a pas non plus aidé à prendre une décision qui aurait été mûrie par un certain nombre de personnages importants du football français et que l'on n'aurait pas laissée ainsi, à la merci du seul sélectionneur. Une vraie décision n'aurait peut-être pas changé le fond du problème, mais au moins on aurait eu l'impression que règles éthiques avaient été respectées et que le footballeur Benzema, avait eu une réponse claire aux questions qu'il pose depuis des années. Cela lui aurait plu, ou pas, mais au moins, il aurait eu et nous tous avec lui, la sensation que son cas avait été étudié par des personnes responsables et qu'elles avaient réfléchi avant de prendre une décision.

Il est certain qu'en vérité nous avons été très loin de tout ça. Je ne sais pas qui Deschamps aurait dû écouter. Il est certain en tout cas que s'il a écouté Noël le Graët, cela ne l'a pas aidé à faire la lumière dans sa tête, puisque Le Graët a lui aussi changé d'avis en cours d'affaire, pour des raisons que l'on ne connaît pas.

Tout cela est important, bien sûr, parce que cela explique aussi ce manque d'enthousiasme total autour de l'équipe de France.

Maintenant, il faut se résigner à une vérité : l'ensemble des Français, leur grande majorité, a avant tout envie que Didier Deschamps ait des résultats. Et tant que les résultats sont au rendez-vous, ils ne vont pas aller le titiller sur des manières d'être, de répondre ou ne pas répondre à certaines questions. Même l'affaire Benzema, qui divise beaucoup d'entre nous, ne peut pas résister à un titre de champion du monde.

Soyons indulgents : Deschamps est critiquable comme chacun d'entre nous, ni plus ni moins. Mais ce que l'on ne doit jamais oublier lorsque l'on regarde son parcours de footballeur, d'entraîneur, de sélectionneur, lorsqu'on examine ses forces et ses faiblesses, c'est que ce qui domine, c'est son culte du résultat. Il a une telle obsession du résultat qu'il finit par obtenir toujours plus que ce qu'il devrait, et c'est ce qui le rend aujourd'hui intouchable.

Ce n'est pas commun. C'est un type de caractère tourné vers un but unique, au propre comme au figuré en l'occurrence. C'est privatif de beaucoup d'autres choses. Et puis ça dénote, c'est vrai, une défaillance de sa personnalité qui implique qu'il aura du mal à faire preuve de bienveillance lorsque ce sera utile, de compassion ou de franchise lorsque ce sera nécessaire.

Mais encore une fois, cela ne change rien au fond de l'appréciation qui est faite du personnage, que ce soit par le grand public ou ses employeurs : il a rempli le contrat, donc il est intouchable.

D'ailleurs, il va signer pour une prolongation de contrat au moins jusqu'à la Coupe du monde 2022, si ce n'est déjà fait[3]*.*

Lorsque je le vois dans certaines situations un peu plus compliquées que d'autres, je me dis qu'il n'a pas changé. Malgré la Coupe du monde, ce succès incroyable, ce triomphe qui rassure, sur lui, sur son avenir, sur l'opinion que les gens ont de lui… eh bien non, il n'a pas changé.

Il reste le personnage méfiant, frileux, peu sûr de lui finalement. Je pense qu'on ne change jamais vraiment totalement. Sur le plan sportif, je pense qu'il a bien pris la mesure de la différence qu'il y a à gérer un groupe que tu réunis une fois toutes les X semaines et une gestion quasi quotidienne d'un vestiaire. Il m'a semblé aussi, en l'écoutant – peut-être que je surinterprète ses propos – qu'il lui arrivait désormais de donner des signes de chaleur vis-à-vis de tel ou tel joueur, ce qui ne lui arrivait jamais auparavant. Il m'a semblé qu'il

3. En effet, le contrat de sélectionneur de Didier Deschamps a depuis été prolongé jusqu'à la Coupe du monde 2022 au Qatar.

avait lancé une sorte d'opération de rapprochement vis-à-vis de ses internationaux.

Je peux me tromper. Je fais très attention à cela parce qu'à Marseille, il y avait quand même une certaine distance. Il était le coach, le patron absolu, et avec un certain nombre de joueurs, la relation humaine était quasiment inexistante, ce qui, notamment avec Ben Arfa, a posé quelques problèmes.

Je veux croire, sans être certain d'avoir raison, qu'avec l'âge, les enjeux et la Coupe du monde, il a évolué dans sa capacité à passer sur les difficultés du passé pour se dire : « J'en ai besoin, il est utile, je vais le prendre, en dépit du fait que ce soit un chieur, indépendant d'esprit, qui ne m'aime guère... »

Je voudrais croire cela, mais très sincèrement, je pense qu'il ne saura jamais s'y résoudre.

C'est vrai que s'il avait fait une sorte de geste dans le sens d'une résolution de l'affaire Benzema, j'adhérerais plus volontiers à l'idée qu'il ait réellement changé.

Changer, dans mon esprit, cela voudrait dire qu'il est moins égocentrique et moins égoïste. Que ce n'est pas son seul point de vue qui est mis en avant.

Moi aussi, quand je l'ai eu comme entraîneur, alors que j'étais président de l'OM, je suis passé sur beaucoup de choses parce que les résultats étaient au rendez-vous : Coupe de la Ligue, titre de champion de France...

C'est vrai que par ailleurs il ne s'est pas très bien comporté avec moi.

D'ailleurs cela m'amuse quand on me dit régulièrement qu'il est susceptible, extrêmement susceptible!!! J'aurais pu l'être moi aussi à l'époque, parce que j'avais tout fait pour être à son égard un bon président et que, globalement, ça s'était bien passé. Mais il ne s'est quand même pas bien comporté...

Je ne veux pas trop revenir sur mon histoire marseillaise avec Deschamps, parce que tout cela est vieux et sans importance, mais la façon dont il s'est comporté avec moi est très significative, d'une part, et d'autre part, il n'avait pas le droit d'agir ainsi. À l'époque, j'étais en conflit ouvert avec Labrune qui voulait à la fois mon fauteuil de président et ma peau, ce qui allait avec. C'était son droit. Il a eu tout ça et on a vu après ce qu'il en a fait. Toujours est-il que lorsqu'il appelle Deschamps, qu'ils se voient à Paris, lorsqu'il lui promet les vingt millions d'euros supplémentaires que Deschamps estimait mériter, et que je lui avais refusés parce qu'à l'époque Margarita Louis-Dreyfus, la patronne, ne voulait pas les lâcher, il ne doit pas immédiatement me laisser tomber. Il a obtenu par un autre biais ce qu'il ne pouvait pas obtenir avec moi, c'est une chose. Avait-il le droit pour autant de ne plus rien avoir à faire avec le président avec lequel il avait travaillé main dans la main depuis deux ans ? Je ne le crois pas. Il devait dire à Labrune : "Écoute, ce sont vos affaires, moi les affaires entre dirigeants, ça ne me concerne pas. Mais j'ai des relations avec Jean-Claude Dassier, donc je suis obligé de lui dire que j'ai obtenu ces vingt millions. Je ne vais pas entrer dans les détails, mais il faut bien que je lui en dise un mot." Ça, c'est ce qu'il aurait dû faire, et il n'y aurait eu aucun problème entre nous. Ce qu'il a préféré faire, c'est se dire que je l'apprendrais toujours à un moment ou à un autre, que je ne serais pas content et qu'après tout ce n'était pas son problème !

Là-dessus, je pense qu'il n'a pas changé, il joue toujours son jeu tout seul. Et peut-être qu'il a raison et que c'est moi qui suis trop sensible, trop affectif. Mais vraiment, je pense qu'il n'aurait rien perdu à bien se comporter avec moi parce que Labrune voulait le job, il l'aurait pris de toute façon. Il avait réussi à convaincre Margarita qu'il serait bien meilleur président que moi, de la même manière qu'il a réussi à la convaincre de donner à Deschamps les vingt millions qu'elle refusait de donner quand c'est moi qui les lui demandais. Tout ça c'était très bien, Deschamps n'y était pour rien... Il serait venu me parler, ça n'aurait rien changé au fond de l'affaire, mais tout aurait été différent dans notre propre relation.

Dans notre relation personnelle, c'est vraiment le seul reproche que je m'autorise à lui faire, parce que pour le reste, je serais bien ingrat d'oublier le boulot qu'il a fait à Marseille avec cinq titres en deux ans. Il y a de qui combler un président.

Humainement, je le répète, il gagnerait à faire l'effort d'aller vers les autres même si ça lui coûte.

« Je ne l'ai pas revu depuis Marseille. Il ne sait pas faire ce genre de démarche. Si je le revoyais, je lui dirais : « Tu ne t'es quand même pas bien comporté avec moi ! » Puis ce serait fini, ça serait passé. C'est toujours décevant de voir une personnalité, que ce soit dans le secteur des affaires, de la politique ou du sport, avoir une telle attitude. Je suis sans doute un peu naïf, mais ce serait tellement mieux si Didier Deschamps se comportait comme on doit se comporter dans la vie. Dans ces métiers-là, on rencontre beaucoup de styles différents, de gens différents... Ils sont souvent détestables, ces styles et ces genres, d'autant plus qu'ils accompagnent des hommes ou des femmes qui par ailleurs ont des qualités énormes. C'est ce que je ressens quand je pense à Deschamps.

Tant qu'il aura les résultats, la trajectoire ascendante de notre ami Deschamps se poursuivra. Mais il ne faut pas que ça se retourne.

Chapitre 34

Deschamps version Houllier (suite)

Je l'ai retrouvé quelques années plus tard[1] *en tant que collègue ! Moi j'étais à Lyon, lui entraînait l'AS Monaco. Dès sa première année d'entraîneur, on pouvait sentir qu'il avait bien compris ce métier. D'ailleurs, dès la deuxième saison, avec une très belle équipe il est vrai, il parvenait en finale de la Ligue des Champions. J'ai moins suivi ses années d'entraîneur à la Juventus, puis à Marseille, moi-même j'étais parti à Liverpool.*

À partir de 2012, il est devenu sélectionneur de l'équipe de France. Je crois que c'était un poste fait pour lui. L'espace entre les matchs de compétition n'est pas gênant dans son cas. Il reste compétitif quoi qu'il arrive. Même s'il n'avait qu'un match par an à jouer, il s'y préparerait pendant trois cent soixante-quatre jours.

Ce que j'aime avant tout chez lui, c'est que c'est un vrai compétiteur, quelqu'un qui hait la défaite. Je crois lui avoir envoyé un texto dans l'heure qui a suivi la défaite 2-0 à Kiev, en match de barrage, au mois de novembre 2013, alors que, semblait-il, beaucoup d'espoirs d'aller à la Coupe du monde

1. Entretien avec l'auteur le 13 novembre 2019 à Paris.

au Brésil s'étaient éloignés. J'étais convaincu qu'on allait se qualifier au retour et je le lui ai écrit. Deschamps, pour l'avoir un peu pratiqué, c'est quelqu'un qui sait se servir des échecs pour rebondir. Et le talent c'est ça, le rebond, la capacité de s'élever de nouveau, au pire moment. Quand on possède cette capacité-là, il ne peut plus arriver grand-chose. D'autres managers que lui possèdent la haine de la défaite, qui les pousse à se surpasser. Là où il est différent, c'est que je ne crois pas qu'il soit en recherche de gloire. Je pense qu'il est plus en quête de perfection, une sorte de combat avec lui-même.

C'est vrai qu'on ne peut pas laisser de côté le souvenir de France-Bulgarie : il n'est pas impossible que la souffrance ressentie ce soir-là le pousse depuis à travailler et à prendre toutes les précautions pour ne jamais avoir à revivre cela.

En plus, il a des idées novatrices, parfois il les prend aux autres, y ajoute les siennes, c'est un sélectionneur d'aujourd'hui. Il a passé cinquante ans et il est en phase permanente avec une génération de garçons dont les plus brillants sont aussi souvent les plus jeunes. Ils ont vingt, vingt et un, vingt-deux ans, c'est une génération connectée, *ce sont des jeunes gens d'aujourd'hui qui ne partagent pas le même langage que nous, les mêmes plaisirs, les mêmes modes de vie. Le fossé entre les générations devrait être bien trop large, impossible à combler, or on le voit, il sait très bien les prendre, leur parler, leur faire passer son message.*

Ni père fouettard, ni copain, il est en harmonie. Il peut être sévère, mais on sent qu'il est toujours dans l'empathie avec ses joueurs. Le fait d'avoir un fils du même âge est bien sûr une chance. Encore faut-il savoir s'entendre avec son propre fils, communiquer avec lui. Parce que si vous n'avez pas les qualités pour vous entendre avec votre propre enfant, ça risque d'être difficile avec les autres.

On peut même dire qu'il est plus à l'aise avec ces générations qu'il ne l'était avec celles d'il y a dix ans. Les internationaux d'il y a dix ans étaient à mi-chemin entre deux générations. Il ne se reconnaissait pas en eux.

La vérité, c'est que le management a dû passer par une profonde mutation parce que les joueurs sont tellement différents ! Les jeunes se moquent complètement de la hiérarchie, du statut, de l'histoire, de la carrière. Dites-leur qu'un entraîneur a gagné dix-huit coupes du monde et cinquante ballons d'or, ça ne va pas les intéresser plus que ça. Eux, c'est tout de suite. Il faut que ce qu'on leur propose soit performant, que ça marche, que l'on garde le plaisir de travailler ensemble, ce qu'ils aiment par-dessus tout. L'entraîneur qu'ils ont en face d'eux, même s'il n'est personne mais qu'il sait leur parler, les rendre meilleurs, leur donner des atouts et les emmener vers la victoire, ils vont l'adorer. Il ne faut pas oublier non plus qu'ils savent plus de choses que nous à leur âge, ils vont plus vite et réagissent plus vite par rapport à l'information, aux connaissances.

Ils n'ont pas besoin d'un leader qui soit désigné de facto. *Ils ont besoin d'un leader qui soit capable d'inspirer et d'insuffler une nouvelle dynamique et parfois même de contrer. Avant, on disait : « Fais comme je t'ai dit de faire, c'est tout. » Mais tout cela a changé, maintenant, il faut des leaders qui inspirent et sont capables de te faire réfléchir et de te faire évoluer. Et dans ce contexte, Didier a vite percuté, c'est en cela qu'il est très moderne. Il a compris qu'avec les jeunes d'aujourd'hui, il faut se battre d'une certaine manière, mais pas dans un rapport de force. On n'impose plus, désormais, on convainc, on propose et on explique pourquoi on propose.*

Une de ses forces, même si je ne néglige pas le fait que son fils Dylan ait pu l'aider, c'est sa capacité d'adaptation. Il est capable de s'adapter à tout le monde. Le vecteur de communication entre lui et ses joueurs fonctionne à merveille et c'est un des secrets de la réussite de cette équipe de France.

Sans aller jusqu'à dire qu'il affichait déjà toutes les qualités d'entraîneur et de sélectionneur qu'il deviendrait quinze ans après, nous avons eu avec Aimé, très vite, la conviction que Didier avait la faculté d'être le patron du milieu de terrain en équipe de France. C'était déjà un signe.

À l'époque il avait vingt-deux ou vingt-trois ans, mais c'était évident. Il a eu vingt-cinq ans fin 1993, il était donc encore très jeune, mais dès la nouvelle saison, le nouveau sélectionneur, Aimé Jacquet, l'a nommé capitaine. En trois mois, il est devenu l'incontestable patron du milieu de terrain et de l'équipe de France.

Pour revenir à l'échec de 1993 et son effet sur la carrière personnelle de Didier Deschamps, je serais incapable de dire le rôle qu'a joué France-Bulgarie. Ce dont je suis certain c'est que les souffrances endurées pendant la longue période qui a suivi, ont donné racine à une haine de la défaite. Chez tout le monde, donc sur Deschamps aussi. Et s'il avait déjà ça en lui, ce traumatisme n'a pu que renforcer son sentiment.

Je voudrais ajouter une dernière chose sur Didier Deschamps, parce que ça me paraît nécessaire quand on esquisse un portrait de lui. J'entends dire depuis longtemps que c'est quelqu'un qui a toujours eu de la chance. Et c'est vrai que quand on cible quelques tirages au sort, quelques victoires, on peut toujours trouver des épisodes de chance.

Tout ça peut être relativisé très vite. La défaite en finale de l'Euro 2016 face au Portugal, ce n'est pas vraiment un coup de chance. Et pas plus le tirage au sort qui nous est tombé dessus à l'approche de l'Euro 2020. Tomber dans une poule avec le Portugal, l'Allemagne et la Serbie, ce n'est pas vraiment une chance inouïe. Ce qui est important, plus que les histoires de chance ou de malchance, c'est que c'est avant tout un bosseur, un travailleur qui travaille en équipe. C'est important. Ce n'est pas un individualiste. Et chez lui, je vois toujours beaucoup plus d'humilité que d'ambition. Et cela aussi c'est un des effets de 1993. Quand il arrive ce genre de choses, ça vous force à relativiser pour le reste de votre vie.

POST-SCRIPTUM

J'aurais donné beaucoup pour ne pas avoir à écrire ces quelques lignes comme un post-mortem, à la suite du récit de Gérard Houllier. Le témoignage de Gérard était une réflexion limpide qui se serait bien passée d'un post-scriptum. Nous avions travaillé dans son bureau puis nous étions partis déjeuner. Nous étions revenus ensuite pour aborder la deuxième époque. J'étais sous le charme, comme toujours quand je parlais avec lui. Au point d'écouter avec un certain ravissement les éloges qu'il faisait sur Didier Deschamps. Tout arrive. Il connaissait mon sentiment, peu importe, nous nous respections. Il avait beau croire à des choses auxquelles je ne croyais pas, le voir y croire était un plaisir. C'était le 13 novembre 2019, à Paris. Depuis, nous nous étions revus régulièrement. Je lui avais montré le texte définitif et il l'avait approuvé sans réserve. Ce texte reflétait exactement sa pensée et j'avais adopté avec lui comme avec d'autres une méthode qui m'est chère : le respect absolu de ce qui est entre guillemets. Que cela me plaise ou non. Les personnes qui vous font confiance en donnant leur témoignage ne doivent pas craindre une quelconque censure.

Un an après cet entretien, jour pour jour, le 13 novembre 2020, il me téléphonait assez tard le soir pour que l'on reparle du projet de livre que nous avions en commun. Comme je ne répondais pas, il m'a laissé un message. Ces dernières années, il avait tenu à instaurer une habitude : quand je venais à Paris, je le prévenais quelques jours avant et nous déjeunions ou dînions ensemble. C'était passionnant, toujours. Parce qu'il s'exaltait pour tellement de choses. Il m'interrogeait souvent sur mon travail, ma vie en général. Il voulait tout savoir sur tout et je lui ai parfois rappelé en souriant que je n'étais pas le sujet.

Nous nous connaissions depuis plus de trente ans, vers le milieu des années 80, lorsqu'il était l'entraineur du PSG. Tout de suite, nous nous étions bien entendus. Il a toujours été présent quand j'ai eu besoin de lui et je peux dire que ça a été réciproque. Ça n'a jamais changé, même si, parfois, la vie nous a séparés pendant quelques années.

Je savais que l'opération miraculeuse qui lui avait sauvé la vie ne l'avait pas mis à l'abri pour toujours. Il vivait pleinement, mais avec une certaine prudence, sachant qu'il n'avait pas droit aux écarts. Je savais aussi que tout pouvait s'arrêter brusquement et cela jetait une ombre de crainte sur notre relation : je n'acceptais pas cette menace et j'y pensais en silence. Y pensait-il ? Je crois que oui même s'il n'en parlait pas. Il vivait. C'est lui qui avait raison, je le sais aujourd'hui.

Le 13 novembre 2020, je l'ai donc rappelé et j'ai ressenti un changement de tonalité dans ses mots. Une certaine anxiété, une tension inhabituelle. J'ai voulu croire que je me trompais.

J'ai gardé son message sur mon répondeur. Il n'allait pas si bien…

Gérard Houllier est mort le 14 décembre 2020. Je n'avais pas attendu ce moment pour savoir que je l'aimais énormément. Nous n'avions plus reparlé de Deschamps, depuis treize mois, et je n'aurais jamais eu l'occasion d'écrire ces lignes si l'Euro de football et ce livre, en conséquence, n'avaient été repoussés d'un an.

Parce qu'il avait survécu au pire près de vingt ans plus tôt, parce qu'il incarnait à mes yeux la droiture et la vie, j'ai voulu le croire immortel. Les réactions à sa disparition de ceux qui avaient eu la chance de l'approcher, de l'aimer, montrent que je ne m'étais pas beaucoup trompé.

Les hommes comme Gérard Houllier m'empêcheront toujours de me fâcher définitivement avec le football.

Chapitre 35

La victoire et rien d'autre

Les jours d'après Coupe du monde sont souvent difficiles. Quelques hoquets par-ci, par-là, et notamment l'élimination de la première Ligue des nations, les champions du monde ne parvenant pas à se qualifier pour les demi-finales, mais l'équipe de France aura malgré tout fait bonne figure. À partir du mois de mars 2019, elle s'engageait sur le chemin des éliminatoires menant à l'Euro. Dans un groupe, dont le moins qu'on puisse dire, est qu'il n'était pas très difficile : Moldavie, Islande, Andorre, Albanie et Turquie... Il n'y avait pas de quoi faire des cauchemars la nuit. Après deux nets succès en Moldavie et à Saint-Denis contre l'Islande, le 8 juin, les Bleus, complètement à côté de leur sujet, subissaient une défaite vexante en Turquie. 2-0. Ce n'était pas un drame et les chances de qualification n'étaient certes pas entamées, mais tout de même... Les rencontres de fin de saison, qui comptent autant que les autres, donnent souvent des résultats amers. À force de trop penser aux vacances, on part en vacances en grimaçant.

À la rentrée, les « bronzés » alignaient des succès à Andorre, puis contre l'Albanie et encore contre Andorre au

Stade de France, avant d'aller gagner en Islande. De quoi garder leurs bonnes couleurs. Ils oscillaient à nouveau contre la Turquie, un match nul au Stade de France qui donnait quelques inquiétudes sur la capacité de cette équipe à hisser son niveau dans les moments importants. En effet, autant la défaite du match aller, le 8 juin, alors que tout le monde avait plutôt la tête ailleurs, pouvait être reléguée au rang des anecdotes, autant ce match nul, en plein mois d'octobre, alors qu'une victoire était vraiment nécessaire pour assurer la première place, bof. Comment éviter les questions qui dérangent, et les commentaires suspicieux ?

En finissant par deux victoires, face à la Moldavie, à Saint-Denis, et en Albanie, les Français assuraient leur qualification. Normal pour des champions du monde. Mais inquiétant sur l'ensemble des performances.

Par moments, on avait l'impression d'avoir trouvé une équipe. À d'autres moments, c'était un peu n'importe quoi. Les joueurs rassurants sur un match l'étaient beaucoup moins sur le match d'après.

Didier Deschamps ne trouvait pas la bonne formule pour utiliser son attaque. Des noms ronflants, champions du monde ou pas, M'Bappé, Griezmann, Koman… Olivier Giroud, guère plus utilisé par son équipe de Chelsea – et c'était à peine le début de la disette –, en manque de rythme, apparaissait pourtant indispensable à cette attaque. C'était déjà un mystère.

Le titre mondial n'était pas si éloigné, un an à peine, mais déjà revenaient, le plus souvent feutrées, des questions sur la capacité de Deschamps à faire vivre bien cette équipe sur le plan technique et stratégique. Que l'ambiance soit bonne, personne ne pensait à le contester, et c'était très bien. Mais était-ce le plus important ?

Que dire à un sélectionneur qui vient de gagner une Coupe du monde ? Que son système n'est pas le bon, qu'il ne tire pas le meilleur de ses joueurs ? Il serait toujours possible d'envisager des échanges, voire des conversations animées avec un autre sélectionneur, plus ouvert à la critique.

Celui-ci n'en était pas à chercher des arguments : champion du monde, c'est déjà une réponse.

Oui, mais cette attaque qui ne se trouve pas ? Il vous assénait les quatre buts marqués à l'Argentine, et les quatre autres marqués en finale contre la Croatie.

L'équipe de France absente du dernier carré de la Ligue des nations ? Il pouvait vous répondre que dans un groupe de trois où on trouvait l'Allemagne et des Pays-Bas, on savait que ce serait difficile… Évidemment, on ne peut pas toujours jouer contre la Moldavie et le Zimbabwe.

Cela pouvait se sentir depuis bien longtemps, avant la Coupe du monde, le sélectionneur français, insensiblement, avait crispé ses choix stratégiques et sa philosophie. Ce n'était plus, la victoire avant tout, mais la victoire et rien d'autre.

Une mutation qui ne jurait pas avec le passé de Deschamps. À Marseille, déjà, malgré les titres et les victoires, on lui avait reproché l'ennui distillé par son équipe. Le public du Vélodrome n'est pas très original : quand son équipe gagne sans lui donner de plaisir, il s'en contente. Quand elle l'ennuie et ne gagne plus, il devient féroce. Le règne de Deschamps à Marseille s'était ainsi mal terminé.

Quand on évoque la qualité des joueurs français sur le terrain, Pogba, Varanne, Griezman, M'Bappé, N'Golo Kanté, Matuidi, Lloris… comment expliquer que ces mêmes joueurs n'aient pas réussi un match de grande qualité, en entier, depuis la Coupe du monde ? C'est une question sans réponse si l'on compte sur le sélectionneur pour nous aider. Lui, il voit des choses merveilleuses là où on ne les voit pas. À partir de là, il n'est pas simple de discuter.

Il était incontournable que l'on reparle de Karim Benzema. Le temps des interrogations était revenu, et aussi celui des sous-entendus. Difficile de questionner clairement quand on se heurte à un grand vague… Comment se passer de l'un des meilleurs attaquants du monde était la sempiternelle question qui revenait sans cesse sans être vraiment formulée. De toute façon, il a choisi de ne plus y répondre, ou alors, d'y répondre par des formules toutes faites et qui ne veulent rien dire : « Il y a beaucoup de bons joueurs dans ce secteur de jeu, il n'est jamais facile de faire des choix… Tout le monde a sa chance… » Et tant d'autres encore.

Le fait est qu'il a choisi de se passer aussi longtemps qu'il le faudra de Karim Benzema et qu'il ne veut pas en donner les vraies raisons. Ce qui relève au mieux d'un manque de courtoisie. Quand on a été champion du monde poids lourds, on peut s'offrir le luxe d'être poli, disait le boxeur Jim Corbett, entré dans la légende sous le nom de Gentleman Jim. Ça ne vaut apparemment pas pour les footballeurs.

Noël Le Graët, superbe d'effronterie, remettait de l'huile sur le feu, annonçant, alors que personne ne lui demandait rien, que la carrière internationale de Benzema était terminée.

Comment un président de fédération pouvait-il s'abaisser à une telle déclaration ? En même temps que son sélectionneur prétendait que la non-sélection du joueur tenait uniquement à des raisons sportives, voire d'équilibre harmonieux de l'équipe nationale, voilà que Le Graët, en pleine déconnexion, venait désigner officiellement cette non-sélection comme la conséquence d'une décision fédérale. À l'opposé des discours de son sélectionneur. Et leur ôtant définitivement toute crédibilité. Il est toujours bien de se garder de ses amis…

Le Graët avait fini par craquer sous la pression… des résultats. Depuis quelques semaines, il est vrai que Benzema se montrait irrésistible sur le terrain, marquait but sur but, sauvant le Real Madrid à plusieurs reprises et devenant l'atout n° 1, le patron de son équipe. Oui, ce Benzema-là, celui que l'on voyait depuis plusieurs semaines et plusieurs mois, était indispensable à l'équipe de France, il avait totalement sa place dans le groupe France.

La rumeur montait, les protestations n'étaient plus seulement silencieuses, les impressions étaient devenues certitudes : seules des raisons étrangères au football pouvaient justifier cette élimination. Le Graët venait de le confirmer.

Benzema pouvait ironiser dans un *tweet* adressé à Le Graët. « Je croyais que le président n'intervenait jamais dans le domaine sportif… »

Tout cela était plus ou moins amusant, quand même. Ces gens s'arrogeaient un pouvoir de nuisance qu'aucune autorité ne leur contestait. Quand on connaît la futilité du point de départ de cette affaire…

C'est le caractère difficile et très ambigu de Didier Deschamps, qui se trouve concentré dans cet épisode Benzema, que tout le football français traîne derrière lui depuis près de cinq ans maintenant.

« Deschamps prend l'équipe de France en otage », s'était écrié Christophe Dugarry, peu de temps avant la Coupe du monde 2018, ce qui avait révolté le même Deschamps, menaçant là encore de faire un procès. Mais il est vrai qu'à moins d'avoir d'autres explications que l'on ne nous donne pas, on peut se demander au nom de quoi Didier Deschamps décide de mettre un couvercle sur la carrière internationale de Benzema. Pour des motifs personnels ? Il n'en évoque pas d'autres et nous-mêmes, nous n'en voyons pas.

C'est donc un Deschamps encore une fois mal à l'aise avec ses interlocuteurs de la presse sportive, irrité par certaines questions, pas seulement autour de Benzema, mais aussi de Giroud, du système de jeu, de M'Bappé, avant-centre ou pas, du manque de progrès de cette équipe de France, que l'on retrouvait en ce début d'année 2020. Rassuré par la qualification à l'Euro, certes, mais sur ses gardes par ailleurs, il s'avance vers le mois de juin 2020.

Après le tirage au sort du mois de décembre, qui offre à la France le *groupe de la mort,* en guise de premier tour de la phase finale, beaucoup de la sérénité d'alors s'est évanouie. Affronter l'Allemagne à Munich, pour ouvrir les débats, puis le Portugal, champion d'Europe en titre et vainqueur de la Ligue des nations 2018, pour les clore, il y avait mieux à espérer du sort.

Chapitre 36

Rendez-vous avorté

Que de fois n'ai-je pas, dans ma vie, entendu l'expression :
— Mais, tu ne te rends pas compte !
— Il faut croire que non, ou alors, pas des mêmes choses peut-être

Frédéric Berthet

Vous ne vous rendez pas compte du mal que vous faites !

Didier DESCHAMPS

La période est un peu relâchée. Tous les deux ans c'est la même chose, quand s'ouvre une année de phase finale. On pourrait presque parler d'hibernation. Janvier et février sont, pour un sélectionneur, des mois qui ont l'air de ne pas compter.

Les joueurs s'activent dans leurs clubs, les émotions (légères) du mercato sont déjà loin, la Ligue des champions va revenir... Il faudra se remettre à trembler. La blessure grave qui surgit à quatre ou cinq mois de l'Euro ou du

Mondial, c'est le forfait assuré. En octobre, déjà, Hugo Lloris a fait craindre le pire. Le coude avait cédé suite à une chute malencontreuse dans son but, et les premiers avis le donnaient indisponible jusqu'à la fin de la saison. Il arrive que le pire ne soit pas toujours certain, surtout quand il est diagnostiqué dans les premières minutes. Deux jours plus tard, le délai était réduit à cinq mois et au bout d'une guérison et d'une convalescence fulgurantes, le gardien de Tottenham reprenait sa place à la fin du mois de janvier.

À cette époque de l'année, on était dans le *money time* de la blessure mais pas seulement. Giroud avait finalement été gardé par Chelsea alors qu'il était attendu à l'Inter de Milan. Pour ce qui était de son temps de jeu, il ne fallait pas rêver. Le sélectionneur pourrait-il l'emmener à l'Euro ? Dembélé avait rechuté début février. L'homme aux mille blessures… Cette fois, il s'était blessé avant même d'avoir repris la compétition. Et les médecins pensaient qu'il ne reviendrait peut-être pas avant la fin de la saison. On pouvait surtout craindre que sa carrière ne soit qu'une infinie suite de parenthèses de plus en plus courtes entre deux blessures. Kingsley Coman se blessait fin février lors de son retour avec le Bayern. On parlait de trois mois d'absence…

Pour les bien portants, l'horizon était lointain. Le 27 mars, l'équipe de France devait recevoir celle d'Ukraine au Stade de France. Puis, c'était un France-Finlande, à Lyon et enfin une rencontre avec la Croatie programmée le 8 juin. Ces trois rencontres étant bien sûr des matchs amicaux destinés à préparer le premier choc de l'Euro face à l'Allemagne, à Munich, dès le 16 juin.

Après le tirage au sort et en attendant de donner sa première liste officielle de pré-sélectionnés aux médias,

Didier Deschamps pouvait s'atteler à l'opération *Pièces Jaunes*, avec Brigitte Macron cette fois. Il donnerait une première liste, avec les réservistes (sans Rabiot cette année !) au mois de mai, puis une liste définitive (sans Benzema à coup sûr) avant le 2 juin.

Il avait le temps. Assez pour courir les médias avec les *Pièces Jaunes*, et à l'occasion faire sa propre promotion. Après les effusions télévisées avec Nagui, avec lequel il n'est jamais question d'introspection – les pingouins ne se regardent pas dans la glace, n'est-ce pas – il avait donné une intéressante interview au *Monde*.

Depuis fin septembre, il devait également nous accorder un entretien. Une proposition ancienne qui datait de… janvier 2019.

« Mais attention, un entretien formel », avait-il précisé. Nous avions acquiescé sans trop savoir ce que cela signifiait. Ce jour-là, la conversation téléphonique avait été animée. En vérité, nous avions eu droit à nouveau à tout un tas de reproches, toujours les mêmes, toujours aussi fumeux. Toujours teintés de considérations autour de la souffrance de la famille. « Vous ne vous rendez pas compte du mal que vous faites ! » La phrase clé était revenue, comme un leitmotiv absurde. Rien de neuf et surtout rien de clair. Quand il nous disait lire les bons philosophes, on se doutait qu'il avait dû sauter des pages.

Décidément, il ne sortirait pas grand-chose d'un éventuel rendez-vous dont il ne restait apparemment qu'à fixer la date. Mais puisque nous nous y étions engagés, autant jouer le jeu jusqu'au bout…

Depuis, nous l'avions poursuivi dans une farandole de textos et de reports multiples, quatre mois durant. C'est long. Ce n'était pas « demain on rase gratis », c'était « bientôt on se voit ». Pas là, pas tout de suite, mais après… après les vacances, après les matchs de qualification, après le tirage au sort, après les matchs de novembre, après les vacances de Noël, après la tournée d'obligations promotionnelles, après les vacances dans la belle-famille…

Nous avons fini par comprendre que ce serait JAMAIS, lorsqu'après une défilade de plus, il nous a reprochés de ne pas être assez réactifs (!).

C'était donc notre faute ! Et nous n'y avions pas pensé !

Pour connaître ses états d'âme, il fallait donc lire *Le Monde*. Il avait pu trouver, à la mi-décembre, le temps qui lui faisait tellement défaut par ailleurs pour se confier.

D'abord sur l'air de l'ambition à plus ou moins long terme. En fait, son projet, c'était continuer. On y apprenait qu'un sélectionneur n'a pas de date de péremption, que seuls les résultats décident, et qu'il n'avait pas envie de faire un autre métier. Pour le moment. Son contrat avait été prolongé sans attendre que l'Euro 2020 soit joué. Comme quoi il n'y a quand même pas que les résultats qui comptent. Clairvoyant, il reconnaissait que chaque jour qui passe depuis sa nomination, en 2012, le rapproche de la fin… C'est un peu la même chose pour tout le monde, nous semble-t-il.

Où serait-il dans dix ans ? Il n'y pensait pas. Être un dirigeant ne l'intéressait pas. Pour le moment ? On avait du mal à croire qu'il n'avait pas envie de suivre les traces de son bien-aimé président Le Graët. D'ailleurs, il se glissait discrètement dans la peau de celui-ci quand il évoquait l'avenir à long terme. Très affirmatif, pour une fois, il avouait qu'il verrait bien Zinédine Zidane comme sélectionneur. Après lui. Il y aurait donc un moment où il partirait ?

Parole de futur président ? Il lui importait peu de savoir ce que souhaitait Zidane, ni s'il était plaisant pour le coach du Real Madrid d'être intronisé à distance. Surtout par lui. Zidane mène sa carrière avec une lucidité incomparable, accumulant les succès, ne commettant aucune faute, et il n'a aucun besoin qu'un ancien coéquipier vienne s'occuper de son avenir. Les passes en or, c'est lui qui les offrait, lorsqu'il était joueur.

Deschamps ne se contentait pas de désigner son successeur dans *Le Monde,* il saluait aussi le travail de ses prédécesseurs à la tête de l'équipe de France, et notamment Laurent Blanc. Décidément.

Ensuite, il retombait dans ses travers. Regrettant que l'équipe de France soit moins bien traitée que d'autres à l'occasion de l'Euro 2020. Cette compétition, jouée pour la première fois dans douze pays différents, permettra à un certain nombre d'entre elles de recevoir leur adversaire pour des matchs très importants. Ainsi, dès le 16 juin, l'Allemagne recevra la France à Munich. Les Français ne recevront personne, puisque la France ayant organisé l'Euro 2016, l'UEFA a décidé de ne pas lui offrir de match à domicile. Le sélectionneur remarquait que les Allemands organiseront l'Euro 2024 et que, malgré tout, on leur offre des matchs de poule à domicile, à commencer par celui contre la France. De quoi pester. Trop injuste, dirait Calimero.

Il revenait, malgré tout, sur l'affaire Benzema ou plutôt ses conséquences, quatre ans plus tôt. Le tag, sur la maison de Concarneau, la souffrance de ses proches… On connaît tout ça par cœur. « Le temps fait son travail, mais je ne peux pas oublier », ajoutait-il. Au cas où nous ne l'aurions pas compris. Nous pensons à Julien Green, « l'oubli est une grâce ».

Reparler de Benzema ? Il n'a plus rien à dire sur le joueur ni sur l'affaire. Il précise, une fois de plus – sent-il que ce n'est pas clair pour tout le monde ? – que lorsqu'il a une décision à prendre, il la prend avec un seul objectif : l'intérêt collectif de l'équipe de France. Ce serait donc pour cela que Benzema est banni à vie ? L'intérêt collectif de l'équipe de France ? Et si c'est le cas, pourquoi ne pas le dire officiellement ? La vérité ne se situe pas dans les faits mais dans la nuance, dirait John Le Carré qui s'y connaît.

À propos de vérité et de faits, le procès intenté par Didier Deschamps à Éric Cantona, au tribunal de grande instance de Paris, était fixé au 28 février. Qu'allait-il se passer au cours de ce procès ? Didier Deschamps en sortirait-il renforcé ?

Ni la dialectique, ni les mots ne sont des atouts pour lui. Il gagne ou il perd, selon qu'il gagne ou qu'il perde sur le terrain. Quand il dit que l'Euro 2020 représente la seule échéance qui compte, il ne ment pas. C'est le résultat qui lui donnera raison ou tort. La Coupe du monde 2018 l'avait transformé en intouchable. Cela ne suffit pas toujours. Pas tout le temps. Le voilà reparti en conquête.

Chapitre 37

Dans un mois, dans un an…

Et le monde a changé. Au début de l'année 2020, ce livre partait à l'impression, sa sortie était programmée pour le mois de mai, quand tout s'est arrêté. Sous le nom de Covid-19, un virus avait commencé de bouleverser nos habitudes d'abord, nos vies ensuite. On espérait qu'il n'y en aurait que pour quelques mois…

Très vite, le report d'un an de l'Euro de football était acté. Stupéfiant par rapport à nos habitudes, logique au vu des dommages et des drames qui endeuillaient la planète. Qui allait donc pleurnicher sur le report d'une compétition sportive quand les morts, les malades, et les pertes d'emploi s'accumulaient. Le monde était dévasté, le monde du sport n'avait pas belle allure.

Pour sauver l'Euro, on avait commencé à envisager de jouer des matchs de football sans spectateurs, puis la décision la plus sage de ne plus jouer du tout l'avait emporté. Ironie du sort, cet Euro, devait se jouer pour la première fois dans une douzaine de pays différents !

Le football s'est donc arrêté en même temps que les populations du monde retenaient leur souffle. Qu'allions-nous devenir ? Personne n'avait la réponse et surtout pas les grands spécialistes, scientifiques ou médecins, qui semblaient barboter plus que jamais, et – habitude nouvelle – venaient nous le dire à la télévision. Chacun avait sa solution, son pronostic, sa vision du futur et sa manière à lui de prévoir l'avenir. Nous étions confinés, nous attendions que l'alerte passe, tremblants, paniqués, mais en silence, soumis à ce nouveau maître qui s'était emparé de la planète.

Et le football dans tout ça? En France, très vite, les autorités – à savoir le président de la République et ses ministres – avaient décidé que, cette fois, « on ferme ». D'une manière ostentatoire, brutale et définitive, il était dit que le championnat de France de ligue 1 et 2 et toutes les autres compétitions sportives étaient définitivement arrêtés pour la saison 2019-2020.

Pas de protestation, on s'en doute, du côté de Noël Le Graët et de sa Fédération française de football. Un président qui se respecte aurait pu monter au feu, demander un peu de patience avant de prendre une décision définitive dont on pouvait craindre les coûteuses retombées. Mais non, rien.

Alors que dans toute l'Europe, les plus grands championnats, Angleterre, Espagne, Allemagne (à partir du 15 mai), Italie, allaient reprendre pour conclure leur saison, et ce à partir du mois de juin pour la finir à la mi-juillet, en France, tout restait à l'arrêt, conséquence d'une décision désastreuse.

Après tout, ce n'est que du football, pouvaient dire certains *penseurs*, jugeant que l'on n'allait pas pleurer sur l'interruption de matchs de football quand le monde était à ce point en émoi. Mais le football est aussi une entreprise et décider sa mise en sommeil pendant des mois ne pouvait que créer un désastre économique dont cette entreprise aurait bien du mal à se remettre. Pendant que nos rivaux européens reprenaient leurs matchs, dans des stades vides évidemment, et allaient au bout de chacun de leurs championnats, récoltant les centaines de millions d'euros que représentent les droits de télévision, dont on sait qu'ils sont le premier fournisseur économique du football, les clubs français, eux, devaient renoncer à ces mêmes droits, lesquels font vivre des milliers d'emplois (pas seulement ceux des joueurs), et notamment les clubs amateurs. Une catastrophe. Sans compter que tous les salaires des footballeurs, y compris les plus énormes, devaient être honorés par des clubs qui ne recevaient plus aucun revenu.

Il était de bon ton de seriner que le football n'est pas intéressant à voir s'il n'y a pas de spectateurs. Comme si c'était une question de préférence… Là où les autres – tous les autres – reprenaient le jeu pour le bonheur des supporters, derrière leur poste, et surtout pour la manne que représentaient les fameux droits télé, le football français était aux abonnés absents. Une fortune qui s'enfuyait. L'exception culturelle, quoi qu'il en coûte…

Dans cette période morbide, il était navrant de constater que quelques « responsables » au gouvernement et à la fédération avaient choisi de mettre en péril le football français. Les uns par leur décision, les autres par leur silence et leur absence de révolte.

Six mois de blanc, c'était au moins l'occasion de faire des pronostics. Par exemple, cibler les grands perdants potentiels de ce report d'un an. Olivier Giroud ? En juin 2021 il aurait un an de plus, c'est évident, mais surtout, il serait obligé de cravacher à nouveau pour garder une place de titulaire à Chelsea, ce qui apparaissait de plus en plus compliqué à l'approche de ses trente-cinq ans. On a vu depuis à quel point il a relevé le défi, continuant de se situer comme l'incontournable avant-centre des bleus.

Blaise Matuidi ? Une vraie victime. Assuré d'aller à l'Euro en 2020, il était assuré de ne pas y aller en 2021, après avoir quitté la Juventus de Turin et fait ses bagages pour l'Amérique, là où on va pour gagner du fric mais certainement pas pour être candidat à une sélection dans la meilleure équipe du monde. Pour Dimitri Payet, en renaissance à Marseille dans la première partie de la saison 2019-2020, en désuétude en 2021, le report était aussi un coup fatal. Il aurait 34 ans avant l'Euro et ses performances, à partir de la reprise, avaient vite montré qu'il ne retrouverait plus le niveau de l'équipe nationale.

Il n'y avait pas que des désillusions. Ce report offrait à Ousmane Dembélé une possibilité de participer à l'Euro alors qu'il était officiellement forfait pour l'édition 2020 à cause d'une grave blessure. Paul Pogba, très incertain il y a un an, avait la possibilité cette fois de revenir en meilleure santé. D'autres champions du monde comme Lucas Hernandez ou N'golo Kante, blessés à l'approche de l'Euro 2020, avaient tout le temps de se refaire une santé.

C'est au mois de septembre, avec deux matchs de la Ligue des nations contre la la Suède et la Croatie, que l'équipe de France de football reprenait la compétition officielle. Un retour dans des stades vides, comme de bien entendu, et avec partout et tout le temps l'ombre du virus qui planait. Pogba et Aouar, testés positifs à la Covid-19, étaient remplacés respectivement par un jeune Rennais extrêmement prometteur, Edouardo Camavinga, et par Nabil Fekir. Mandanda, testé positif le 4 septembre juste avant la rencontre contre la Suède, devait rentrer chez lui. Le 7 septembre, c'était Kylian M'Bappé, lui aussi testé positif, qui ne participait pas au match contre la Croatie. Au-delà des pubalgies, entorses, déchirures, fractures et autres, il allait falloir s'habituer aux maléfices de la Covid.

Autre rescapé, Adrien Rabiot, le pestiféré, tenu à l'écart de la fameuse liste en 2020, faisait son retour dès la reprise de la compétition. Depuis 2018, le milieu de terrain de la Juventus n'avait plus été sélectionné en équipe de France en raison de son refus de se mettre à la disposition de la sélection en vue de la Coupe du monde.

Le 5 novembre, Marcus Thuram, le fils de Lilian, était convoqué pour la première fois. Il brillait dès ses premières apparitions et s'annonçait comme une alternative à la pointe de l'attaque française. En revanche, Upamecano, défenseur central prometteur de l'équipe allemande de Leipzig, ratait totalement ses débuts.

Côté terrain, l'équipe de France alignait les performances majuscules. Dans le cadre de la Ligue des nations, victoire en Suède 1-0, puis au Stade de France face à la Croatie (4-2) pour ce qui était annoncé comme une revanche de la finale de la Coupe du monde (!). Et un match nul 0-0 contre le Portugal, puis une victoire en Croatie 2-1. Pour finir une nouvelle victoire, cette fois au Portugal 1-0, avant de battre la Suède 4-2. L'équipe de France terminait première du groupe et qualifiée automatiquement pour les demi-finales de la Coupe des nations. C'était bien. Ce qui était mieux, c'est la façon dont, à Lisbonne, elle avait imposé son jeu, montré toute sa cohérence. Son match le plus abouti depuis plusieurs années.

Les Français avaient joué en quelques semaines six matchs de compétition et deux matchs amicaux : une victoire, 7-1, contre l'Ukraine, et une défaite, 0-2, face à la Finlande.

Nous pouvions espérer retrouver un peu de lumière en 2021. Espérer seulement. La Covid veillait. Après quelques mois d'été comme autant de répit, dès le mois d'octobre étaient apparus des signes alarmants de reprise de l'épidémie, et cela s'aggravait au fil des semaines. Plus de confinement, mais des couvre-feux, des restaurants à nouveau fermés, et les salles de spectacle, les salles de sport, les bars, les théâtres, les cinémas, bref tout ce qui rend la vie plus agréable. C'était le prix à payer pour continuer la lutte, et surtout, selon les autorités, pour éviter un confinement total tel qu'il avait été (mal) vécu au printemps 2020.

Bien entendu, les stades continueraient de résonner en creux, même si la compétition avait repris, y compris dans notre pays ! Plus d'exception culturelle française, nous pouvions rejouer au football, la preuve irréfutable qu'on aurait pu reprendre en juin, comme les autres. Dans un étonnant Final Eight, preuve qu'à l'UEFA on avait un peu d'imagination, une équipe française, Lyon, atteignait les demi-finales de la Ligue des champions, après avoir sorti la Juventus de Turin et Manchester City. Quant au PSG, il pouvait jouer sa première finale, événement considérable qui récompensait des années d'effort, même si l'issue décevait les fans.

Après des fêtes de Noël sous tension et un réveillon de nouvel an passé chez soi enfermé après 20 heures pour cause de couvre-feu, on pouvait reporter à juin 2021 les espoirs d'amélioration. En tout cas, le programme de l'équipe de France de football était fourni avec, à partir de mars, des matchs de qualification à la Coupe du monde 2022, en juin, trois matchs de poule, déjà, dans le cadre de l'Euro 2021, et pour finir la saison, d'autres matchs de qualification à la Coupe du monde au Qatar.

La victoire de Noël Le Graët, candidat à sa propre succession à la tête de la Fédération de football, ne pouvait qu'enchanter son sélectionneur, lequel avait été plutôt contrarié par le résultat du procès fait à Éric Cantona pour les propos que l'on sait.

Nous reconnaissions, dans ces propos virulents, voire démesurés, toute l'extravagance de Cantona, ses dérives verbales assumées, sa dialectique désordonnée, ses pensées parfois confuses, toujours au bord du dérapage. Nous reconnaissions aussi dans la réaction de Deschamps, *Monsieur-je-ne-supporte-pas-que-l'on-me-critique,* toute son incapacité à débattre. Ou simplement à répondre à sa manière. Le dialogue n'est pas son fort, certes, mais il doit bien y avoir à la fédération des conseillers en communication. Après tout, que disait Cantona ? « Le débat est ouvert. » Il n'affirmait rien, n'apportait aucun fait, réel ou falsifié. Il attendait qu'on lui réponde.

La réponse de Deschamps : un procès en diffamation. La preuve, encore, qu'il ignore le sens des relations humaines, et aussi le doute, et le droit. Cantona avait exprimé une opinion, un jugement de valeur – sans doute absurde – dont la pertinence peut aussi être discutée dans le cadre d'un débat d'idées mais dont la vérité ne saurait être prouvée. Cela ne constitue pas une diffamation. De même, prêter à Deschamps des sentiments ou des intentions en les exprimant la plupart du temps en forme d'interrogation ou de doute personnel, voilà qui ne caractérise aucunement le délit de diffamation.

Tout cela est clair et c'est dans ce sens que Me Céline Bekerman, conseil parisien d'Éric Cantona, l'a défendu. Non seulement Cantona n'avait fait qu'exprimer une opinion personnelle et subjective (ce que déteste Deschamps), mais celle-ci portait sur les propres opinions prêtées à Deschamps, qui sont par nature invérifiables et tout aussi subjectives. Discussion et débat d'idées pouvaient résulter de ces propos… Tout ce que Deschamps ne voulait pas.

C'est toute la problématique qui colle au sélectionneur : Cantona est-il, à cause de ses interrogations, condamnable par la justice ? Dugarry a-t-il le droit de le critiquer vertement ? José Anigo, ancien directeur sportif de l'OM, peut-il donner sa version – subjective, forcément – de leur relation ? Peut-on, dans un livre qui lui est consacré, laisser parler des témoins à charge comme son ancien agent (Jeannot Werth) ou son ancien président (Jean-Claude Dassier) ? Deschamps pense que non. Et c'est tout le problème.

Céline Bekerman plaidait la relaxe, et soulevait aussi la nullité. Le tribunal de Paris jugeait, le 11 décembre 2020, que la plainte de Didier Deschamps était nulle, pour des raisons de procédure. Le tribunal avait en effet considéré que la manière dont avait été rédigée la plainte était de nature à « engendrer une incertitude quant à l'étendue des faits dont avait à répondre le prévenu », ce qui signifie que les propos visés par la diffamation n'étaient pas clairement définis.

Fin d'une affaire qui aurait dû être jugée en février et qui avait finalement été renvoyée à décembre pour cause de Covid ? Pas tout à fait. Deschamps disposait de dix jours pour faire appel de cette décision et il n'allait pas s'en priver. Le Basque n'est pas seulement bondissant, comme Jean Borotra, il est fortement rancunier.

La procédure au fond se tiendra ou ne se tiendra pas, selon le résultat de l'appel qui se tiendra le 3 juin, huit jours avant le début de l'Euro…

Pour Céline Bekerman, cette victoire était avant tout celle de la liberté d'expression. C'était aussi une nouvelle victoire face à son ennemi intime que remportait Éric Cantona, lequel a toujours soupçonné l'ex-capitaine de l'équipe de France d'avoir contribué à l'écarter de la sélection dans la visée de l'Euro 96 et de la Coupe du monde 98. Depuis, Cantona ne s'est jamais privé de titiller Deschamps, voire de l'agresser verbalement. À l'époque, il l'avait même qualifié de « vulgaire porteur d'eau ».

De là à parler de revanche, il y a un fossé. Tout le monde n'a pas la rancune pour moteur. Cantona, à sa manière, et de façon parfois disproportionnée, a pris pour habitude de se dresser contre ce qu'il estime être des injustices. C'est sa liberté, même si nous sommes aussi libres de ne pas toujours partager ses coups de sang.

En attendant, le football était censé reprendre ses droits en mars, avec trois matchs de qualification à la Coupe du monde au Quatar, en 2022, et déjà, l'annonce d'une première liste d'heureux élus dont on savait qu'elle ne serait pas très éloignée de la liste des sélectionnés pour l'Euro.

Chapitre 38

Le prisonnier d'Alcatraz

Le 18 mars, Deschamps annonçait donc sa liste pour les trois matchs à venir, le 24 mars contre l'Ukraine, le 28 mars au Khazakstan et le 31 mars en Bosnie-Herzégovine. Bien sûr, il resterait quelques inconnues en fonction des états de forme, des blessures. Et puis, comme il donnait une liste de vingt-six, le 18 mars, avec notamment quatre gardiens, il faudrait déjà retirer au moins trois joueurs au moment de la liste finale qui ne peut compter que vingt-trois noms.

Les vingt-six nommés étaient donc :

Gardiens : Alphonse Areola (Fulham/ENG), Hugo Lloris (Tottenham/ENG), Mike Maignan (Lille), Steve Mandanda (Marseille).

Défenseurs : Lucas Digne (Everton/ENG), Léo Dubois (Lyon), Lucas Hernandez (Bayern Munich/GER), Presnel Kimpembe (Paris SG), Clément Lenglet (FC Barcelone/ESP), Ferland Mendy (Real Madrid/ESP), Benjamin Pavard (Bayern Munich/GER), Raphaël Varane (Real Madrid/ESP), Kurt Zouma (Chelsea/ENG).

Milieux : N'Golo Kanté (Chelsea/ENG), Tanguy Ndombélé (Tottenham/ENG), Paul Pogba (Manchester United/

ENG), Adrien Rabiot (Juventus/ITA), Moussa Sissoko (Tottenham/ENG).

Attaquants : Wissam Ben Yedder (Monaco), Kingsley Coman (Bayern Munich/GER), Ousmane Dembélé (Barcelone/ESP), Olivier Giroud (Chelsea/ENG), Antoine Griezmann (FC Barcelone/ESP), Thomas Lemar (Atlético Madrid), Anthony Martial (Manchester United/ENG), Kylian Mbappé (Paris SG).

Pas ou peu de surprises à l'annonce du sélectionneur. Aucune question surprenante de la part des journalistes présents en conférence de presse. Depuis le temps, tout le monde a pris l'habitude de l'atmosphère lénifiante qui entoure ces séances.

Pour trouver un peu de vie, il fallait se transporter à Madrid quand, à l'issue d'une victoire du Real contre le Celta Vigo (3-1), Benzema ayant marqué deux buts et offert une passe décisive sur le troisième, un journaliste espagnol posa à Zidane la question que les journalistes français ne posent même plus à qui que ce soit : comment expliquer que Benzema soit absent de l'équipe de France ? Réponse de l'entraîneur du Real Madrid : « Tu ne comprends pas cela, je ne comprends pas cela, et beaucoup de gens ne comprennent pas cela. Mais bon, pour l'entraîneur du Real que je suis, c'est bien qu'il reste avec nous durant les deux prochaines semaines. »

Dans des termes moins choisis, Zidane avait précédemment dit ce qu'il pensait de son avant-centre : « Karim est un p... de joueur. Quand tu aimes le football, tu aimes Karim. C'est obligé. »

Mais quand tu ne l'aimes pas ?

Ne jamais oublier qu'au-delà du contexte d'hostilité entre Cantona et Deschamps, l'objet en souffrance depuis six ans, c'est le cas Benzema, interdit de sélection par Deschamps sur la seule base de griefs plus ou moins connus, depuis 2016. De là à dire qu'ils sont personnels…

Deschamps, jusque-là, s'était contenté de rester dans le vague absolu. « Tout le monde peut avoir sa chance… » « Personne n'est éliminé… » « Il y a tellement de bons joueurs… »

Dans un système dictatorial qui frise la caricature du genre, un joueur, le meilleur avant-centre français, était banni de la sélection nationale sans que le sélectionneur consente à la moindre explication. Le fait du prince. Tandis que Deschamps se montrait de plus en plus muet sur le sujet, bien aidé par les journalistes spécialisés dont on ne peut pas dire qu'ils le bombardaient de questions sur le sujet, son président, l'incontournable Noël Le Graët, lançait à l'occasion une méchante saillie. Il annonçait ainsi que la sélection, c'était définitivement terminé pour Benzema. On s'en doutait un peu… En tout cas, ce n'était pas à lui de le dire, mais violer les règles de séparation des pouvoirs n'a jamais gêné cet étrange personnage.

Le Graët-Deschamps, quel duo ! Deux larrons en foire qui font leur petite tambouille sans scrupule. Le football français et les joueurs de l'équipe de France méritent mieux.

Cette énorme injustice a cinq ans d'âge. Elle aura amputé une longue partie de la carrière de Karim Benzema, le privant de deux Euros et d'une Coupe du monde. Sans explication et sans vergogne. Bien calé dans le confort que lui offre son président, Deschamps se sent dans son bon droit. Dans tout autre domaine professionnel, on lui demanderait des comptes. Pas là. Pas dans cette zone de non-droit où se situe l'équipe de France depuis bientôt dix ans.

Pour ceux qui ont en tête le film *L'Évadé d'Alcatraz*, de Don Siegel, avec Clint Eastwood, sorti en 1979, il y a au moins un point commun entre Karim Benzema et Clint Eastwood : ils sont prisonniers d'une situation qui n'offre aucune issue. L'un est interdit d'équipe de France, l'autre est enfermé à vie dans un pénitencier dont personne ne peut s'évader. La différence, c'est que le personnage incarné par Clint Eastwood finira par réussir son évasion – même s'il est probablement mort noyé dans les eaux glaciales qui entourent le pénitencier – et ne sera jamais retrouvé. L'autre, le footballeur, a fini par comprendre qu'il ne s'évaderait jamais de sa prison. On sait où le trouver, mais ça ne sert à rien. La rancœur, la rancune, prenant le dessus sur tout autre sentiment, le sentiment d'invulnérabilité faisant le reste.

La présence de Benzema contre l'Ukraine, le 24 mars, n'aurait sans doute rien changé à la calamiteuse performance des Bleus ce soir-là. Un triste match nul pour commencer la campagne de qualification à la Coupe du monde 2022. Rien d'inquiétant sur le fond. Sur la forme, c'est autre chose. Ouvrira-t-on un jour le débat sur cet assemblage de joueurs brillants qui ne produisent que rarement un football digne de leur talent ? sur ce jeu collectif misérable ? sur ce manque d'ambition qui étonne ?

Le dimanche suivant, 27 mars, les Bleus se rendaient au Kazakhstan qui possède une équipe de troisième niveau européen, au mieux. Pas de soucis en vue et Deschamps en profitait pour faire neuf changements dans l'équipe de départ. Une victoire facile (2-0), la confirmation qu'il faudrait compter avec Dembelé et que M'Bappé, entré en deuxième mi-temps, n'était décidément pas en forme. Il ratait même un penalty, une anecdote quand on considère la faiblesse insigne de ce groupe de qualification.

À force de vouloir multiplier les matchs pour encaisser les droits télé, de mettre en rivalité des équipes dont les niveaux se situent à des années-lumière, on use les joueurs, on lasse les (télé)spectateurs et on prépare bien mal les échéances qui comptent, comme celle de l'Euro où, en phase de groupes, l'équipe de France va se confronter à deux ogres du football européen (Allemagne et Portugal) et à la Hongrie, équipe en pleine ascension, tout en jouant ses trois matchs à l'extérieur ! Faire partie des deux qualifiés relèvera de la performance. Au moins, toutes ces aberrations ne sont pas le fait du duo Le Graët-Deschamps. Ils ne peuvent pas être partout.

Nous ressassions, en attendant que se joue le troisième match de ce groupe, que le football mondial, comme le football européen, s'égare de plus en plus.

Le mercredi 31 mars, l'équipe de France s'imposait péniblement en Bosnie-Herzégovine (0-1), sans rien démontrer. Qu'Hugo Lloris, auteur d'un arrêt surnaturel en première mi-temps, soit l'un des tout meilleurs gardiens du monde, nous le savons depuis longtemps. Nous n'aurions peut-être pas gagné ce match sans cet arrêt, et nous n'aurions sans doute pas gagné la Coupe du monde s'il ne s'était montré aussi étincelant pendant un mois. Le sens de l'opportunité de Griezmann, son dévouement au service de la cause, sa qualité de buteur, ne sont plus à démontrer. Et après ? Pas grand-chose. Lemar peut être une solution et l'attaque française ne peut pas se passer de Giroud, quoi qu'on en dise. Le naufrage de Pogba, l'impuissance de M'Bappé qui commence à être inquiétante, l'apathie des autres…

Trois matchs pour un bilan comptable satisfaisant, mais une bouillie de football à chaque fois. Rien de construit. Comme il y a deux ans, pire qu'il y a cinq ans, lors de l'Euro 2016. Il y a de la reculade dans l'air.

Les arguments de Deschamps sont toujours les mêmes : ce n'est pas en alignant plus d'attaquants qu'on marque plus de buts… les équipes jouent avec des défenses renforcées contre nous… la fatigue des déplacements… les mauvais terrains… ce qui compte, c'est le résultat… Celle-là, nous l'avons entendue dix fois en une semaine. L'ultime parade. On y revient toujours. La victoire et rien d'autre, c'est déjà un programme. Mais attention, puisqu'on est assurés du « rien d'autre », il faudrait se garantir aussi que la victoire sera toujours au rendez-vous.

La mauvaise foi et la dialectique brinquebalante de Deschamps ne trompent plus personne. Après le match, il s'adresse directement aux journalistes pour leur signaler que les joueurs du Kazakhstan, qu'ils avaient qualifiés de « baltringues », étaient allés faire match nul en Ukraine. Et de se rengorger : pas si baltringues que ça ! Le syllogisme est absurde. Il serait plus intéressant de se demander pourquoi la grande équipe de France a dû concéder le nul à l'Ukraine chez elle. Peut-être que l'Ukraine n'est pas si forte. Et même un peu baltringue.

Quels que soient les joueurs et les systèmes mis en place, le spectacle est affligeant, la fluidité n'existe pas, le fond de jeu est absent. Pour une nation qui a la chance de posséder quelques-uns des meilleurs joueurs du monde et un effectif de vingt-six joueurs qui n'a pas d'égal, c'est un vrai problème.

L'Allemagne en 2014, l'Espagne en 2010, l'Argentine en 1986, pour ne citer qu'elles, ont gagné la Coupe du monde en pratiquant un football intelligent, bien huilé et agréable. L'Espagne en 2008 et 2012, la France en 2000, ont démontré la même chose en gagnant l'Euro. Alors, pourquoi pas nous ? Pourquoi un seul match (en 2020, Portugal-France en Ligue des nations) a-t-il été digne d'intérêt, ces trois dernières années ?

N'attendons pas de réponse de Didier Deschamps. Les journalistes sportifs, jusqu'à l'Euro, vont tenter de comprendre, comme toujours, faire des débats à n'en plus finir, s'arracher les cheveux pour y voir clair. En vain. Après, à partir du 11 juin, il n'y aura plus que le résultat qui compte…

Nous ne sommes peut-être pas les seuls à penser que tout ce qui manque à cette équipe de France, c'est tout ce que ne lui donne pas son sélectionneur. Est-on seulement un manager quand on dirige une sélection ? Peut-on accabler seulement les joueurs quand ils n'arrivent pas à jouer ensemble, année après année ? Nous ne le croyons pas. À quoi sert un technicien si ce n'est, déjà, à créer une osmose ? Qui se souvient avoir vu une équipe dirigée par Deschamps jouer régulièrement un football chatoyant, offensif, inspiré ?

La victoire et rien d'autre, oui, mais ça n'a pas suffi à Monaco, à Turin et à Marseille, où les expériences se sont mal terminées malgré les victoires et les titres.

Les joueurs magnifiques qui composent cette équipe de France, championne du monde et lancée vers l'Euro, pourraient-ils enfin inspirer leur sélectionneur – le monde à l'envers – et tout casser, en beauté ? Nous avons toujours le droit de rêver…

Table

Remerciements

À Laurent Boudin, Odile Darbon, Gérard Houllier, Jean-Claude Dassier, Jean Muller, Nathalie Paoli, Olivier Pascuito, Bernard Tapie et Jeannot Werth.

Achevé d'imprimer en juin 2021
sur les presses de
La Manufacture - Imprimeur – 52200 Langres
Tél. : (33) 325 845 892

N° imprimeur 210539 - Dépôt légal : mai 2021
Imprimé en France